◆ 本书为国家社科基金项目"我国社会组织品牌化的本土建构与效能机制研究"（编号：2014BGL210）研究成果

中国社会组织品牌化研究

结构维度与效能机理

张冉　叶超◎著

知识产权出版社
全国百佳图书出版单位
—北京—

图书在版编目（CIP）数据

中国社会组织品牌化研究：结构维度与效能机理/张冉，叶超著. —北京：知识产权出版社，2021.8

ISBN 978 - 7 - 5130 - 7527 - 5

Ⅰ.①中… Ⅱ.①张… ②叶… Ⅲ.①品牌—社会组织管理—研究—中国 Ⅳ.①C916.1

中国版本图书馆 CIP 数据核字（2021）第 086678 号

内容提要

基于我国情境，本书全面、系统地进行了社会组织品牌化的主题研究，弥补了我国社会组织品牌化研究的理论与实证不足，为今后学界开展社会组织品牌研究提供了新的切入点和参考。全书共分 8 章，在文献综述、理论阐释等基础上，沿着由"质性"到"量化"的研究逻辑，分别就社会组织品牌内化与品牌外化的结构维度和效能机理开展了专门化的实证研究，并在此基础上进行了相关讨论。本书内容系统且有针对性，不仅适合高校公共管理、社会学等相关领域的师生和研究人员阅读，也可作为社会组织从业人员学习和实践的参考资料。

责任编辑：张利萍	**责任校对**：潘凤越
封面设计：回归线（北京）文化传媒有限公司	**责任印制**：孙婷婷

中国社会组织品牌化研究——结构维度与效能机理

张冉 叶超 著

出版发行：	知识产权出版社 有限责任公司	网　址：	http://www.ipph.cn
社　址：	北京市海淀区气象路 50 号院	邮　编：	100081
责编电话：	010 - 82000860 转 8387	责编邮箱：	65109211@qq.com
发行电话：	010 - 82000860 转 8101/8102	发行传真：	010 - 82000893/82005070/82000270
印　刷：	北京九州迅驰传媒文化有限公司	经　销：	各大网上书店、新华书店及相关专业书店
开　本：	720mm×1000mm　1/16	印　张：	20
版　次：	2021 年 8 月第 1 版	印　次：	2021 年 8 月第 1 次印刷
字　数：	325 千字	定　价：	89.00 元

ISBN 978 - 7 - 5130 - 7527 - 5

目 录

第1章

导　论

1.1　研究背景

社会组织，又称为非营利组织或非政府组织，是一个不以营利为目的、以社会公共利益增进为使命的非营利性机构。进入 21 世纪以来，我国社会组织迅猛发展并逐渐成长为社会管理与建设的重要力量，成为当前我国创新国家治理体系建构的重要主体。党的十六大正式提出"改进社会管理"的任务，给予了社会组织前所未有的高度重视。党的十六届四中全会强调要"推进社会管理体制创新"，提出社会组织"四个服务"的要求并完善了社会组织的功能定位。党的十七大对我国社会组织发展提出了明确要求，即"重视社会组织建设和管理"。党的十七届二中全会《关于深化行政管理体制改革的意见》中突出强调了社会组织的功能、地位和作用。党的十八大报告 3 次提及社会组织，要求社会组织认真履行社会责任，加强社会组织建设，发挥其在社会管理中的重要作用。党的十八届三中全会《中共中央关于全面深化改革若干重大问题的决定》提出，激发社会组织活力，确立了社会组织在我国国家治理中的重要主体地位。党的十九大给予了社会组织更高的期待，5 次提及社会组织，要求新时代的社会组织有新作为，在协商民主、社会治理中要发挥出独特优势和积极作用。党的十九届三中全会《中共中央关于深化党和国家机构改革的决定》进一步明确强调要推进社会组织改革、激发社会组织活力。党的十九届四中全会明确提出,健全党组织领导的自治、法治、德治相结合的城乡基层治理体系,发挥群团组织、社会组织的作用,实现政府治理和社会调节、居民自治良性互动,夯实基层社会治理基础。可见,党和政府高度重视社会组织在我国现代社会治理体系中的作用,对社会组织的未来发展提出了非常高的期待,社会组织管理与建设已成为以习近平总书记为核心的党中央治国理政的新理念、新思想和新战略的重要构成。

总体上,社会组织已经成为我国社会主义现代化建设的重要主体和解决当前新时代我国主要矛盾的一支中坚力量,面临着发展中重要的历史机遇,并且在实践中也的确如此。当前,我国正在积极优化公共服务供给模式,各级各地政府部门也在逐步加大社会力量(如社会组织)公共服务购买的范围和深度,并积极推进基层治理的放权赋能、还原社区应有的社会组织功能。李克强总理所做的 2021 年政府工作报告中明确提出:支持社会组织、人道救助、志愿服务、慈善事业发展。新时代下社会组织被国家和人民在社会治理和社会建设中委以重任,但这也对我国社会组织提出了更高的要求。并且随着社会管理体制改革的不断深入及社会组织数量的快速增加,我国非营利领域的竞争性不断提升,这也使得社会组织在发展中将面临更高的工作标准。资源是组织发展的基础。在社会组织众多资源中,内向型的人力资源和外向型的品牌资源尤为重要,然而,我国社会组织在发展中却面临着上述资源的"内忧外患"困局,影响了其在我国社会治理中积极作用的发挥。

一方面,从内部"人力资源"层面来看,我国非营利部门人才流失现象严重,服务水平有待提升。社会组织所提供的产品多以无形的服务为主,且服务本身主要依靠组织人力资源作为供给载体来面向社会提供。因此,作为组织的核心资源,人力资源质量高低、数量多寡是决定社会组织能否有效参与社会建设和提供社会服务的关键指标。管理大师彼得·德鲁克(2007)指出,非营利性机构成败的关键决定因素是具备吸引、留住具有奉献精神的员工的能力;非营利性机构一旦丧失了这种能力,就会走向衰亡,且这是难以挽救的。然而,当前我国非营利部门正在面临着一种较为严峻的人力资源困局,这主要表现为:

一是人力资源"量"的困境：人才流失。与企业不同，受利润非分配性的约束，社会组织难以给员工提供较具竞争力的薪酬待遇；组织结构呈现扁平化特征，这使得其较难以满足员工纵向晋升的需求。此外，进入 21 世纪以来的全球性经济衰退、我国社会管理体制变革带来的政社分开以及企业对原本属于公共组织控制的公共服务领域的涉足，也使得我国社会组织发展面临着较强的不确定性，员工工作安全感不足。在此背景下，我国社会组织常难以保留组织核心骨干，人才流失现象突出。二是人力资源"质"的困境：工作品质不足。实践中，组织财力受限下的低用工成本以及较弱的人员招募能力，使得我国非营利部门从业门槛相对较低，常免于政府或营利部门中普遍存在的高强度的职业竞争。于是，选择到非营利部门从业的人员并非都是高素质且认同组织价值观的个体。一些从业者工作态度较为消极，其选择到社会组织工作的原因多是一种就业状态的满足而非公益事业的追求，工作行为常难以符合组织要求，服务质量与公众或服务对象的期望也存有较大差距，甚至一些个体利己倾向明显并因此实施有损组织和公共利益的行为，给社会组织公信力和长远发展带来严重损害，如 2014 年中国畜牧业协会原秘书长因贪污而被判刑 15 年，2019 年北京西餐行业协会因秘书长违规行为被北京民政局做出行政处罚。

总体上，从认知视角上看，上述两方面"人力资源"困境的主要溯源在于：组织成员未能很好地理解并认同组织品牌重要信息，如宗旨、使命等。兴于 20 世纪 90 年代私人部门研究领域、以推进品牌价值的员工"买入"为核心内容的一个组织管理概念，即"品牌内化"给我国社会组织"人力资源"困境的破解提供了一个新的思路。政府部门给员工提供了富有意义的公共服务机会，此方面非营利部门做得也很好（Lewis & Frank，2002）。向组织成员有效地传递组织价值观和使命等被他们所理解和认同，能激发他们潜在的公益精神，让他们更多地关注公益需求而非可观的收入或晋升机会等外在因素，使他们被公益事业所具有的善性特质所吸引，最终将利于社会组织人才的吸引与保留。同时，社会组织是一个价值观驱动型的非营利机构，这决定了其工作人员既需要较强的专业素质，也需要对组织价值观的认同，以保证工作人员能够有效地按照组织承诺对外提供公共产品与服务。因此，社会组织需要积极采取相关措施以促使组织成员"买入"品牌价值并在工作中实施符合组织品牌标准的工作行为。

另一方面，从外部"品牌资源"层面来看，我国多数社会组织的社会知晓度和认可度不高。根据资源依赖理论，任何组织均需要从外部环境中汲取资源并与周围环境有效互动才能达到目的，而品牌资源是其实现组织使命的关键性资源之一，这是因为：要想在我国社会治理和公共服务中发挥积极作用，社会组织既需要政府机构予以指导和帮助，又依赖民众给予支持和信任。高品牌力的社会组织对外部受众的心理和行为具有较强的控制力，能够较易地从外部受众处获得组织所需要的信任与支持。然而，受社会管理体制及组织管理理念和能力的约束，我国社会组织整体上品牌力不足，这主要表现在以下两个方面。

一是品牌力"量"的困境：社会知晓度不高，影响范围小。与政府和营利部门相比较，我国非营利部门还是一个新兴发展的领域，与社会互动较弱，民众对其认识度还不高。一些具有政府背景或规模大的社会组织尚能被公众所熟悉，如中国红会、青基会和妇联，但对于占我国非营利部门比重较大、众多的小型社会组织，其社会知晓度较低。以社区治理为例，一些基层工商税务部门对辖区社会组织知晓面常以红会、慈善总会等体制内社会组织为主，与在社区治理中发挥重要作用的社区社会组织接触较少，这导致一些优惠性政策难以落地；因了解渠道有限或社区参与意识低等原因，社区群众对所在社区的社会组织并不太熟悉，对这些组织常心存疑虑。

二是品牌力"质"的困境：社会认可度不高，难获外界支持。社会组织受到强烈的价值观驱动并以公益服务为导向，因而，与政府和企业相比较，其常被寄予更高的声誉期望。近些年我国涌现了一些享有盛誉的社会组织，但不少社会组织仍无法获得社会公众的信任和赞许。近十年我国社会组织数量快速增长。根据中国社会组织网（www.chinanpo.gov.cn）的数据显示，2012年我国社会组织总量只有32万家；截至2021年1月20日，我国社会组织登记总数已经突破90万家。预计2022年，我国社会组织数量将正式突破100万家。然而，当前我国非营利部门良莠不齐，社会组织"胡作非为"和"不予作为"的事件频发，如红会"郭美美"事件、青基会"中非希望工程事件"等。同时，一些以公益慈善为名目、圈钱敛财为目的进行招摇撞骗的非法社会组织和山寨社团也不断被曝光。接连不断的非营利丑闻不仅使得社会组织自身公信力遭到质疑，而且也使得社会组织难以在发展中获得外界支持并因此表现为人才难以吸引、资金捐赠不足等，这将最终影响我国第三部门的整体声誉，甚至会影响整个社会诚信体系的建构。

总体上，从信息传播视角，上述两方面"品牌力资源"困境产生的主要溯源在于：社会组织未能有效开展品牌外化活动、向外界传递组织品牌价值并使自己与众不同。作为一个源于企业研究领域的概念，品牌外化活动已被实践者视为一个组织竞争力创造和组织影响力提升的市场化策略，其可有效地帮助社会组织应对上述"品牌力"困境。对于一家社会组织而言，有效的品牌外化活动（如清晰的品牌定位、强力的品牌传播等）可以让服务对象、捐赠者和政府部门等利益相关者清晰地了解该组织在做什么及代表的价值是什么，这不仅可以提升组织的社会知晓度，让受众了解该组织与其他组织的差异，同时还可以有效地促进组织与外界构建更多的关系联结，以获得组织发展的各类资源（如志愿劳动、资金捐赠和政府背书）。可见，品牌外化工作应成为我国社会组织应对声誉危机、重振品牌力和提升组织竞争力的重要抓手。社会组织需要进行品牌外化工作，以实现组织的"模样再造"，并将其作为组织战略性事项之一。

从组织管理的整体性角度看，品牌内化和外化分别是组织品牌化管理的内与外的两个层面，共同构筑了当前我国社会组织品牌化工程的实施体系。事实上，近些年我国政府部门及社会组织本身都在积极推进非营利品牌化工作。2013 年，国家民政部《关于开展民办非企业单位塑造品牌与服务社会活动的通知》中明确要求，鼓励民办非企业单位加强组织品牌的宣传与推广，提高组织品牌的辨识度和社会知晓度；鼓励民办非企业单位加强人力资源建设，提高人才队伍的专业化和职业化水平。与此同时，各地政府部门也制定或颁布了相关规定、文件，以推进社会组织品牌创建活动。例如，2017 年新疆维吾尔自治区民政厅专门印发的《全区性民办非企业单位塑造品牌与服务社会活动实施方案》提出，通过树立品牌意识、注册服务商标、完成无形资产评估以及加强品牌宣传等基本做法来塑造社会组织品牌；2014 年以来杭州市每年定期开展社会组织品牌认定工作。同样，有关社会组织员工品牌价值、工作能力等方面的教育培训（品牌内化实践）也获得了政府部门和众多社会组织的重视，2015 年 11 月，国家民政部颁布《关于加强和改进社会组织教育培训工作

的指导意见》并提出，教育培训工作是建设高素质社会组织人才队伍的重要
手段。实践中，社会组织人才教育等品牌内化实践工作也在各地如火如荼地开
展起来，例如，自 2015 年始上海市浦东新区民政局每年面向社会组织从业人
员进行工作能力建设等方面培训，自 2018 年始深圳市每年举办一次跨度长达
半年之久的社会组织秘书长培训班。

当然，社会组织品牌化工作在我国还是一个新生事物，如何进行社会组织
品牌创建还需要我们不断去探究。并且我国社会组织品牌化研究的缺乏也需要
学界就此议题展开针对性探索。当前，我国社会组织品牌化研究只是零散地出
现在一些文献之中。学界有关营利性机构品牌化的文献较多，国外也已有一些
学者就非营利性机构品牌化进行了相应探索，这些都能为我国社会组织品牌化
研究和实践提供一些借鉴。然而，部门的异质化决定了以利润最大化为目的的
企业品牌化理论与实践难以直接移植到公益导向的社会组织，并且社会情境的
差异也决定了国外相关研究未必适合我国第三部门。我国社会组织品牌化的理
论内涵是什么？品牌化能给社会组织带来哪些价值？这些议题对于我国学者和
实践人士来说还有待理清。为此，我们拟通过混合研究方法，从维度构成和效
能机理两个层面对我国社会组织品牌化（即内化与外化）模型进行专门研究，
以期望给我国社会组织管理的理论研究和实践操作提供相关借鉴。

1.2　研究目的与意义

1.2.1　研究目的

首先，梳理和考察我国社会组织品牌化的理论性知识。品牌化是一个源于
营利领域的概念。在学界，根据其价值传递受众（即利益相关者）是属于组
织内部（如员工）还是属于组织外部（如消费者），品牌化可分为内化和外化
两类。尽管企业品牌化研究成果较为丰富，但部门异质化决定了其无法直接套

用于非营利部门。国内外学者虽已开展了一些非营利性品牌管理的学术探索，但总体上研究较为碎片化，社会组织品牌化理论知识的系统性较为缺乏。为此，本书以社会组织为研究对象，进行品牌化（包括内化与外化）理论知识的梳理与考察，期望能够推进社会组织品牌管理知识的体系化建设。

其次，探究我国社会组织品牌化理论内涵的框架体系，进行品牌化结构维度开发。目前学界针对社会组织品牌化的学术研究成果较少，尤其是中国本土社会组织品牌内化的研究几乎为空白，社会组织品牌外化构念的理解也主要建立在质性研究基础上，在一定程度上限制了我们对社会组织品牌化本质及其规律的认识。对于社会组织而言，品牌化是一个"过程"而非一个"结果"，因此，品牌化行动内容也需学界给予专门探讨与解答。为此，基于我国社会情境，通过混合研究方法，本书将探讨社会组织品牌化的构成体系，并就体系中的"过程性"元素（即品牌化行动）进行结构维度的建构。

最后，探究和识别社会组织品牌化的效能机理。当前学界有关品牌化的作用机制研究几乎全都针对营利性机构，有关品牌化给社会组织带来正向效能的理解还十分匮乏。基于文献研究和实地调查，笔者发现品牌化对社会组织具有重要的积极作用。从资源依赖的视角，人力与品牌力的资源不足是阻碍当前我国社会组织发展的重要因素。因此，本书的核心内容就是探索社会组织品牌化工作对员工品牌态度与行为（即品牌内化）及组织品牌资产（即品牌外化）的影响机制。

1.2.2　研究意义

1.2.2.1　理论意义

首先，社会组织与品牌化相结合的研究，将利于丰富和完善组织品牌管理理论。在国外学界中组织品牌化是一个已有一定学术积累的研究议题。近些年随着社会组织管理研究的不断深化，社会组织品牌化研究逐渐引起了国内学界的关注。然而遗憾的是，社会组织品牌化的研究多为借鉴营利领域的已有研究成果，有关社会组织品牌化议题的研究也多从组织品牌整体管理的视角来展开，较少将品牌化作为一个独立性的概念进行深入探讨；此外，还有一些学术研究将品牌化视为组织品牌管理的外向概念（如品牌传播）来开展研究，专门针对社会组织品牌化的相关研究更是鲜见。这种将品牌化与组织品牌建设或品牌传播混同的粗放式研究，将导致研究结论偏差变大并带来较低的研究内容效度，而过多地借鉴营利领域研究成果也将无法清晰、准确地诠释社会组织品牌化的特有属性。为此，将原本属于公共管理学领域的社会组织纳入了商科领域的组织品牌管理研究领域，并结合社会组织的特有属性对组织品牌化的内容构成和效能机理进行专门探讨，将充实组织管理学的研究内容，丰富组织品牌管理的研究对象，对组织品牌理论的完善具有一定的积极作用。

其次，基于我国社会情境下的专门研究，将弥补我国社会组织本土化组织管理理论研究的不足。尽管近30年我国第三部门的兴起与发展对诸多学科都产生了极大的影响，社会学、政治学和管理学等各个学科领域都涌现出不少较具影响力、高质量的学术成果。然而，有关社会组织的理论研究仍不太深入，研究重点多从中、宏观角度开展相关议题的研究，如政社关系、社会组织监管和社会治理参与等，微观研究也多聚焦于组织制度和内部治理等方面，从组织管理学视角如品牌管理展开的研究还很缺乏，国内学界仅有寥寥几篇专门针对社会组织品牌化的学术成果。国内社会组织品牌化管理研究起步较晚，并多借鉴西方已有研究成果来开展；然而，中国社会组织的发展情境与西方存在诸多差异，过多地借鉴西方研究成果可能无法解释中国社会组织品牌管理的基本规律与主要特征。为此，结合我国情境，从微观层面探索社会组织品牌化研究，将丰富本土社会组织管理理论研究，弥补国内品牌化理论研究的不足。

最后，社会组织品牌化理论模型的建构，是一种具有原创性的研究。当前，国内社会组织品牌管理的研究几乎都是一种质性研究，多通过文献或案例研究来展开。这种研究范式显然不够全面，无法对社会组织品牌管理内涵和运作规律给予清晰的描述。本书是一种基于混合研究方法的探索，研究内容具有原创性。在扎根理论和案例分析等质性研究的基础上，本书构建了中国本土情境下社会组织品牌化内容构成和效能机理的理论模型，这对现有组织品牌管理研究给予了进一步的拓展和补充，填补了社会组织品牌化研究的理论缺口。随后，本书试图通过回归分析和结构方程模型等定量研究方法对上述理论模型进行科学的研究。这种质性和量化研究相结合的混合研究，在社会组织品牌管理研究领域中具有一定的原创性。其中，本书所开发的社会组织品牌化测量工具是国内学界首个专门非营利品牌化的测量问卷，是一次有益的尝试。同时，品牌化行动对社会组织的效能机理研究也在一定程度上弥补了国内研究的不足，这对于探索社会组织品牌化作用的本质规律有一定裨益，为社会组织管理研究提供了新的切入点。

1.2.2.2　实践意义

首先，对我国社会组织品牌化管理的实践推进具有一定的指导意义。通过社会组织品牌化内容构成及行动测量模型的研究，本书揭示了实践中社会组织品牌化工作实施过程中应重点关注的内容。对于社会组织来说，品牌内/外化行动测量模型给组织提供了一个品牌化建设的自我管理与评价工具。通过对照该管理与评价工具，社会组织能够明确品牌化管理中的工作方向，为其品牌化工作提供相应的指导与参考；同时，依据该模型，社会组织也可评估自身在品牌化建设方面存在的不足和待改进之处，有助于社会组织自我完善。

其次，对提升社会组织竞争力尤其资源获取具有一定的指导意义。社会情境的变迁，如社会管理体制的调整要求社会组织不断探寻资源获取和组织竞争力提升的新途径。品牌化是一个与组织资源获取能力密切相关的组织管理行动，深入探索品牌化的效能机理为解决该问题提供了一个有效思路。本书分别对社会组织品牌内化和外化的效能机理进行了研究，打开了社会组织品牌化作用"黑箱"，这既能够帮助社会组织管理层识别和确认品牌化的重要价值，也可为提升组织竞争力提供重要管理启示。在品牌内化方面，品牌承诺/认同的中介作用明确了社会组织管理者应努力促进组织成员正向品牌态度与行为的形成，个人－组织匹配的调节作用则为组织管理者如何更好地促进品牌化正向效能的发挥提供了有益的管理思路。同时，品牌外化研究表明，社会组织也应采取"市场化策略"来开展对外品牌沟通和传播，而品牌知名度中介作用的存在也要求社会组织领导应重视并采取措施使组织被外界所知晓和熟悉。

最后，给相关行政部门管理社会组织提供依据，促进我国非营利事业的可持续性发展。本书开发的社会组织品牌化测量模型，不仅能够帮助相关行政管理部门（如社会组织业务主管单位）面向基层推进社会组织品牌创建活动提供相关参考，也可帮助行政管理部门较为全面、系统地了解一线社会组织品牌化工作推进的基本情况和成效，从而对当前非营利品牌化工作实施情况进行科学性的评价，有利于加强对社会组织的管理。同时，借助于社会组织品牌化模型，政府部门、捐赠者和合作者等利益相关者在实践操作上较为容易地识别强或弱的非营利品牌，从而有助于我国非营利部门"创先争优"氛围和"优胜劣汰"竞争机制的形成，最终促进我国非营利事业健康、可持续发展。

1.3 研究思路、对象与方法

1.3.1 研究思路

本书主要是基于公共管理学和组织理论的视角，尝试探索我国本土社会组织品牌化的体系构成与效能机理。总体上，本书的主要内容遵循着"理论阐释→质性初步探索→量化深入验证"的逻辑思路。

第一步，理论阐释。这部分主要是在系统回顾国内外社会组织品牌化（包括品牌内化和品牌外化）研究文献的基础上，对我国社会组织品牌化的概念内涵、价值和构成体系进行了全面的阐述与考察。第二步，质性初步探索。这部分主要通过扎根理论、案例研究及研究假设，全面展开社会组织品牌化的质性研究，对社会组织品牌内化和品牌外化的体系构成及效能机理分别做初步的探索。第三步，量化深入验证。此部分主要以全国约300家社会组织及其员工为研究对象，通过统计研究方法对第二步基于质性研究所得出的社会组织品牌化理论模型（包括内容构成和效能机理）进行实证分析。

在上述步骤完结后，本书基于研究结论，就理论贡献、管理启示、研究不足及未来展望等相关议题进行了深入讨论。本书开展的基本思路也可参见后文的技术路线图。

1.3.2 研究对象

本书研究对象主要为在我国民政部门正式注册的社会组织及其专职人员。在学界，除了社会组织这一名称外，非政府组织、第三部门、独立部门、慈善组织、志愿组织和免税组织等称谓同时并用。当然，社会组织这一概念在学界和实践界使用较为普遍，主要是指相对于党、政等传统组织形态并与以利润最大化为目的的企业区别的非营利性机构。此类机构一般需要在我国各级各地民政部门登记注册，包括社会团体、基金会和民办非企业单位❶这三类，而本书所指的社会组织也主要是指此类组织，既不包括未在民政部门登记的草根组织或者在工商部门注册登记的转登记机构，也不包括无须在民政部门注册登记的人民团体（如工、青、妇等）。此外，本书有关品牌内化研究将涉及对社会组织员工的调查，调查对象范围主要为专职人员，含退休后被社会组织聘用的专职人员，不包括兼职人员和志愿者。

为了使研究取样具有代表性，无论质性研究还是量化研究中的实证样本，研究对象都要求覆盖社会团体、基金会和民办非企业单位这三类社会组织。同时，由于各地社会组织发展可能存有差异，本书取样地域范围涉及我国东、中、西部，既有一线大城市，也有二、三线中小城市的社会组织。涉及品牌内化研究中员工样本选取时，研究对象均要求是社会组织专职人员，且性别、学历等要能够反映出我国非营利部门从业人员的基本情况。总体上，本书的研究对象选择合理，具有典型性和代表性。

1.3.3 研究方法

1.3.3.1 整体设计：一个定量与定性结合的混合方法研究

本书关于社会组织品牌化议题的研究，是一个定性研究与定量研究相结合

---

❶ 即民办服务企业单位，现在又称为社会服务机构。社会服务这一概念最初由 2016 年 3 月颁布的《中华人民共和国慈善法》提出。为方便理解，本书仍采用近 20 年来一直沿用的"民办非企业单位"这一概念。

的混合研究。Creswell 和 Plano Clark（2007）指出，相比单独使用定性或定量方法，结合使用两种方法能够更好地解答研究问题。本书使用混合研究方法的主要原因在于：数据的不足和研究的探索性。总体上，社会组织品牌化的实证研究在国内还是一个新的尝试，几乎无相关文献可供参考，而如果仅用定量或定性某一类的证据将难以开展此议题的有效探究。在"理论构建和假设检验"的研究范式（即变量内容维度开发或变量间关系确定）中，定量研究可能比较合适，比定性研究具有更强的佐证能力。然而，面向社会组织（包括员工）开展大规模数据的收集较为困难。例如，社会组织品牌内化样本为组织专职人员，然而，社会组织规模较小，多数组织人数为 5 人或 5 人以下；社会组织品牌外化则要求一家组织只能填写一份有效问卷，超过 200 份有效样本的收集工作本身对于"象牙塔"的学者们就是一项挑战。并且，基于文献综述或理论阐释后直接采取定量研究来构建社会组织品牌化模型，这可能会导致模型构建由于缺乏先期探索而出现不合理的情况，并带来实证无效和研究精力的浪费。相反，如果仅采取定性研究，这也会带来研究的片面性。虽然质性研究（如案例法）比较适合于社会组织品牌化理论模型这一个新研究议题的探索，例如互动开放式的访谈、多案例的比较分析等能够帮助研究人员清晰地描述出社会组织品牌化的理论内涵及面临的复杂性环境。然而，质性研究在科学、系统地考察社会组织品牌化测量维度及其效能方面则有所不足。为此，本书有关社会组织品牌化内容维度和效能机理这两项核心研究内容方面同时使用定性和定量研究，以实现定性与定量方法的相互补充和增强。

1.3.3.2 具体设计：多项实证方法的结合

本书采用了多项具体性的实证方法，具体如下：

第一，访谈法。主要用于社会组织品牌化经验性材料的收集。在访谈法的具体实施过程中，本书采用半结构访谈法和焦点会议两种方式来收集资料，以更有效地实现访谈目标。所有访谈对象均需提前预约并根据访谈提纲进行，研究团队针对每个社会组织进行了多轮访谈，访谈对象涵盖组织领导者、项目管理负责人和基层员工这三类，以保证信息获得的科学性和全面性，有助于研究人员获得较为全面的社会组织品牌化经验性材料。本书访谈法获取的原始资料逾 20 万字。

第二，扎根理论。主要用于对访谈法所获得的经验材料进行全面、系统的分析与归纳，以初步探索出社会组织品牌化的体系构成和效能机理。目前我国有关社会组织品牌化研究还处于探索阶段，体系构成和效能机理尚无成熟的理论研究和假设依据，因此，直接进行定量研究的可行性较小。本书通过扎根理论的开放性编码、关联性编码和选择性编码，实现了社会组织品牌化（包括内化和外化）理论模型的初步构建，为后文定量研究的开展提供了基础。

第三，案例研究法。与扎根理论类似，案例研究法主要用于研究议题的初步探索。具体研究中，研究人员通过访谈法和扎根理论初步构建了社会组织品牌化理论模型。为了进一步检验和充实理论模型，本书分别选取 3 家代表性机构对基于扎根理论所构建的社会组织品牌内/外化体系和效能机理理论模型进行了多案例重现与检验。

第四，问卷调查法。本书所涉及的社会组织品牌化行动维度开发是一项新的探索性研究，国内外尚无成熟的量表可供参考。为此，本书需要自行设计和开发符合我国情境的社会组织品牌内/外化量表，并与相关变量（如因变量）组成两套问卷。由于社会组织数据收集相对困难，问卷收集主要根据便利抽样的原则开展，即在以往研究合作关系的基础上尽可能地开展多渠道的问卷收集。问卷来源涉及我国东、中、西部的社会组织，主要省份和城市有京、沪、浙、苏和湘等地。此外，除了获得相关社会组织的直接支持外，问卷收集还获得了民政部门、街镇政府、团委、工商联、相关高校（如长沙民政技术职业学院）等单位的帮助。最后，品牌内化和外化的有效样本数量分别有 290 份和 288 份，涵盖三类社会组织，能较好地反映出当前我国社会组织结构及其从业人员的人口特征情况。

第五，统计分析法。本书将使用统计分析法对基于问卷调查所获得的统计数据进行实证分析，以科学化地构建我国社会组织品牌化的内容维度与效能机理。总体上，统计分析法主要运用在以下两个方面：一是社会组织品牌化行动测量指标体系的开发。具体来说，在随机将调查数据分成两个独立样本的基础上，研究人员借助于 SPSS 22.0（包括 Amos 插件），进行探索性因子和验证性因子分析，分别构建社会组织品牌内化/外化行动的测量模型。二是社会组织品牌化的效能机理研究。具体来说，运用 SPSS 22.0（包括 Process 插件和 Amos插件），主要对品牌内化和外化对社会组织的作用路径的显著性进行实证检验。

1.3.4 技术路线

基于本书的研究思路与研究方法，绘制了本书开展社会组织品牌化研究议题的技术路线图（见图 1-1）。

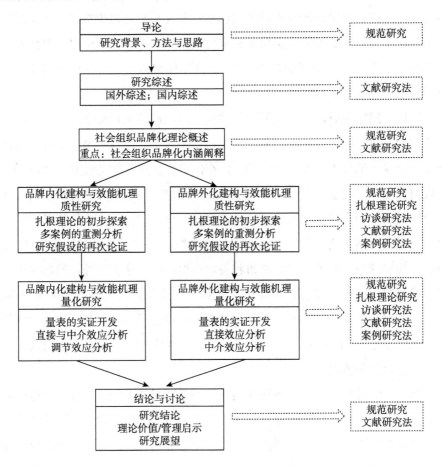

图 1-1 研究技术路线图

1.4　本书结构安排

本书主要探讨的内容是社会组织品牌化的结构维度和效能机理。结合研究问题与相关技术操作流程，本书共分为 8 个章节，各章节的内容安排如下：

第 1 章：导论。本章首先从社会组织所面临的发展困境出发，阐述了我国社会组织品牌化研究的问题缘由，指出当前我国社会组织发展所面临的内外资源困境，进而归纳了本书的研究目的、理论及现实价值；同时，对研究中所采取的主要方法、研究对象、技术路线及研究结构进行了简要的说明。

第 2 章：研究综述。本章分别针对社会组织品牌内化和外化的研究文献进行全面、系统的梳理，其中具体将从理论内涵、价值、建构策略等层面的内容开展。在此基础上，本章对当前国内外社会组织品牌化研究的不足进行总结，并对未来研究方向进行了阐述。

第 3 章：我国社会组织品牌化的理论阐释。这一章主要结合我国社会组织特征，对社会组织品牌化进行了系统化的理论概述，内容涉及社会组织品牌化的概念阐释、价值与建构内容等。尽管内容结构上与第 2 章有所类似，但本章并非是对前人研究的梳理与总结，而是基于我国情境和社会组织特征对社会组织品牌化的理论研究，这将为后文社会组织品牌化模型建构提供相关知识依据。

第 4 章：社会组织品牌内化体系建构与效能机理的质性研究。首先，本章基于访谈所获得的经验资料开展了扎根理论研究，明确了社会组织品牌内化的具体内涵，初步构建了符合中国本土情境的社会组织品牌内化理论模型（包括体系构成和效能机理）；然后，开展了多案例研究，进一步确认了上述理论模型；最后，基于相关理论和文献，本章提出了相应的研究假设，明确了后文有待实证检验的社会组织品牌内化理论模型。

第 5 章：社会组织品牌内化行动维度和效能机理的量化研究。首先，本章针对社会组织品牌内化行动的有效问卷开展描述性分析、信效度分析和差异分析；然后，使用探索性和验证性因素分析来进行维度开发；最后，运用回归分析、bootstrapping 等方法对社会组织品牌内化效能机理进行了假设检验。

第 6 章：社会组织品牌外化体系建构与效能机理的质性研究。与第 4 章类似，本章开展了扎根理论研究，初步构建了社会组织品牌外化理论模型，并在此基础上开展了多案例研究，以进一步确认上述理论模型的合理性，最后针对前面所构建的社会组织品牌外化理论模型而提出了相应的研究假设。

第 7 章：社会组织品牌外化行动维度与效能机理的量化研究。与第 5 章类似，本章针对社会组织品牌外化行动的有效问卷进行了基础性分析；在此基础上，使用探索性和验证性因素分析来构建社会组织品牌外化行动的内容维度；最后，运用回归分析等方法对社会组织品牌外化效能机理进行了假设检验。

第 8 章：结论与管理建议。首先，本章对研究结论进行总结，并明确了本书的主要理论贡献；其次，在管理启示部分，本章全面阐释了如何推进社会组织品牌内化与外化工作的开展，促进员工正向品牌态度与行为的形成及组织品牌资产的整体建设；最后，本章指出了研究不足，并对未来研究做了相关展望。

第 2 章

研究现状与述评

　　当前，学界关于非营利性机构品牌方面的研究存在着诸多空白点，而我国学者针对社会组织品牌所开展的研究也尚处于起始阶段。为此，本章以社会组织品牌化为主题，尝试梳理国内外研究文献并进行未来研究展望，以期望给未来社会组织品牌的学术研究提供相关借鉴。总体上，本章分为国外研究现状、国内研究综述与研究述评三个部分。其中，国外和国内研究现状主要从理论内涵、核心价值和建构内容等方面对学界以往有关社会组织品牌化研究进行回顾。

2.1　国外研究现状❶

　　在国外学术界，"非营利组织"是一个使用较为普遍的称呼，而我国更偏向使用"社会组织"一词。鉴于语义的匹配性，本节有关国外研究现状仍使用"非营利组织"一词。

---

　　❶　本节是在课题前期成果［张冉. 国外非营利组织品牌研究述评与展望［J］. 外国经济与管理，2013（11）］的基础上重新写作而成的。

2.1.1　非营利组织品牌化的界定

品牌化是一个组织沟通层面上的概念。有关组织品牌化的概念方面，国外学者们做了一些界定。Serrat（2017）指出，品牌化是组织在沟通上所做的努力，以更好地推销组织品牌身份，帮助终端客户更好地将组织的产品和服务与其竞争者相区别。当然，由于具有一些相似的内涵（如身份、声誉和形象），品牌化与品牌这两个概念在学术研究中有时会替换使用。并且，品牌化有时也会使用品牌管理一词来代替。Chapleo（2011）以高校为研究对象，将品牌界定为有意识地通过集中协调性的组织沟通来追求组织不同身份一致性的过程，并强调组织所具有的正面、独有的特点，以使得组织在竞争中脱颖而出。同样，在学界，品牌管理也是一个较为宽泛的研究概念。品牌管理的研究主题常涉及一个独特性品牌身份的创建、品牌组合的结构化、品牌沟通的管理和品牌价值的监控（Ewing & Napoli，2005）。例如，Tapp（2015）指出，慈善组织应具备四项基础且重要的品牌管理活动，即利益相关者对品牌感知的理解、独特品牌识别的创建、准确品牌定位的选择和与利益相关者的沟通；Laidler – Ky-lander 等（2007）则提出了非营利品牌建设的重要工作，如品牌识别的开发、品牌的发展、品牌的表达和品牌的保护等。

当然，长久以来人们对品牌持有一个误解，即品牌及其管理主要是一种外部导向的概念。品牌化研究文献主要采取外部视角并假定组织应采取一个战略或战术性的方式来吸引客户（Yang 等，2015）。然而，品牌化还应包括面向组织内部的沟通（Aaker，2004）。Stride 和 Lee（2007）指出，如果考虑到非营利组织内部利益相关者（如员工和志愿者）的复杂属性以及他们矛盾化的交流需要，对品牌内部概念化的关注是可以理解的；与企业品牌开发过程中领导者的主导地位不同，以价值观为核心的非营利组织的品牌构建需要以咨询和参与的方式进行，品牌开发应是一个员工参与组织管理的过程。因此，在学界，根据品牌价值传递指向是内部还是外部，品牌化可以分为品牌内化和品牌外化两种。其中，品牌内化的受众为组织内部成员，目的在于让这些内部成员了解和认同组织的品牌价值，而品牌外化的受众主要是服务对象和捐赠者等外部利益相关者。Chernatony 等（2003）指出，品牌内化与外化是任何一个组织（包括非营利性机构）品牌管理的基本内容，并且需要注重品牌内化和外化的平衡。因此，作为一个实体性机构，与企业一样，非营利组织品牌化也包括内化和外化两个方面。事实上，有些学者有关非营利组织品牌化概念的陈述中也间接表达了品牌化的内、外两个构面。例如，Chapleo（2011）基于公立高校的研究指出，品牌化主要是指：确定并总结一个机构重要和独特性的本质，并将其通过特有、清晰和一致的信号传达给机构内外部多元的利益相关者的过程。该概念明确地表达了高校这类非营利性机构品牌化的沟通对象包括内部与外部两类利益相关者。

在品牌外化概念的理解方面，个别学者给予了针对性解释。Madhavaram 等（2005）指出，品牌外化主要是以营销技术为重点的、与外部受众（如客户）进行沟通的外部活动，目的是影响外部受众对组织品牌的想法、情感、观念、概念、经历、信任以及态度。当然，学界很少会专门就"品牌外化"这一概念展开研究，品牌外化的论述多是在辨析品牌内化这一相对立的概念时被提及，并且常被视为品牌化或品牌沟通的一个相近解读。因此，在未论及品牌内化概念时，非营利组织品牌外化内涵多通过较为普遍意义的品牌化、品牌管理或品牌建设等概念来体现。当然，我们要强调的是，品牌外化只是非营利组织品牌化的一个外部视角，是一种面向外部利益相关者的品牌信息传递，品牌沟通对象应包括内部与外部受众两类，其中，面向外部利益相关者的品牌化即为我们所称的品牌外化。除了从品牌化概念中获得内涵理解外，非营利组织品牌外化也可通过品牌导向、品牌沟通等具体概念来间接性地获得解读并常出现于市场营销研究文献之中。其中，品牌导向是非营利品牌研究较为丰富的议题。近 20 年来，诸多学者认为非营利性机构应提倡市场化策略或市场导向，以使机构在竞争激烈的非营利环境中取得成功（Gainer & Padanyi，2005；MacMillan 等，2005）。总体上，学界对非营利组织市场营销的关注进一步促进了非营利品牌导向的研究。品牌导向概念提出者 Urde（1999）指出，品牌导向是组织在与目标客户持续性互动过程中围绕品牌身份的创造、开发和保护的过程，以使组织取得品牌方面的持续性优势。Stride（2010）指出，品牌导向主要指为了使自己与其他非营利性机构相区分以及提升组织外部认知度而采取的以非营利品牌为关注点的市场营销策略与活动。Ewing 和 Napoli（2005）则认为，对于一个非营利机构来说，品牌导向是组织产生和维持一个品牌意义的共享意识，而这种意识将给组织利益相关者带来更高的价值并给组织带来更好的绩效。同时，这两位学者也提出了当前学界较为公认的非营利品牌导向内容维度，即，互动性（与利益相关者对话和对环境变化的反应）、协同性（品牌组合和营销活动的结构化和有效地传递给利益相关者）、情感性（利益相关者喜好的理解）。当然，与品牌外化一词最为接近的概念是品牌沟通，这两个概念均强调组织面向外部受众进行品牌价值的信息传递。对于一个非营利组织而言，品牌沟通包括控制性沟通（广告和促销活动）和非控制性沟通（口碑传播和其他非付费的宣传）两种形式，并且鉴于组织有限的经济资源，控制性品牌沟通经常不能大规模地实施（Apaydin，2011）。限于篇幅，此部分不再详细论述国外学者有关非营利组织品牌沟通的研究成果。

　　与品牌外化不同，品牌内化在学界常作为一个专有概念而被研究。实践中，品牌内化活动在服务行业中较为常见，如金融服务机构、大学、医院、航空公司和慈善组织。尽管如此，服务领域品牌内化的研究仍是一个较为新兴的研究议题（Burmann & Konig，2011）。虽然品牌化已经在公共部门中尤为重要，但其员工视角下的品牌化研究却十分缺乏（Eid 等，2019）。总体上，与企业品牌内化研究相比较，针对非营利组织展开的研究几乎为空白，仅有个别学者有所涉猎。为此，我们需要基于一般组织或企业品牌内化文献梳理来间接地获得非营利品牌内化内涵的理解。品牌内化概念最早是由 Berry 和 Parasuraman 两位学者于 1991 年提出的，并被界定为一个组织面向员工解释和销售品牌的过程。自概念问世后，品牌内化引起了国外学界的广泛关注，学者们对其概念开展了多样化的阐释。Aurand 等（2005）指出，品牌内化主要是指组织向内部成员推销和教育品牌价值，以使他们的行为与品牌价值相一致。Tosti 和 Stotz（2001）指出，品牌内化是指公司将组织品牌推销给员工，以使员工能够理解品牌配送和品牌承诺间的关系。Burmann 和 Zeplin（2005）则认为，品牌内化是使员工行为与公司品牌身份相调和的过程。此外，Miles 和 Mangold（2004）使用员工品牌化这一概念并将之界定为能够使员工内化组织所期望的品牌形象并激励员工将这种形象向客户和其他组织关联者（如合作者、供应商等）展示的一个过程。尽管学者们的界定多种多样，但本质上品牌内化常被学者们视为面向组织员工的一种组织内部品牌推销，目的是确保员工这类内部受众接受组织品牌所倡导的价值观。当然，上述都主要从一般性组织尤其企业的视角进行了品牌内化的界定，涉及非营利组织品牌内化的概念，目前国外学者仅有 Liu 等学者（2015）给予了正式的界定：品牌内化是非营利组织说服其组织成员"买入"品牌价值观并将其转化为现实的一种努力。可见，非营利组织品牌内化的界定与商业机构为研究对象的界定在内涵上基本一致。

经进一步梳理，国外学者关于品牌内化这一概念可以从行动策略和结果表现这两个视角来进行界定并分为两类：一是组织层面的品牌内化，即从组织行动角度来阐述品牌内化的本质，又常称为组织品牌内化。一些内化行动策略，如品牌的内部沟通、品牌知识的教育培训活动以及品牌行为奖励等（Bergstrom 等，2002；Punjaisri 等，2009b），均是发生在组织层面、由组织面向员工来实施的活动，为此，学界称之为组织品牌内化。当然，从广义上看，组织品牌内化并非只是面向员工的组织行动，有时也强调组织整体系统的变革。一些学者指出，除了面向员工的品牌沟通和培训等活动外，品牌内化还应包括组织管理系统的调整和组织文化的转变等内容（Gapp & Merrilees，2006；Allan，2004）。当然，无论组织行动是否面向员工，其最终目的均是使员工了解、认同并践行组织品牌价值。二是员工层面的品牌内化。这主要从员工的角度来理解品牌内化的内涵，学界又称之为员工品牌内化。员工层面的品牌内化主要关注品牌内化给员工所带来的影响，即组织层面的品牌内化行动给员工态度和行为带来的变化。员工品牌内化主要体现为品牌的认知、态度和行为三个方面。其中，品牌认知常见的概念有品牌知识和品牌理解（Lohndorf & Diamantopoulos，2015；King & So，2015），品牌态度常见的概念有品牌认同、品牌承诺和品牌保留意向等（Punjaisri & Wilson，2011；Hu 等，2018），而品牌行为常见的概念则有品牌绩效、品牌建设行为和品牌公民行为等（Punjaisri 和 Evanschitzky 等，2009；King，2010）。鉴于行动与结果的因果关系，组织品牌内化与员工品牌内化两者并非完全是割裂的，而是一种具有先后逻辑关系的品牌内化表现。例如，De Chernatony 和 Cottam（2006）构建了一个由组织层面的企业控制和个体层面的员工理解构成的两阶段品牌内化模型。在企业控制阶段中，

21

企业对品牌编码并通过教育和社会化等方式将品牌传递给组织成员，在此情况下，员工只是在组织外力推进下被动地获得和接受品牌价值；品牌内化处于员工控制阶段时，意味着员工已将品牌价值转化为个体所具有的一种隐性知识，在此情况下，员工将表现出积极的品牌态度和行为。总体上，组织品牌内化是员工品牌内化的基础，员工品牌内化是组织品牌内化的结果表现。

2.1.2 非营利组织品牌化的价值

品牌建设是非营利组织能力建设、面对竞争和长远发展的重要议题，因为它能够帮助组织差异化于其他竞争者、获得社会尊重以及促进与目标顾客的联系（Wong & Merrilees，2005）。对于非营利组织而言，创造与运作品牌不仅是一个战术性或功能性活动，而应放在组织战略性和整体性活动层面来审视，并且组织有必要实施"模样再造"，尽管其不以利润最大化为驱动。与企业相比较，非营利组织利益相关者更为多元，因此，利益相关者视角常是国外学者关于非营利组织品牌价值研究的逻辑主线。品牌建构使得非营利组织需要响应和关注组织各方利益相关者。Schultz 和 Barnes（1999）指出，品牌管理基本功能之一在于协调、监控和调整组织与其相关利益者间的互动关系。事实上，品牌内化与品牌外化的关键区别也在于品牌价值和品牌信息传达的对象不同，前者要传达的对象是内部利益相关者，后者要传达的对象则是外部利益相关者。

一方面，非营利组织品牌内化的价值。品牌内化对于非营利组织尤为重要，这是因为品牌开发和实施的主体以及信任和支持源首先是组织内部员工而非外部捐赠者和客户等。总体上，品牌内化的价值可体现在组织层面和员工层面。一是组织层面的管理优化。品牌内化的实施包括两个阶段，即组织控制阶段和员工理解阶段（De Chernatony & Cottam，2006），这意味着品牌内化的实施前提是在组织层面进行组织管理系统的调整与改进。因此，品牌内化活动的开展将驱动非营利组织管理与结构的优化。例如，Laidler - Kylander 和 Simonin（2009）指出，非营利组织品牌内化的重要价值在于促进分权式的组织结构与基于共识建设的文化的形成以及员工激励的需求满足，其中，前两个价值就是组织结构或管理层面的体现。当然，也有一些学者从品牌管理或品牌导向角度进行了价值分析。对于非营利机构来说，品牌导向要求组织创建一个将品牌置于组织中心的价值观和管理风格（Hankinson，2001），或者说，品牌化将促使非营利组织管理方式的变革和优化。同时，品牌也是非营利机构内部的重要管理工具。例如，Hankinson（2005）指出，品牌化对于非营利组织的内部管理价值在于：将组织从业者凝聚于一个共同的事业之中；扮演组织变革的催化剂；促进组织的专业化。此外，品牌内化也利于组织战略管理方式的实现。Richie 等（1999）指出，成功品牌的建构是一个组织长期的开发与学习过程，从而使得非营利组织采取一个长期导向的管理方式，以匹配于组织品牌管理。二是员工层面的积极影响。品牌内化在行动策略构面上是面向组织内部员工而开展的。因此，对于一个非营利组织，品牌内化的关键价值在于对组织成员的工作态度和工作行为产生影响。来自营利领域的相关实证研究表明，品牌内化是员工正向态度和行为形成的重要决定因素。Balmer 等（2011）指出，品牌内化（如内部沟通和培训）将能够带来员工品牌认同、承诺和忠诚度的增加，进而使得员工品牌绩效获得改善。Yang 等（2015）也指出，员工对组织品牌认知程度越高，其品牌承诺度也越强。相关实证研究也表明，品牌内化对一线服务员工的个体认知、意向和行为等变量产生显著性影响，如个人 - 组织匹配度（Matanda & Ndubisi，2013）、心理契约和服务补救绩效和留职意愿（Ayrom & Tumber，2020）、品牌公民行为（Adamu 等，2020）。

　　当然，与企业研究相比较，品牌内化对非营利性部门人员影响方面的研究相对匮乏。Liu 等（2015）基于品牌内化过程的视角指出，品牌导向将有利于提升非营利从业人员的情感性品牌归属感和服务工作参与度，从而最终带来组织绩效的提升。此外，内部人事和激励价值是品牌给予非营利组织管理优化的最核心内容。Kylander 和 Stone（2012）的研究表明，品牌在非营利组织内部具有创造组织凝聚力与能力的作用。在非营利组织内部，品牌表达了包括使命、价值观和特色性活动的组织身份，并且当组织员工和志愿者都接纳一个共同的品牌身份时，这将会带来组织内部利益相关者凝聚力的提升，使非营利组织工作富有重心，并强化他们的共同价值观。Bosc（2002）也指出，一个能够展现组织使命的强有力品牌能够将组织雇员和支持者团结在组织使命和目标周围。当然，不少学者以公立学校为对象展开了公共部门品牌内化的员工影响研

究。Judson 等（2006）对英国高校❶进行实证研究后发现，内部品牌沟通活动
有利于提升员工对组织品牌的理解并将其融入自己的工作行动之中；Eid 等
（2019）基于阿联酋公立学校的实证研究发现，品牌内化可以提升教师工作满
意度；Clark 等（2020）则基于加拿大一所公立高校的案例研究，确认了品牌
内化在促进教师理解品牌价值和工作行为方面具有正向积极的作用。总体上，
国外研究表明，品牌建设（包括品牌内化）能够给非营利组织内部管理以及
员工带来积极的正面影响。

　　另一方面，非营利组织品牌外化的价值。如前文概念综述一样，国外关于
非营利组织品牌外化价值的研究文献主要通过品牌化或品牌管理的文献梳理来
获得，并主要体现在三个方面。第一，组织识别。传达组织信息、借助品牌个
性来差异化组织、提升组织可见度是非营利组织品牌核心功能之一。品牌的价
值在于其不仅仅是一个组织识别码，更重要的是一个能够清晰地传达非营利组
织在做什么和所代表价值的工具（Hankinson，2001）。品牌能够有效帮助非营
利组织向其外部多元的利益相关者传达清晰、一致的组织定位（Ritchie 等，
1999）。Laidler‐Kylander 等（2007）的实证研究表明，非营利组织品牌的首
要功能就是清晰地刻画和传达组织使命。因此，品牌使得非营利组织利益相关
者可以清晰地识别以使命为核心的组织身份并重新定位他们与组织间的关系。
此外，品牌有利于实现与其他同类组织的差异化识别，并因此免遭同类组织形
象外溢的影响。Hina 和 Donna（2009）的实证研究表明，品牌能提供给非营利
组织一个差异化的要素，帮助那些中小型非营利组织在日趋饱和与要求越来越
高的非营利性环境中生存。并且，非营利组织经常遭受"形象外溢"，即公众
对某个非营利组织感受的好坏往往是由所有相似非营利组织的平均印象所决定
的，而非营利组织通过品牌以使自己在社会公众心目中确立一个特有的组织定
位而免遭"形象外溢"的影响。第二，信任促进。学者们普遍认为，品牌是
促进非营利组织与其利益相关者间信任增强的有效手段，并成为非营利组织提
供产品与服务的前提。Richie 等（1999）指出，一个有明确内涵且管理较好的

---

　　❶ 截至 2017 年，英国拥有政府承认具备独立学位授予权的高等教育机构共 161 所，其中私立高
等教育机构仅有 6 所，其余均为非营利性的公立高校。资料来源：英国政府网，https：//www. gov.
uk/check‐a‐university‐is‐officially‐recognised。

品牌能够帮助非营利组织在新地区建立认知和信任。并且，品牌能够确保非营利组织一致性地按其组织对外承诺提供产品或服务，使得组织获取外部信任，促进组织与支持者们（如客户、捐赠者与志愿者等）间信任度的增加。Hankinson（2000）进一步指出，面对着确保收入压力的逐渐增大，非营利环境变得更加拥挤，为此，非营利组织需要通过品牌来建立信任并强化捐赠者的选择。当然，学者们也强调，品牌主要是通过在利益相关者心目中获取组织正面评价来提升组织信任度。Aaker 和 Keller（1990）的研究表明，强有力的品牌能够帮助对组织有利因素的关系建设，从而增强人们对非营利组织的正面评价。Apaydin（2011）指出，通过品牌建构，非营利组织能够在人们心目中开发与创造一个对组织有利的知识结构；在客户心目中建构一个与非营利品牌相关的正向联结，从而提升组织产品和服务在社会中的认可度。此外，Laidler-Kylander 等（2007）则从服务属性角度指出，品牌能促进非营利组织与服务购买者建立较为紧密的信任关系。第三，资源获取。品牌能够有效帮助非营利组织获取外部资源尤其是金融资源与人力资源，使得组织免于竞争的压力。Faircloth（2005）指出，品牌资产建构是非营利组织面对资源稀缺的有效手段。Ritchie 等（1999）也认为，品牌能够帮助非营利组织在激烈的竞争环境中获取有限的人力与金融资源。Ritchie 等（1999）进一步指出，品牌能够促进非营利组织现有捐赠者和志愿者的保留，从而可以有效地降低非营利组织招募新员工的财务成本，这将有助于组织将有限的组织资源转向服务之中并因此提升了组织筹资吸引力；并且，优秀的品牌给予了非营利组织一个友好且熟悉的身份，能够提升外部主体（如政府部门和捐赠机构）捐资的可能性。Hankinson（2001）的研究发现，对于慈善组织而言，强品牌导向更能够影响他人，促进品牌承诺向管理实践的转化，从而有益于组织所需资金的筹集。Apaydin（2011）也指出，品牌能够提升非营利组织的资源获取能力，如志愿贡献和捐赠。Sargeant 等（2008）的关于品牌个性和个体捐赠间关系的实证研究表明，品牌个性有效提供对非营利组织多方面领域绩效进行评价的线索，从而影响个体捐赠者对非营利组织的整体感受以及是否捐赠的决定。

2.1.3 非营利组织品牌化的建构策略

鉴于品牌化分为内化与外化两类,国外非营利组织品牌化建构策略的研究成果也将分别论述。

一方面,非营利组织品牌内化的建构策略。总体上,国外仅有少数学者就此方面做了探索。Liu 等（2015）从领导力理论的视角展开实证研究后指出,在非营利组织品牌内化过程中组织领导者扮演着关键性的角色,他们将影响员工是否接纳组织品牌价值观的决定,非营利组织领导者应该给品牌内化的工作推进创造一个良好的组织环境。Laidler – Kylander 和 Simonin（2009）经过实地考察和扎根理论研究后提出了非营利组织品牌内化的两个具体策略,即承认和接纳品牌所具有的强大的内部角色并将品牌推销给组织内部受众;倡导组织内部品牌大使（如组织员工或志愿者）。其中,内部品牌大使利于促进组织成员对品牌的理解,可以确保品牌内外感受的一致性。Sujchaphong 等（2015）则以英国公办高等学校为例阐明了品牌内化过程中变革型领导的价值,认为变革型领导能够在组织品牌内化过程中营造出一种驱动员工品牌支持态度与行为的氛围;作为一个榜样,领导们将通过顾问角色的扮演来向员工提供积极和建设性的反馈。同样,Judson 等（2006）对英国高校的品牌内化做了专门研究并指出,高校品牌沟通可以通过大学手册、校园会议、邮件通知和大学备忘录等媒介实现;对于公立高校的教职人员,大学手册和邮件通知要比大学备忘录在传达品牌价值时更为有效。尽管学者们就非营利品牌内化策略提出了一些见解,但多为针对非营利组织品牌内化的个别行动策略进行阐述,论述系统性略显不足。为此,我们有必要简要梳理下企业品牌内化建构策略,以给非营利品牌内化策略提供一些借鉴或启示。

品牌沟通常被国外学界视为企业品牌内化最基本的推进手段。Bergstrom（2002）指出,品牌内化的本质就在于通过充分的品牌沟通使组织内部成员清晰地理解个人工作行为与品牌价值的关联性。然而,品牌沟通并非是品牌内化实施的唯一方式。尽管组织内部的品牌沟通在员工内化品牌过程中发挥着重要的作用,但一些学者认为人力资源实践（如奖励、培训等）也应成为品牌内化的重要构成（Punjaisri & Wilson，2007）。Lee 等（2014）指出，品牌内化主要有品牌培训、奖励及内部沟通这三种形式。其中，内部沟通主要用于指明员工在认知层面需要产生的变化，而作为管理工具的培训和奖励主要用于推进员工在行为层面的变化。Matanda 和 Ndubisi（2013）则通过文献梳理后提出了由人事管理参与、内部沟通和培训构成的三维品牌内化模型。此外，还有一些学者基于整体性视角进行研究后指出，品牌内化应包括三个维度，即品牌沟通、品牌培训和品牌领导力（Buil 等，2016；Burmann & Zeplin，2005）。其中，品牌领导力在品牌内化作用实现中的重要作用获得了不少学者的认同（Hu 等，2018）。当不同层级的领导对待品牌价值观如同自己生命一样并且在员工中充当榜样时，品牌内化的效应将得到强化（Buil 等，2016）。品牌领导力的价值在于能够提升领导与员工间的正向人际关系，从而影响员工的态度和行为（Terglav 等，2016；Morhart 等，2009）。可见，国外学界关于营利性品牌内化建构策略主要包括内部沟通、领导力和人事管理实践这三种主要方式。当然，除了上述以品牌知识传递为核心的品牌内化策略外，一些学者从组织整体层面提出了组织结构或文化的变革，以支持品牌内化的实施。Zucker（2002）指出，品牌内化不能仅局限于组织内部简单的品牌传播行为，更重要的是需要通过组织变革和机构完善来创造品牌。Allan（2004）也认为，品牌内化本质上在于组织文化的转变，基于员工对组织价值观的分享和品牌价值的协同来保障组织的变革。

　　另一方面，非营利组织品牌外化的建构策略。国外学界就非营利组织品牌外化（主要从一般意义层面的品牌管理）的建构策略进行了较为深入的研究。经梳理，本书将此方面研究文献分为行动学派和特质学派两类。第一类是品牌行动学派。该学派倾向于将非营利组织品牌外化策略视为一系列品牌行动要素的组合，并表现为品牌流程和品牌导向这两类策略建构模式。品牌流程建构模式指非营利组织品牌化的各行动要素间具有先后逻辑关系。代表性学者 Tapp（2015）指出，一个优秀慈善组织品牌的创造是一个流程性过程，并由四项活动组成：一是理解利益相关者的品牌感受；二是创建一个独有的品牌身份；三是挑选适宜的品牌定位；四是面向利益相关者的品牌定位宣传。同样，Laidler -Kylander 等（2007）则创建了一个由品牌身份开发、品牌激活、品牌表达和品牌保护这四个具有先后逻辑的步骤所构成的非营利组织品牌建构框架。总体上，上述两个理论框架均强调非营利组织品牌身份确立和品牌宣传（或表达）这两个重要活动。当然，相比较而言，Tapp（2015）的理论模型主要强调品牌化的前端，而 Laidler - Kylander 等（2007）的理论模型是一个相对全面的品牌建构流程，不仅包括品牌建构前端活动，还包括品牌开发后的品牌身份保护这个重要品牌管理事项。品牌导向建构主要强调非营利品牌建设中应关注的重要议题或关键要素，这些议题或要素间并不存在先后逻辑关系。在国外非营利组织品牌研究学界，品牌导向观的代表性学者为 Hankinson。基于英国前 500家慈善组织的实证研究，Hankinson（2001）构建了一个由品牌理解、品牌传播、品牌战略使用和品牌管理四个维度构成的品牌导向模型。该模型是当前国外非营利组织品牌研究领域中最为经典的量化研究之一。由于品牌导向是"组织将自身视为一个品牌的程度"，因此，借助于该模型，慈善组织可以自我评价品牌建设的水平，并考量组织接纳品牌化理念与实践的程度。第二类是品牌特质学派。该学派主要强调品牌构建时品牌本身所应具有的特质或属性。Laidler - Kylander 和 Simonin（2009）通过实证研究构建了由一致性、焦点、信任和合作等构成的非营利品牌建设模型。其中，一致性包括内部、外部以及内外间的一致性，焦点要求组织运作明确且有重点，信任被视为组织各类关系建构的基石，合作是指组织品牌构建中与利益相关者的合作与结盟。该模型较好地诠释了非营利品牌所具有的特质，较为全面地呈现了非营利品牌的内涵和构建规律。该研究不足在于，访谈对象主要是组织领导者，缺乏捐赠者和志愿者等重要利益相关者的考虑。此后，Kylander 和 Stone（2012）从品牌特质角度提出了由真实性、民主性、伦理性和亲密性等构成的非营利品牌建设框架。其中，真实性强调组织内部身份与外部形象间以及这两者与组织宗旨间的一致性；民主性要求组织能够授权成员、员工、参与者和志愿者向外传播他们关于组织核心身份的理解并成为品牌倡导者；伦理性是指品牌自身和相关部署方式能够反映组织核心价值观；亲密性要求品牌建设能够与一个优秀团队合作、与其他组织品牌共同运作、分享空间和信任并促进个体利益间集体化。作为非营利品牌建设的一个较新研究成果，该模型较好地实现了品牌建设中无形与有形要素的统一，并将利益相关者融入品牌构建之中；不足之处在于，该研究属于质性研究，需通过实证加以检验。

2.1.4　非营利组织品牌化的制约因素

股权的缺失意味着非营利组织管理者没有理由和动机不去行使善性的事宜，从而更有利于获取公众信任（Laidler - Kylander & Simonin，2009）。因此，良好公众信任的赋予使得非营利品牌建设能够获得一个良好的开端。然而，品牌化在非营利部门内却是一个相对艰难的事宜。Grobjerg 和 Child（2003）对美国俄亥俄州非营利组织的调查研究表明，提升组织的社会可见度和声誉对于近八成的非营利组织来说都是一个蛮大的挑战。经文献梳理，国外学者关于非营利组织品牌化制约因素的研究大致可归为资源约束论、形象排斥论和管理复杂论三个方面。

一是资源约束论。相关研究表明，组织资源的约束是非营利性机构开展品牌化工作的最大障碍之一。Ritchie 等（1999）指出，品牌建设是一项高成本的投资事宜，对于一些组织资源有限而服务要求较高的非营利组织而言，把组织资金、时间和重点用于品牌建设工作并非是一个好的选择。尽管品牌建设应该是非营利性机构的一个重要事项，无关组织规模的大小。然而，Ojasalo 等（2008）指出，品牌建构对于组织是一项需要大量努力付出和投资的过程，组织领导者常把品牌化工作视为大型机构的工具。与企业相比较，非营利组织规模较小，因而品牌给组织带来的价值也难以获得组织领导们的战略性重视。Ritchie 等（1999）也指出，品牌建立和维持过程中将要耗费组织大量的成本，将资金用于品牌建设也意味着原本用于项目和服务上资金的降低，这使得非营利组织需要考虑品牌化工作的必要性。Hina 和 Donna（2009）的研究表明，一些非营利组织领导者倾向于把品牌化花费看作一种成本而非投资；在组织金融资源有限的情况下，推进品牌化工作对于非营利组织来说是不太恰当的，特别对于一些中小规模的非营利组织，资源缺乏往往是其开展品牌建设工作的重要障碍之一。Laidler - Kylander 和 Simonin（2009）指出，受组织资源的约束，许多非营利性机构几乎不会在组织品牌化事项中付出时间、精力和资源。

二是形象排斥论。品牌主要是一个市场营销范畴，主要源于营利部门中的运用。因此，非营利组织领导者往往对组织营利化和商业化的形象较为排斥，而这将导致非营利部门中品牌化实践的障碍。Ritchie 等（1999）指出，一些非营利性机构的领导者认为，品牌化过于"商业化"甚至不道德，这将致使组织利益相关者（如捐赠者）难以将其与企业相区别，最终使得组织无法获取利益相关者的信任和支持。Stride 和 Lee（2007）的调查研究也发现，对于慈善机构领导者和员工来说，品牌化这一概念本质上好像更多地向组织利益相关群体传递着一种负面信息，一些领导者甚至认为品牌化会致使组织商业化而损害组织使命完整性而将之视为"肮脏"（dirty）的词语。Saxton（1995）也指出，非营利部门的实践者常常会质疑机构拥有和建构一个品牌的需求，因此，不少非营利组织不太倾向把自己机构视为一个品牌或潜在的品牌，并且商业部门对品牌化技术的滥用也导致了非营利部门中品牌化的排斥。与此同时，基于组织商业化形象的反对，非营利组织领导者成员往往也不太会支持和认同组织品牌化工作。Tan（2003）指出，非营利组织领导者常倾向于将品牌化视为组织的一个营销工具而非组织的一项核心准则，因而对品牌化工作的开展也较为排斥。

三是管理复杂论。一方面，管理目标多元性导致了非营利组织品牌化管理工作变得十分复杂。Stride 和 Lee（2007）指出，非营利背景下对品牌进行有效的管理比仅仅对捐赠者需求的管理更为复杂。为了对品牌进行有效的管理，非营利组织需要关注诸多组织目标，如游说、事业本身的教育与传播、形象和声誉的管理等；并且，多样化的服务目标是非营利性机构进行一致性品牌建构时面临的最大挑战之一，除了要直接服务于受益者，组织还需要实施诸多支持性活动，如教育、运动和拥护等。正如 Laidler - Kylander 等（2007）指出，一个非营利品牌至少需要关注个人捐赠者、机构捐赠者、组织雇员、志愿者、受益者和潜在合作伙伴六个利益相关群体，并需要同时关注后向的筹资活动和前向的项目活动。相比较而言，企业品牌的利益相关者相对单一，以前向的产品营销活动的关注为主。并且，关注组织多个利益相关者也使得非营利组织难以对品牌目标进行清晰界定并给组织品牌建设带来障碍。Stride 和 Lee（2007）进一步指出，如何向不同目标受众传递多元化的信息是非营利性机构开展品牌化工作的一个重要障碍。另一方面，学者们也发现，与企业相比较，非营利组

织结构较为松散、内部官僚化气氛不浓及不受利润驱动，这种组织内部环境和
特征与组织品牌的非调和性也给非营利组织开展品牌化工作带来一定阻碍。
Laidler – Kylander 等（2007）指出，授权式的管理风格和共识性建设的文化，
使得非营利组织品牌管理工作变得较为困难且富有挑战性。Grounds 和 Hark-
ness（1998）也指出，非营利组织内部成员常难以为组织品牌建设共同努力，
这使得非营利组织难以开展品牌化工作。Brookes（2003）指出，对于高校来
说，品牌化工作这种商业化导向事宜的开展是非常困难的，这是因为品牌化工
作常需要考量组织内部机构的商业需求，而高校这些机构本身就缺乏商业
目标。

2.2　国内研究现状

近些年，品牌化研究逐渐引起了国内社会组织研究学者的关注。经文献梳
理后发现，国内社会组织品牌化研究成果虽不及企业研究那么丰富，学者们所
开展的研究也不如国外活跃，但近几年也有一些学者做了尝试性探索并取得了
一定的研究成果。总体上，本节将从基本内涵、价值分析和建构策略这三个方
面来进行国内社会组织品牌化的综述。考虑到品牌化是一个源于营利领域的概
念，本节研究综述中也会选择性地对企业品牌化的一些文献进行介绍，以给社
会组织品牌化的文献梳理提供一些支撑和线索。

2.2.1　社会组织品牌化的界定

在国内学界，品牌化主要指一系列的市场营销活动集合，即通过名称、标
志、文字、口号等的设计与创建，以识别与区分组织及其产品和服务。例如，
赵卫宏和凌娜（2014）从区域品牌化的视角指出，品牌化的核心在于构建品
牌识别。王海忠（2014）指出，品牌化是指针对产品或服务的可视因素（如
品牌名称、标识等）和感官因素（如声音、触觉等）所进行的设计，以推动

产品或服务拥有市场标的和商业价值。从此层面上看，品牌化可以理解为围绕品牌符号的开发与设计。当然，也有一些学者给予了更宽泛的界定。石继华（2015）指出，品牌化是一个包括品牌形象设计、品牌定位、品牌传播和品牌维系的全过程。张翔云（2018）也指出，品牌化是品牌由创建到形成再到发展的全过程，目的是使组织在社会上具有较高的品牌资产。在这个意义上看，品牌化实际上就是一个组织进行品牌创建的过程。当然，如果仅仅将品牌化视为一种沟通策略，根据品牌价值传递方向，品牌化将主要分为品牌内化与品牌外化两类。对此，一些学者给予了阐述。刘璐和王淑翠（2008）指出，品牌化是对组织的唯一或主要标识（即组织名称）进行推广的过程，并包括品牌内化和外化两类。本书有关社会组织品牌化的界定也主要是这种沟通层面的理解，为此，下文将从内化与外化两个层面对我国社会组织品牌化研究成果进行梳理。

总体上，国内学界很少有专门针对品牌外化的研究，有关品牌外化的概念界定也很少出现，仅有个别学者有所提及。王淑翠（2009）指出，品牌外化是指主动将组织品牌价值及其他重要信息传递给外部利益相关者，促进组织正面、积极的品牌形象认知的形成，并对这些利益相关者实施有效诱导的外部沟通过程。张洪吉等（2014）在研究区域品牌化时对品牌外化进行了解释，即通过恰当方式来整合品牌背后隐藏的资源并将其有效呈现出来的过程。相比较而言，有关品牌内化的概念界定略显丰富，常以内部品牌化、品牌内部建设等名称出现。陆雄文（2013）指出，品牌内化主要是指组织品牌战略的内部化过程，在组织内部开展的、以组织内部成员为对象的品牌建设的项目、计划与活动。余可发（2013）指出，品牌内化是企业通过员工参与、组织结构的相互协调以及客户品牌期望与体验一致性的保证，以使得品牌在企业与客户间达到平衡的过程。张辉（2019）则认为，品牌内化是组织成员将组织品牌的核心价值纳入个体自我的品牌意识中，形成有关品牌的知识、信念和情感，并在工作实践中实施积极性的品牌行为，以兑现组织品牌给予顾客的承诺。

当然，上述品牌内化界定多以企业为研究对象，涉及公共部门（包括社会组织）的研究相对较少，仅有个别文献做了初步探索。唐顺标和向丽（2014）对高校图书馆进行研究后指出，品牌内化是高校图书馆通过对其馆员品牌行为培训、分享品牌建设策略和创造性品牌沟通以及支持品牌建设的激励，以使其主动参与组织品牌建设与培育的过程。张冉和顾丽娟（2018）指出，品牌内化主要是面向组织自身及其成员的品牌价值沟通，目的是把组织品牌理念传递并渗透于组织成员，从而借助这些成员将组织品牌理念传递给外部受众。顾丽娟（2018a）指出，社会组织品牌内化主要是指向员工传递组织品牌价值并使之内化于成员个体情感之中的过程，从而使员工在实际工作行动中兑现组织品牌承诺，提升外部利益相关者的品牌体验感，最终达成组织宗旨与使命。由此可见，与企业类似，社会组织品牌内化同样强调从组织内部着手，将品牌价值深植于员工理念和行为中，以使员工实现与外界的有效互动并最终实现组织目标。这是因为，组织与外部受众（如顾客）间的有效互动主要取决于一线服务人员是否能够理解并向外部受众传递品牌信息和价值（陈君，2015），而这种假设理应基于组织，需从内部着手，将品牌价值深植于组织员工品牌行为中，这样才能保证外部客户体验与期望的一致性（白长虹和邱玮，2008）。

有关品牌内化与品牌外化关系方面，一些学者也做了相关总结。王淑翠（2009）指出，品牌内外和外化两者是一个相对独立和相互联系的过程。其中，独立性在于内化与外化的受众对象的不同。正如张冉（2018a）指出，品牌内化是一个相对于品牌外化的概念；品牌内化主要面向组织内部成员，目的是把组织品牌理念传递并渗透于组织成员，而品牌外化主要面向顾客、捐赠者等外部利益相关者，是一个向外部（如公众、合作方）传递组织品牌价值的信息沟通过程。当然，品牌内化与品牌外化也有相应联系。周俊等（2017）指出，对于社会组织来说，品牌内化是品牌外化的前提和基础，而品牌内化结果决定了品牌外化结果。

2. 2. 2　社会组织品牌化的价值

品牌化对组织的价值不言而喻。品牌研究知名学者凯文·莱恩·凯勒（2014）从企业外部消费者和组织自身这两个层面就品牌的重要价值进行了系统性归纳。其中，对消费者的作用有产品来源识别、减少风险、降低搜索成本、承诺产品质量等，对组织的作用则包括竞争优势的源泉、顾客质量要求满足的标志、产品独特的合法保护等。然而，部门异质化决定了品牌给予社会组织的价值可能与企业有所不同。为此，本部分就社会组织品牌化价值的国内研究成果进行了相关梳理，并主要从内化和外化两个层面来阐述。

一方面，社会组织品牌内化的价值。当前国内仅有少数学者就此方面进行了探索。基于已有文献梳理，我们发现，营利性领域方面的品牌内化价值研究略为丰富，可给我们提供一些学术线索。余可发（2013）指出，品牌沟通、品牌领导及品牌人力资源活动等品牌内化活动将有助于提升组织员工的品牌承诺度并因此促进员工品牌公民行为的实施，这最终将帮助组织创建一个强势的品牌。同样，邱玮和白长虹（2012a）指出，组织层面的品牌内化活动（如品牌培训、激励和沟通等）将会促进员工对组织品牌价值的理解和传递，并因此在工作中表现出品牌建设参与的意识和行为。张辉（2019）对酒店业进行实证研究后指出，品牌内化对顾客服务体验、满意度以及酒店企业品牌资产等方面都会具有积极的促进作用。张辉和白长虹（2018）以旅游企业为研究对象提出了一个具有价值的观点：品牌内化的最终评价标准不应当停留在组织成员的品牌心理和行为层面上，而应落在消费者对组织品牌的心理和行为的反应并最终呈现于品牌的市场表现和股东价值这个层面上。该观点对未来我国社会组织品牌内化价值的整体呈现形式的研究具有一定的启示意义。换言之，员工态度与行为的改变只是品牌内化价值的中点而非终点，品牌内化的价值最终是实现组织目标。

总体上，营利领域的相关研究表明，品牌内化既在影响组织内部成员的态度和行为方面发挥着积极作用，也可对组织客户和品牌资产等外部发展性要素产生积极的影响。当然，社会组织品牌内化研究成果数量相对较少，仅有个别研究就社会组织品牌内化价值进行了尝试性探索。桂存慧（2016）指出，推进品牌内部化建设的原因在于其是社会组织内部凝聚力提升的必要措施。顾丽娟（2018b）指出，品牌内化对社会组织员工的价值主要在于促进员工对品牌价值的识别、品牌的买入和品牌的激励这三个方面，作为一个优化组织内部人事管理的有效工具，品牌内化将有利于增强社会组织竞争力。陈君（2015）则基于员工视角对养老服务机构品牌内化进行了专门研究并指出，员工品牌内化能够提升养老服务机构的服务质量、品牌形象、市场竞争力以及品牌忠诚度。可见，无论营利领域还是非营利领域的研究都强调，品牌内化的价值在于帮助组织成员理解品牌价值并促进其正向品牌态度和品牌行为的形成，从而带来外部顾客的正向评价，实现组织竞争力的提升和组织目标的达成。当然，与营利领域研究相比较，非营利领域品牌内化研究的不足在于，研究成果基本上都为质性探索，缺乏量化的实证研究。

另一方面，社会组织品牌外化的价值。如前文所说，国内有关品牌化研究文献中一般很少以"品牌外化"一词出现，品牌外化价值的研究多通过品牌管理与建设或组织品牌的研究文献得以呈现。并且，由于都具有一些相似的内涵（如身份、声誉和形象），品牌化与品牌这两个概念在学术研究中有时会替换使用（Chapleo，2011）。关于社会组织品牌外化价值方面，国内一些学者提出了一些见解。陈雷（2013）指出，品牌管理对社会组织的组织文化培育、组织形象树立、组织凝聚力增强、产品或服务市场占有率提升以及公众潜在需求把握等方面都具有积极作用，因此，品牌管理应纳入社会组织日常管理之中。毕垣（2016）认为，品牌建设可以将社会组织的组织宗旨和定位准确地传达给公众，提高组织公众形象，增进公众的组织忠诚程度，拓宽组织资源的吸收途径，并有助于组织认知度、美誉度和竞争力的提升。于家琦和陆明远（2012）指出，品牌建设对社会组织公信力提升有着积极作用，并主要表现为以下三方面：品牌定位有助于明确服务方向，品牌营销有助于改善形象，品牌精神有助于凝聚众力。钱正荣（2017）指出，品牌战略利于社会组织去行政化和与利益相关者间的信任建构；并且组织品牌形成所带来的关注度增加也将有利于内部成员心理契约的构建和组织认同的增加。谢晓霞（2016）则通过实证研究指出，慈善组织品牌形象的提升将正向促进公民慈善捐赠动机。

尽管上述研究并未专门提及"品牌外化"一词，基本都是从品牌及其建设的视角来呈现出社会组织品牌外化的价值，但这些研究基本上都是从组织外部信息沟通与管理的视角（如营销、公信力及形象等）来诠释，间接反映出了品牌外化的价值所在。当然，学界也有社会组织品牌化价值论述较为系统的文献。周延风（2015）针对慈善组织分析了品牌化给慈善组织带来的三方面作用，即提升慈善组织的信任（基于员工、捐赠者、支持者等的信任）、高效地履行组织使命和价值（基于内部员工和外部公众对品牌价值的理解）、募资的工具。当然，慈善组织仅是社会组织的一个类别，其价值分析可能不一定适用于其他社会组织。张冉（2013b）则对普遍意义的社会组织的品牌价值进行分析并提出了四大价值，即组织识别、信任促进、资源获取以及管理优化；其中，前三个价值为品牌外化价值，最后一个价值（即管理优化）为品牌内化的价值，如组织人事管理、员工激励等方面。

总体上，国内社会组织品牌外化价值研究多从组织品牌化、品牌建设或品牌战略等方面来体现，研究成果略显丰富些，而品牌内化价值方面虽然有些针对性研究，但研究成果数量相对较少、系统化略为缺乏。

2.2.3 社会组织品牌化的建构策略

从策略层面看，社会组织品牌化实际上是通过一些具体性行动来帮助组织内部和外部利益相关者（如员工、公众等）建立对组织品牌及其服务的认知的过程。总体上，我国社会组织品牌化策略研究存在诸多不足，如何有效实施品牌化策略并使之呈现出应有功效一直以来都是品牌建设的学者们所热衷的研究方向。

一方面，社会组织品牌内化建构策略研究。当前，国内学界仅有零星几篇文章就此方面进行了相关研究且多为质性探索。为此，本部分先通过营利领域品牌内化文献的简要梳理来给社会组织研究提供一些启示。南开大学白长虹和邱玮等是我国较早对企业员工品牌内化实施策略进行系统化探索的学者。白长虹和邱玮（2008）在对企业品牌内化进行研究综述时总结到，品牌内化策略分为员工品牌内化和组织品牌内化。其中，员工品牌内化驱动要素（即实施策略）包括品牌的培训、激励与授权以及沟通这三类；组织品牌内化的实施主要涉及组织整体层面的要素，具体内容包括品牌内部识别系统、组织文化协同、高层领导角色、组织内部沟通及跨职能协调这五个方面。之后，邱玮和白长虹（2012a，c）在有关员工品牌内化策略的品牌培训、激励和沟通这三种基础要素上新增了组织文化要素，原因在于组织文化能够影响员工感知、想法、解释、决策和行为，有助于将品牌价值深植于员工意识之中。此外，还有一些学者从品牌内化实施策略或影响因素做了类似的探索。陈君（2015）通过对养老服务机构❶进行研究指出，界定品牌识别、加强组织员工内部品牌沟通、开展组织员工内部品牌培训以及善用组织员工内部品牌激励是实现组织品牌内化的重要战略。李辉和任声策（2010）指出，影响服务员工品牌内化的组织内部因素主要有三方面，即品牌形象（如品牌声誉、营销手段、品牌传播）、品牌定位（如品牌的沟通、培训和发展愿景）和工作特征（如工作的氛围、支持和报酬）。余可发（2013）在"员工—组织"两分法基础上提出了品牌内化整体概念模型并指出，员工品牌内化需要以组织品牌内化为基础，只有组织品牌内化得到较好实施，面向内部成员的品牌培训与沟通等才可有效开展；其中，组织品牌内化策略包括品牌培训内容科学的设计、内部领导对品牌的关注、组织文化与品牌文化的协调、品牌管理机构建立与内部沟通系统建设等。当然，近些年对组织品牌内化实施策略阐述较为全面的应属张辉和白长虹（2018）的最新研究。该研究指出，品牌内化分为组织和员工层面；组织层面主要关注组织采取哪些活动将品牌价值传递给组织成员，具体策略包括品牌内化活动，如品牌培训、沟通和领导等；员工层面则是上述组织层面内化活动的结果，主要关注员工态度与行为（如品牌承诺和品牌支持行为）如何改变。

与企业领域的探索相比较，我国非营利领域品牌内化策略研究明显缺乏。张冉及其研究团队在此方面做了先行性的探索，是社会组织品牌内化研究较为系统的研究团队。张冉和顾丽娟（2018）指出，社会组织面向员工实施的品牌内化策略主要包括品牌识别（如 Logo）、品牌学习（包括程序化学习和非程序化学习）和品牌激励这三方面；其中，学习系统是组织品牌内化的根本内容，品牌识别与激励主要用于支持品牌学习目标的实现。此后，顾丽娟（2018b）对扎根理论和多案例研究等做了进一步分析并指出，社会组织品牌内化构建内容包括两方面：一是员工层面的品牌识别、学习和激励；二是组织层面的组织管理和组织体制。总体上，社会组织品牌内化策略的基本框架与企

---

❶　我国养老服务机构中有较大比例为非营利的民办非企业单位。

业较为相似。然而，比较遗憾的是，无论是企业品牌内化还是社会组织品牌内化，国内学者迄今都还未开发针对性的测量量表，社会组织与企业在品牌内化的具体测量指标上是否存有差异，尚需学者们展开专门的实证研究。

另一方面，社会组织品牌外化建构策略研究。与前文类似，我们主要基于品牌化或品牌管理与建设等研究文献的梳理来获得社会组织品牌外化策略相关研究。我国学者进行品牌理论研究与实践探索的时间只有 20 余年，社会组织品牌外化策略研究诸多观点也主要基于营利组织研究而形成。在国内组织品牌早期研究阶段，李晓青和周勇（2005）对我国具有代表性的五种品牌管理思想进行了梳理，这涉及"7F"品牌管理、营销系统工程品牌管理模式、720°品牌管理、强劲品牌的五大支撑力和卓越品牌七项修炼等。尽管该梳理距今已经近 15 年，但这些品牌建设思想能够为当前组织（包括社会组织）品牌建构提供一些借鉴。近三五年也有一些国内学者对中国企业品牌化进行了较有启发性的总结。例如，顾雷雷（2016）结合中国本土情境对企业品牌化思想进行了系统化梳理并指出，中国企业品牌化由以品牌标识（代表品牌产地）为中心过渡到以品牌承诺（代表品牌承诺）为导向，进而升级为当前以品牌个性（代表情感价值）和品牌关系（代表关系价值）为导向。当然，企业品牌化的成功不仅取决于组织自身实践，也取决于外部主体（如政府部门）的培育，尤其在中国社会转型期。黄升民和张驰（2018）则对改革开放 40 年以来中国品牌历史发展脉络进行总结后指出，中国企业品牌成长动力主要依托于生产力、消费力、传播力和创新力，并从政府与市场关系的视角分析并强调了政府部门促进中国企业品牌建设所采取的三项重要举措，即战略层面的高度重视、政策的引导以及对媒体传播的方向和力量进行把控。上述几篇研究主要是企业品牌化策略研究的发展脉络或主要观点的总结，限于篇幅，学者们就企业品牌化所提出的个性化观点这里不做阐述。

具体到非营利研究领域，品牌外化（或品牌化与品牌管理）的文献屈指可数。一些研究从社会组织品牌建构策略的负向维度（如制约因素或存在问题）给出了一些观点。2015 年 1 月由心创益出品、南都公益基金会支持的我国非营利部门首个专门的品牌实践研究报告《中国非营利品牌报告》显示，我国社会组织在品牌的认知与投入、定位、建立、管理、传播以及价值上的表现参差不齐，而这些表现也进一步形成了相关制约因素，如利益相关群体的统一认知难以达成、市场定位存在严重缺位、视觉识别系统和品牌法律保护意识存有不足、处理复杂品牌关系的能力不足、员工的内部参与度不强、品牌管理态度不够严谨、缺乏与外部公众的品牌沟通等多个方面。周延风（2015）认为，项目品牌与组织品牌难以协调、品牌保护意识薄弱、资金不足以及人才短缺等因素都影响我国社会组织的品牌建设。桂存慧（2016）进一步指出，同质化竞争、品牌形象不鲜明、公益资源缺乏和内部治理不善等都是影响和制约我国社会组织品牌化实践的重要因素。可以说，上述相关研究所论及的社会组织品牌化建设问题也正是我国社会组织品牌化建设中需加强的方面。在具体策略方面，国内学界也有一些相关文献给予了关注。例如，马琼（2012）以高校为研究对象指出，强化品牌意识、完善品牌形象、提升服务质量以及巩固特色是实施品牌战略的主要策略；郭灼（2020）基于基层党建的视角，将精品校园文化打造作为校园党建工作品牌化的重要载体和新途径；王毅和肖烨烨（2020）则以公共图书馆为研究对象，提出了公共图书馆文创产品品牌化建设的三大策略，即品牌定位、品牌形象和品牌推广。

当然，有关我国社会组织品牌建构策略研究方面较有价值的文献可以梳理为三大类。一是基于品牌资产（如品牌形象、美誉度或知名度等）视角提出的社会组织品牌化策略。何兰萍（2011）指出，一个成功的慈善品牌建设的最核心要素包括三个，即品牌的知名度、美誉度及忠诚度，慈善品牌塑造过程中应积极打造这三个品牌维度。杜冬柏（2016）通过借鉴已有服务品牌资产模型并结合国外非营利品牌理论提出了由品牌形象定位、营销目标要素和营销方法要素三方面构成慈善品牌营销内容框架，并基于壹基金的案例研究总结出慈善品牌建设要素，即清晰的品牌形象定位、明确的品牌营销目标、品牌整合营销传播策略、专业有效的品牌维护机制、多元化的品牌价值提升战略和良好的捐赠者和受助者体验。二是基于品牌建设流程或建设重点的社会组织品牌建设整体化模型。社会组织品牌化既要关注外部、有形化的品牌传播与维护等要素，也要关注内部、无形化的品牌价值观、品牌定位等要素，是一个内与外、虚与实相结合的品牌化实施模型。例如，闻赞（2014）以我国行业协会为例，将品牌化过程分为可视性品牌确立（如口号）、非物质性品牌内容激活（如组织使命与价值）、功能性支持（如人事管理契合度）、网络定位（如顾客导向度）和管理维护（如公众的品牌情感）五个阶段。桂存慧（2016）基于国外经典的 IDEA 品牌化模型建构了我国社会组织品牌化的四维模型，即品牌完整性（内部识别与外部形象的一致性）、民主性（民主性的品牌内部传播）、伦理性（品牌建设与推广需要呈现组织价值观）、亲密性（鼓励与利益相关者的合作）。周延风（2015）认为，当前我国慈善品牌塑造需要通过四个方面，即制定清晰的品牌定位、加强和完善品牌管理、打造明星品牌项目以及多渠道开展品牌传播。三是基于市场化运作下的社会组织品牌导向模型。品牌导向属于市场化范畴，强调组织对外营销活动或策略必须聚焦于组织品牌并且以品牌特色程度的加强为目的，是组织价值与文化的一种战略选择。张冉（2013a）提出的品牌导向模型较好地诠释了社会组织品牌化的系统建设思路；强调社会组织品牌导向要从概念、功能和网络三个层面来建构，是一种由内向外依次为"价值观—组织—社会"的递进式的品牌建构逻辑。事实上，这一模型也为我国社会组织的品牌化奠定了有益的理论基础。此后，黄光等（2016）则通过多案例研究构建了我国慈善组织品牌导向模型，包括品牌意识、品牌识别、品牌互动和品牌协同这四个维度，并特别强调了品牌意识的重要性。

当然，上述三类品牌策略研究成果在本质上并无明显差异，都是阐述社会组织品牌建设方式或措施的学术思想。同时，这些研究并非仅仅是社会组织品牌外化的策略表达，其中也蕴含着品牌内化的一些要素，如张冉（2013a）、黄光等（2016）和桂存慧（2016）等建构的社会组织品牌管理模型或框架都强调了员工在组织品牌建设中的作用，需要组织给予重点关注并与员工开展有效的内部互动。综上可见，国外有关非营利性机构品牌化策略研究较完善，我国一些学者对非营利品牌建设的研究也热情不减并取得了一定研究成果，但总体上非营利品牌化研究与国外尚存在一定的差距。考虑到社会组织品牌化是一个综合性、全方位的管理过程，未来学者需结合中国社会情境与社会组织特征来发展中国本土化的社会组织品牌化理论。

2.3 研究述评

自 Wray（1994）开创非营利性品牌研究先河以来，越来越多的学者参与该主题的研究并取得了一些有益的成果。然而，当前非营利品牌研究仍较缺乏，相关研究尚存进一步完善的空间。总体上，社会组织品牌化研究不足与未来研究重点主要表现为以下五个方面。

第一，社会组织品牌化理论内涵的研究。目前，学界关于社会组织品牌、品牌管理或品牌化的理解多借用企业的学术观点。并且，有关品牌化的界定相对模糊，常把品牌化与品牌建设、品牌管理或品牌导向等概念混同，这对我们准确地理解社会组织品牌化的含义与特质带来了一定困难。部门异质化决定了社会组织品牌有着独特性的内涵和属性。例如，社会组织是一个价值观驱动型机构，然而，当前有关社会组织品牌管理研究中对宗旨或使命的关注较为缺乏。再例如，社会组织人数较少，品牌内化活动中领导者给予组织成员的指导和沟通可能更为重要。此外，尽管社会组织品牌化可以分为内化和外化两种，但专门针对品牌外化的研究还很缺乏。因此，学界有必要专门对社会组织品牌化理论内涵进行界定，厘清社会组织品牌内化与外化的含义及两者关系，对与企业品牌化内涵的异同给予相应阐释，这将有利于丰富品牌化理论，促进社会组织品牌管理研究的纵深发展。

第二，社会组织品牌化量表的开发。当前学界针对企业品牌管理和评估量表的研究成果较丰富，非营利品牌化量表的开发却十分缺乏。已有研究主要从品牌个性和品牌资产这两个视角理论性地考量了社会组织品牌，但主要是规范化的质性研究，即使有少数学者开展了社会组织品牌化的实证研究，但量表多为直接借鉴企业品牌化的量表。根据受众对象的不同，品牌化分为内化与外化两方面。学界针对企业开发了相应的品牌内化量表（Punjaisri 等，2007；邱玮，2010；李辉，2011）。然而，公益性和志愿性等组织属性决定了社会组织品牌内化的构成体系和重点必然与企业有所不同。同时，学界有个别研究针对社会组织进行专门量表的开发，如慈善组织品牌导向（Ewing & Napoli，2005），但品牌导向、品牌管理这些以品牌整体建设为主要内涵的概念与以品牌价值理解和传递为核心内容的品牌化存在较多差异，其量表内容必然与以强调品牌价值信息沟通的品牌外化存在不同。基于此，未来学界有必要针对社会组织进行量化探索，并根据品牌化受众对象的不同进行社会组织品牌内化和外化专有量表的开发。

第三，社会组织品牌化效能机理的研究。效能机理又称为影响机理，是学者在某一研究变量探索时常需重点研究的一个方面。目前学界有关组织品牌效能机理的定量研究基本上都是以企业研究为对象，如张婧和朱苗（2016）以及李辉（2011）分别针对企业品牌导向和品牌内化进行的效能机理探索。当前学界有关品牌建设或品牌导向以及品牌内化等方面的一些学术成果，能够给社会组织品牌化效用研究提供一些借鉴与指引。然而，这些研究多为质性探索（如案例研究），未来需要学者们通过量化研究方法来更为规范、科学化地探究品牌化给社会组织带来哪些效能，以及通过怎样的传递机制对社会组织产生正向影响。在社会组织品牌内化影响方面，国内外不少学者已指出品牌内化能够影响员工的工作态度与行为。然而，这些研究多为质性研究，量化研究十分缺乏，仅有个别文献做了相关探索，如 Liu 等（2015）关于非营利机构品牌内化的影响研究。在品牌外化方面，针对社会组织的定量研究几乎为空白。为此，在质性研究的基础上，未来我们有必要采取定量的实证研究来探索社会组织品牌化的效能机理，从而能够更加科学地解读品牌化给社会组织带来的重要价值。

第四，社会组织品牌化的本土研究。与西方国家相比较，我国社会组织品牌化的研究极为匮乏。国外优秀成果能够给我国学术研究提供不少有价值的借鉴，然而，社会组织生成和发展的社会情境的不同，决定了我国社会组织品牌化内涵与国外有着诸多差异。例如，政社关系的特殊化要求社会组织在实施品牌外化活动时需要能够与政府部门开展积极的互动，甚至有时需要借助于政府背书开展品牌传播。此外，我国社会组织发展仍不太成熟，非营利从业人员专业性有所不足，中国传统文化也与西方社会存在明显差异。在我国社会情境下，社会组织从业人员如何理解组织品牌价值并在日常工作中呈现出组织承诺的品牌价值，这与国外非营利从业人员也存在不同。例如，中国组织文化较强调模范带头作用，领导者可能在我国社会组织品牌内化作用发挥中扮演着积极且重要的角色。因此，国内学者有必要开展社会组织品牌化的本土研究以及中外对比研究，从而为我国社会组织品牌建设和发展提供相关理论依据。

第五，社会组织品牌化的多类型与多领域研究。近 30 年来，学者们就社会组织品牌化方面做了积极的探索，其中，国外学者取得了不少成果，国内学者也尝试了相关探索。然而，无论是国外还是国内的非营利性机构，都分为多种类别。虽然不同国家社会发展情境下社会组织界定与分类不同，但总体上都可以分为公益类组织和互益类组织。然而，从现有文献可以看出，关注公益类组织（如慈善组织）的文献略多，互益类组织（如行业协会商会）的品牌研究几乎为空白，而此类社会组织在全球非营利部门中占有较高比重并在社会经济发展中发挥着重要的作用。当然，研究成果非均衡的原因可能是，公益类机构由于具有更强的公益属性，需要获得更为广泛的社会资源并具有更高的品牌管理要求（如信息透明度等），因此，此类机构受到了学界更多的关注。与此同时，社会组织活动领域差异较大。根据联合国国际标准产业体系的分类，非营利组织划分为 3 大类 15 小类，其中 3 大类分别是教育（如中学教育）、医疗和社会工作、其他社区服务和个人服务（如商会组织、博物馆）。不同领域的社会组织在品牌化实施方面可能存在不同。然而，当前针对特定领域开展的非营利品牌化文献十分缺乏，多为一般意义上的品牌化研究。因此，开展不同类型、不同活动领域的社会组织品牌化研究并从中总结其共性是未来学界研究的重要内容。

第 3 章

社会组织品牌化的理论阐释

随着我国社会组织市场导向的不断加强，品牌化手段逐渐运用于非营利部门中，并成为我国社会组织运作和发展的重要工具。理解社会组织品牌化理论内涵是深入开展社会组织品牌化研究的基础。为此，本章就社会组织品牌化构成（包括内化和外化）的理论性知识进行针对性、系统性的介绍。

3.1　社会组织品牌化的基础理解

本节主要对社会组织品牌管理的兴起、内涵、价值、策略构成和困境等方面进行系统的介绍。

3.1.1　社会组织品牌议题的兴起

品牌管理的研究在西方发达国家起步较早。宝洁公司在 20 世纪 30 年代推行的品牌经理制，美国广告设计师雷斯在 20 世纪 50 年代创建的品牌 USP 理论以及之后的品牌个性论、形象论和资产论等，均为品牌管理理论的完善做出了贡献（李桂华等，2016）。直到 20 世纪 90 年代，我国学界才真正地关注"品牌"研究，并在国外研究的基础上开展了对我国本土组织品牌管理的学术探索。然而，尽管品牌经营研究已在营利领域快速发展，但在非营利领域仍未引起国内外学界的充分重视（张冉，2013b）。社会组织是一种以公益服务为导向的组织。因受传统社会管理体制约束及组织自身能力不足的影响，我国社会组织在数量上快速发展的同时，面临诸多管理上的问题，尤为突出的是组织声誉的流失，这在一定程度上影响了我国社会组织在公众心目中的形象。

品牌是组织加强和维持持续竞争优势的关键资源。作为以公益促进、志愿精神和民意表达等为核心特征的组织，社会组织往往被赋予比政府和企业更高的信用期望，其品牌化价值也更为突出。2013 年 4 月，国家民政部颁布《关于开展民办非企业单位开展塑造品牌与服务社会活动的通知》，鼓励民办非企业单位开展塑造品牌活动，将塑造品牌贯穿于民办非企业单位文化建设与人力资源建设等组织运作和发展的全过程，并将品牌管理视为组织的战略性管理而非战术性活动。此后，我国各级各地政府部门积极推进社会组织品牌建设工作，例如，自 2014 年以来，浙江省杭州市每年定期开展社会组织品牌认定工作，广东省广州市民政局于 2016 年始在全市范畴内开展品牌社会组织创建试点工作。可以说，在我国创新社会治理体系的建构过程中，品牌管理与建设已成为决定未来我国社会组织竞争力提升乃至整个公益事业健康发展的重要议题之一。

3.1.2　社会组织品牌的概念

在原始意涵上，品牌是一个进行区隔或辨别的工具。作为一个源于古挪威的词汇，即"brandr"，品牌意为烙印，即烙在动物上用于进行所有权区别的标志（莱斯利·德·彻纳东尼，2002）。当然，品牌的概念由世界著名广告大师大卫·奥格威（David Ogilvy）于 1950 年首次提出，并在 1955 年给品牌做了一个专门的解释，即"品牌是一种错综复杂的象征，它是品牌属性、名称、包装、价格、历史声誉、广告方式的无形总和"❶。1960 年，美国市场营销协会在《营销术语词典》中也对品牌进行了专门界定，即品牌是一个名称、名

---

❶ 源引自：菲利普·科特勒. 营销管理：分析、计划、执行和控制［M］. 梅汝和，等译. 上海：上海人民出版社，1997：694.

词、标记、符号或设计，或是它们的组合，其目的是识别销售者的产品或劳务，并使之同竞争者和劳务区别开。此后 30 多年间，不少学者就品牌概念进行了多样化阐释。其中，比较经典的是美国营销学大师菲利普·科特勒（1997）做出的界定，即品牌是能够为顾客提供其认为值得购买的功能利益以及附加价值的产品。Aaker（1991）则从资产的视角进行了界定，认为品牌资产是与品牌名称、标识和符号等关联的一系列资产或负债。总体上，学者们普遍认为：品牌是一种错综复杂的象征，它是品牌属性、名称、包装、价格、历史、声誉、广告方式等有形和无形要素的总和。鉴于所包涵要素的多样性，为了能够系统、结构化地解释品牌，戴维森❶于 1997 年提出了"品牌的冰山"理论，即品牌分为可见与不可见部分，并可用一个漂浮在水中的冰山来形容。其中标识、名称等为水上、可见的部分，约占品牌内涵的 15%，而价值观、智慧、文化等为水下、不可见的部分，约占品牌内涵的 85%。

与企业品牌较长的研究历史相比较，学界只是在近 30 年才开始对非营利性品牌有所研究。Roberts – Wary（1994）通过文献研究发现，早在 19 世纪中叶西方慈善组织已开始尝试运用组织最宝贵的资产即组织品牌，并认为慈善组织应该运用一些常规的企业品牌管理方法，面向市场进行品牌运作。尽管部门性质存在差异，但非营利部门的品牌内涵主要源于营利部门的解释且较为相似。在为数不多的国内文献中学者多从企业品牌中引申出社会组织的品牌概念，并将这一概念演变成非营利部门所涉及的具体领域。例如，高军和王睿（2010）指出，教育品牌是从企业品牌中引申出来的，狭义上的教育品牌是指学校名称的标志，广义上的教育品牌，除了学校的名称与标志外，还包括为消费者提供的教育服务和培养消费者的各类要素。周延风（2015）认为，对于慈善组织，品牌是一个名字、象征、标志、个性和承诺，它可以告诉公众和世界你是谁。可见，这种概念上的迁移与过渡还是较易理解的。根据研究者对社会组织品牌内涵的追踪溯源，社会组织品牌内涵主要体现为以下三个方面❷。

---

❶ 源引自：莱斯利·德·彻纳东尼. 品牌制胜：从品牌展望到品牌评估［M］. 蔡晓煦，等译. 北京：中信出版社，2002：80 – 93.

❷ 本点的部分内容是在课题前期成果［张冉. 国外非营利组织品牌研究述评与展望［J］. 外国经济与管理，2013（11）］的基础上重新修订而成的。

第一，"信息论"的品牌。品牌的最初含义就是指产品或服务的标识，即表达出所具有的品牌信息并借助其进行组织区分。因此，信息论下的品牌是社会组织重要信息（如使命、价值观等）传播与沟通的工具。Ritchie 等（1999）指出，品牌是非营利机构通过组织精神相一致的信息来和目标受众有效沟通的简洁陈述。除了身份识别的作用，品牌也是慈善组织传播和交流的手段，并表现为工具属性（品牌可做什么）和标志属性（品牌代表什么）（Hankinson，2000）。品牌是组织面向外界传达其名称、标识、个性和承诺等信息的组合，是非营利性机构最重要的优势（Bosc，2002）。当然，所传达的无形信息要素可能更为重要，这是因为社会组织是一类价值观驱动型机构。Stride 和 Lee（2007）指出，除了标识等视觉或有形要素外，非营利品牌所传递的信息更应包括组织价值观及其所追求的事业。可以说，作为一种信息工具，品牌是社会组织重要信息（如宗旨和使命）清晰、有效表达的天然工具，并且这也与社会组织价值观驱动的特性相符合。总体上，信息论下的品牌是社会组织实施组织信息传达的重要工具，并且信息具有综合性特征，既包括名称、标识或标志等有形要素，也包括价值观等无形要素。

第二，"个性论"的品牌。个性论是信息论的衍生发展，强调品牌是组织及其产品的身份识别，因此，品牌本身也会呈现出一些身份特征，并如同自然人一样，社会组织品牌也具有一定的人格属性，并且这种属性与营利性机构相区别。品牌个性论提出者 Aaker 于 1997 年就非营利品牌个性做了专门界定，即品牌所具有的人格特质的组合，并构建了由真诚、兴奋、能力、先进和坚毅五类特质构成的非营利品牌个性模型。此后，Smith 等（2006）通过实证研究修正了该模型，新增了创新这一特质，并指出品牌个性是非营利性品牌再开发、定位和其他市场性策略的诊断工具。当然，非营利品牌个性研究中最具影响力的模型是英国学者 Sargeant 等（2008）开发的三维个性模型，其由内至外表现为组织个性、事业个性和部门个性三个层面维度（见图 3 - 1）。从这个角度看，社会组织既要努力培育和开发符合组织一般属性的品牌个性，也要努力培育和开发匹配组织价值主张的品牌个性。事实上，品牌个性的存在对于社会组织具有重要意义，其能够有利于组织的差异化识别并提升组织竞争能力。Haigh 和 Gilbert（2005）指出，非营利性机构的身份识别不仅在于名称，更在于品牌所特有的个性；人们在向非营利性机构进行经济决策（如是否捐赠）时，其往往出于对机构品牌个性所表达的情感的考量而非理性标准。

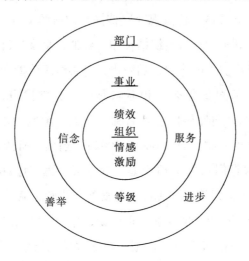

图 3－1　非营利性机构品牌个性的概念模型

　　第三，"资产论"的品牌。该论点强调品牌是社会组织的一项关键性无形资产。对于企业来说，品牌资产的理解常可以从财务视角和顾客视角来开展。然而，社会组织不以利润最大化为目标，因此，顾客视角更适用于其品牌资产的理解。鉴于其利益相关者较为多元，社会组织品牌资产可以理解为核心利益相关者基于对品牌知识而对组织营销活动呈现出的差异化表现。从这个视角看，品牌资产是社会组织唤起组织核心利益相关者如员工、消费者、捐赠者进行品牌感知、感受和联想的组合。与企业一样，社会组织品牌资产表现为深层和浅层两方面，如品牌知名度、美誉度、认知度、联想度和忠诚度（周如南，2018）。在"资产论"下，品牌将成为社会组织的一项重要资产被管理和经营，以促进其增值与保值。相关研究表明，品牌资产对社会组织具有重要价值。Faircloth（2005）指出，非营利性机构可以通过品牌资产的管理来有效地解决资源稀缺的问题，从资源提供者那里获得支持。Judd（2004）指出，品牌这类资产对于非营利性机构非常有必要，无论组织规模大小，组织都应将品牌这类资产的管理作为组织管理的优先事项。可见，品牌资产管理已被视为非营利组织筹资水平、顾客满意度等组织绩效提升的有效管理策略。

　　总体上，上述三类观点下社会组织品牌内涵的理解有着不同的研究视角。其中，信息论主要是一种过程化的研究视角，强调对品牌信息沟通过程的管理；个性论主要是一种人格化的研究视角，强调从社会组织品牌所应具有的特性来理解品牌内涵；资产论则强调结果呈现，从品牌化的结果来倒推品牌化内涵以及品牌化对社会组织的重要价值。在具体研究中，学者可根据不同研究重点选择不同视角来解读社会组织品牌内涵。本书有关品牌化研究主要是基于信息论的界定并结合资产论的内涵来进行的（如本书第 6、7 章的品牌外化研究）。

　　当然，在非营利性领域，与"品牌"一词相近的概念有声誉、公信力等，这里进行简单区别。公信力主要用于评价某个社会组织被社会认同和信任的程度，主要衡量社会组织的社会信任水平，其核心在于信任和信赖。实践中，公信力常用于评价政府部门和社会组织；"声誉"一词源于企业领域，其表现为某个组织在社会上所具有的声望和信誉。相比较而言，"公信力"与"声誉"都是一个外向型概念，而"品牌化"的内涵较为广泛，是一个"融内交外"的概念，其除了能够表达某个社会组织外部利益相关者的综合品牌感受（如品牌知名度、忠诚度和美誉度），也能够呈现内部成员对品牌的支持（如品牌态度与行为），以及社会组织本身所具有的个性与身份（如组织宗旨、价值观）。并且，公信力和声誉主要是一种"无形"影响力的表达，而品牌除了无形要素外，也包括标识、名称等有形要素。因此，从概念内涵广度来看，品牌最广，声誉次之，公信力最为狭窄。

3.1.3　社会组织品牌化的概念与构成

3.1.3.1　社会组织品牌化的概念界定

　　通常，品牌化可以从广义和狭义上来理解。一方面，广义的理解。从词义上看，"化"字的本意是变化和改变，作为名词或形容词后缀时其意义是"使成为""使变为"。因此，从这个角度看，品牌化意味着使之成为品牌的所有活动或全过程。换言之，品牌化就是赋予其品牌所具有能力、使之成为一个优势品牌的过程。张翔云（2018）指出，品牌化是品牌从创建到形成再到发展的全过程。Kotler（2003）也指出，为实现品牌化，品牌将经历着一个品牌由出生到成长再到成熟的全过程。基于这种理解，品牌化可以成为品牌管理、品牌建设的代名词。另一方面，狭义的理解。这主要从信息视角来理解，即把品牌化视为一种为品牌本体的构建，强调品牌化中品牌元素的信息化作用。为此，进行品牌元素的开发与设计常是品牌化最为核心的内容之一。例如，王海忠（2014）指出，品牌化就是指针对组织产品或服务进行品牌名称、标识、包装等可视因素和声音、触觉等感官因素的设计。当然，信息化视角的品牌化不仅是开发或形成信息，还需要进行信息的科学管理，如对外的信息沟通、品牌传播等。正如Keller（2003）指出，品牌化意味着企业要努力提取沟通的东西，并使之以更有价值和意义的方式而升华。因此，品牌元素的创造只是品牌信息管理的初始阶段，组织还需要采取相应方式将所提取的沟通元素进行有效的对外沟通。例如，Cai（2002）基于旅游目的研究后指出，品牌化是进行名称、标志、口号等品牌要素组合的选择，并通过积极的形象建设来实现旅游目的地的识别与区分。

总体上，狭义的品牌化是一种基于信息论的解释，其与信息论品牌的不同之处在于：在信息论下，品牌只强调品牌所具有的信息属性，是一种现存的状态，而品牌化不仅强调信息属性，还强调对品牌信息的设计与开发、宣传和保护等信息管理活动，常被视为一种组织沟通战略和关系集合。换言之，社会组织既需要设计和开发符合品牌价值且利于沟通的品牌名称、标志和口号等，也需要采取科学、合理的方式与内外利益相关者建立品牌信息交流的关系（如信息宣传与反馈的关系）。基于此，本书所讨论的社会组织品牌化主要是指狭义、信息论下的品牌化，即基于组织品牌价值而对沟通元素进行提取，并借助其与组织内外部利益相关者（如组织成员、服务对象和捐赠者等）进行品牌价值传递的沟通性过程，以期望对这些利益相关者的心理和行为产生正面影响。

3.1.3.2 社会组织品牌化的构成

通常，组织品牌所面临的生成环境主要可以分为内部和外部两类，这对于社会组织同样适用。如前文概念界定所言，社会组织品牌化是一种关系集合，品牌价值传递需要借助于组织内、外部利益相关者的互动。因此，根据品牌化所面向的受众，社会组织品牌化分为品牌内化和品牌外化，具体如下：

一方面，社会组织品牌内化。这主要是指社会组织面向组织内部成员（有时也包括志愿者）进行的品牌价值的传递和渗透，使内部成员将组织品牌价值纳入其个体的价值体系（如个人价值观、意识）之中，从而使其呈现出对组织发展有利的工作态度与行为。社会组织内部品牌管理的重要性主要来自分权和参与的组织结构，以及内部成员的激励需求。以价值观为核心的品牌构建往往需要以咨询和相互协商的方式进行，并需要充分考虑到包括员工和志愿者在内的利益相关者的复杂性。因此，组织必须承认和接受品牌所具有的强大内部角色并向内部受众传递品牌价值，如宗旨和使命及相关信息（如品牌标准），并使之内化于内部受众的工作态度和行为之中。其中，社会组织品牌内化的重要目的之一在于让组织内部成员理解和认同品牌价值观。社会组织是一种价值观驱动型的机构，品牌化应实现从有形层面向无形层面的管理转变，而品牌价值观正是优秀社会组织内部品牌管理的重要构成和影响因素。清晰界定组织宗旨并将其投射到内部品牌管理之中，使品牌真实有效地传达组织理念并让内部成员所理解、认同和践行，是社会组织品牌化成功的重要基础。

另一方面，社会组织品牌外化。这主要是指社会组织面向外部利益相关者（如服务对象、捐赠者和合作者等）进行的品牌价值及相关信息的传递和推销。社会组织比企业拥有更为广泛的外部利益相关者，因此，其品牌外化工作也需要考虑外部利益相关者的期望与需求并采取相应的措施来鼓励外部利益相关者的参与。这意味着，社会组织品牌外化不应仅停留在增加广告花费或者实施精心安排的营销交流活动，还应该包括与外部利益相关者的有效互动，如基于品牌协调的组织营销活动以及理解外部利益相关者对待品牌的态度。其中，与政府部门和企业的合作常是社会组织品牌外化的重要内容。政府部门可以在社会组织品牌外部沟通中发挥强大的"行政背书"作用并给其品牌传播带来更强的效果。例如，中国青少年发展基金会于1989年启动了以救助贫困地区失学少年儿童为目的的"希望工程"，获得了邓小平为"希望工程"题名。可以说，政府部门和国家领导人的"站台"对"希望工程"的顺利实施和影响力扩大发挥了积极的作用。与企业合作，社会组织可以获得更为市场化、多样化的品牌传播方式与资源。例如，作为一家以儿童为关注对象的全球知名公益基金会，联合国儿童基金会倡导与企业的广泛合作。2018 年 11 月，联合国儿童基金会在上海专门举办了一场"引领创新合作、共筑儿童未来"主题论坛，基金会副执行主任夏奈尔·霍尔女士提及"企业一直与我们一路同行"。在我国，随着企业与公益机构间合作的不断深入，一些知名企业也成立了自己的基金会来支持非营利性事业的发展，如阿里公益基金会、腾讯公益基金会等。此外，虽然不以营利为目的，但为高效地实现品牌外化，社会组织可以借鉴优秀商业组织的品牌管理经验，如通过视觉传播、媒体报道、慈善商店、印刷材料、网站和口号等工具来推进组织品牌建设。

3.1.3.3　社会组织品牌内化与品牌外化间关系

内化和外化是品牌化的两个相对独立的过程，这对于社会组织也不例外。品牌内化是把组织品牌价值传递并渗透于组织内部成员，借助于他们再把品牌价值传递给外部受众；品牌外化则是组织直接面向外部受众传递组织品牌价值的过程。总体上，这两个过程既相互独立又相互联系。

一方面，内化和外化两者相对独立。对于社会组织而言，品牌内化是有关组织品牌价值在组织内部的传递与渗透过程，目的是使组织成员理解和认同品牌价值。在这个过程中，品牌信息传递的目标受众是社会组织"内部顾客"，即非营利从业人员，社会组织品牌内化良好成效的判定也在于其能否使非营利从业者认同并在实际工作中践行品牌价值（如组织使命或宗旨）和达到组织品牌标准。品牌外化是社会组织通过多元沟通方式、借助于多种媒介的对外信息传递和沟通，目的是让外部受众对组织品牌形成正向认知，如表现为对品牌较多的赞美、信任并具有较强的品牌选择倾向。因此，从面向的沟通对象以及品牌化的活动领域来看，社会组织品牌内化与品牌外化是两个相对独立的品牌化活动。

另一方面，内化与外化两者相互联系。尽管组织形象是一个外向性概念，然而，从形成溯源来看，组织形象始于组织内部员工以及他们对组织的认知。社会组织提供的产品多为无形服务，其主要依托于人力资源来向外提供组织所承诺的服务。因此，组织成员能否实施品牌对外所承诺的行为和活动，将直接影响外部受众对社会组织的看法和评价。换言之，社会组织的外部受众（如服务对象、捐赠者和社会公众等）是基于对组织工作人员的认识和印象而形成对社会组织的联想和评价。例如，Clark 等（2020）对加拿大一所公立高校进行质性研究后指出，由于教师长期与学生接触，品牌内化在促进教师品牌认知和优化教师品牌支持行为的同时，将会影响学生对学校的品牌体验。并且，服务性产品也决定了社会组织的员工和服务对象往往会同时参与生产和消费过程，因此，社会组织员工与服务对象间边界变得相对模糊，服务对象眼中社会组织的形象与其员工的工作行为表现密不可分。例如，社会组织员工在向残疾人和老年人等提供面对面的非营利性服务时，服务对象常会根据员工工作态度和质量来对社会组织优劣进行判定并形成相应的组织形象认知。此外，社会组织品牌外化活动（如标识设计和对外宣传等）也都要由组织员工来实施，因此，组织员工能否理解和认同品牌价值将直接决定品牌外化活动的有效开展。可见，以员工为受众对象的品牌内化是品牌外化的前提和基础，直接决定着品牌外化效果的好坏。当然，品牌外化所带来的高知名度、公众的积极参与和忠诚的服务对象等也会强化员工对组织品牌价值主张的认同，并激发他们践行更多符合品牌价值标准的工作行为，从而有利于推进品牌内化工作的开展。综上所述，社会组织品牌内化和品牌外化两者相互依赖、相互影响。当然，由于各种原因，实践中品牌内化和品牌外化常存在着差距，缩小两者差距、追求两者的一致性是社会组织品牌化工作的最终目标（张冉，2017）。

3.2　社会组织品牌内化的理论阐释

　　品牌价值的外部传递往往只是单纯地提高顾客对组织及其产品的期望，只有从组织内部着手，将品牌价值深深植根于组织员工心中，组织才能保证顾客体验与期望的一致性。对于社会组织来说，组织更要确保组织使命、战略意图、内部特征与已有资源相呼应，将组织内部以及对外的品牌承诺转化为员工的实际行动，使得外部受众对于品牌的预期与感知达到一致，从而实现内外部品牌管理的平衡并谋求组织品牌的持久竞争优势。

3.2.1 社会组织品牌内化的内涵

作为一个新兴的研究主题，品牌内化在学界有着不同的概念表述，其中较具代表性的提法有内部品牌化、品牌内部建设、内化品牌和品牌内部管理，本书则使用品牌内化这一表述。

3.2.1.1 品牌内化的含义

（1）"内化"的含义

为了更好地理解品牌内化，本节首先简要地从社会学和心理学对"内化"一词进行解释。"内化"的概念最早出现在社会学领域并由法国社会学学者Dorkheim提出，其主要意指社会意识转化为个体意识，即社会意识层面的要素移植到个体的意识之内❶。例如，当个体接受并认同社会某个规范时，意味着该规范成为个体意识内的一个部分，即"社会规范"的内化过程完结。根据20世纪二三十年代维果茨基发展心理理论的观点，人所特有的高级心理机能并非是个体内部自发而产生的，他们只能产生于社会交互作用中❷。社会学的内化立足于社会化过程，强调社会性是内化的来源和结果，个体借由社会互动过程内化社会意识和价值观。当然，从心理学层面看，内化则主要是指个体将外部的价值观、规范等转移至自己内部的过程，即根据外部环境来重新组织个体的认知图式。本书中内化主要是一个心理学层面的理解。

（2）品牌内化的概念阐释

品牌内化的主要目的是让内部成员能够感受和认同组织品牌的价值，并将组织品牌所蕴含的价值观贯彻到个人日常工作中，使其在与外部利益相关者（如捐赠者和服务对象等）接触过程中有效地传递组织品牌的价值。因此，社

---

❶ 转引自：袁振国. 当代教育学 [M]. 北京：教育科学出版社，1998：352.
❷ 维果茨基. 维果茨基教育论著选 [M]. 余震球，选译. 北京：人民教育出版社，2005.

会组织需要向组织成员解释和销售组织品牌，分享组织品牌背后所具有的价值、设计和战略等品牌信息，并通过有关品牌信息的沟通和培训以及奖励等来促进内部成员品牌支持态度与行为的形成与强化，激发他们将品牌价值贯彻到自身工作行为之中，实现品牌价值与工作行为的协调一致。正如 Marbnert 和 Torrers（2007）指出，品牌内化是一种"转化"，品牌价值需要与组织结构、文化以及组织员工的意识和行为等要素进行充分的融合。当然，值得注意的是，品牌内化不仅要求组织员工了解组织品牌的价值，更重要的是要求员工将品牌价值移植到个体意识之内，形成自己意识的一部分，实现"自主"。Dorkheim（1961）以儿童道德教育为例，进行了道德内化过程的分析并指出：社会道德内化的过程，是一个由道德规范到行为习惯的转化，由"纪律"到"自主"的发展过程。例如，儿童接受纪律教育，这只是意味着社会道德开始内化于儿童个体，但这只是初级阶段，此时儿童只是被动地遵从纪律；然而，道德内化的最终目的是达到"自主"阶段，即道德内化的高级阶段。例如，当儿童对道德规范持有深刻的理解时，这种理解将形成支配其个体行为的动机，从而促使儿童产生自律行为。关于品牌内化，我国学者白长虹和邱玮（2008）做了专门研究，并指出品牌内化具有三方面含义。一是品牌转化过程。包括"同化"和"顺应"，分别指组织管理模式和内部资源与组织品牌的理念和价值这两者间的一致性和差异性（需基于调整来实现一致）。二是顾客导向。品牌内化过程的实施动因源于外部顾客。品牌内化是由外部受众所驱动的，其最终目的是影响外部受众，如促进顾客忠诚度的提升。三是整合机制。品牌内化的最终目的是让组织内部成员理解和认同组织品牌，并表现于工作行为之中，从而促进内部品牌价值链的增值。

　　如前文所述，品牌内化分为组织品牌内化和员工品牌内化两个层面。其中，前者是指组织层面的品牌内化的推进过程，后者是指员工层面的品牌内化的结果，两者之间相互影响。员工是品牌内化的主体，品牌内化的价值在于实现员工对品牌价值的感知和品牌价值传递行为的实施。对于社会组织而言，品牌内化的主要目的是让内部成员能够感受和认同品牌，从而能够依照品牌价值来指导自己与外界的互动行为，如工作行为。Bergstrom 等（2002）指出，品牌内化主要是指通过充分的品牌沟通使组织员工能够真正地理解品牌价值与个人工作行为的相关性，以使他们在自身工作实践中有效地传递组织品牌的价值；国内学者邱玮和白长虹（2012c）通过对旅游企业的扎根研究指出，品牌内化具有组织与员工的二元层面，是管理要素（如品牌培训、内部沟通）通过学习、交换和关系机制等来提升员工对品牌建设的参与意识和行为。尽管学者们对品牌内化概念的界定有所差异，但本质内涵均体现在两个方面：一是过程化活动，如所实施的面向组织成员的品牌培训与品牌沟通；二是目的性实现，即让组织内部成员理解品牌价值并对品牌做出承诺。可见，对于社会组织而言，品牌内化可以从两个层面来理解，一是品牌内化的过程，二是品牌内化的结果，并且这两个层面分别对应品牌内化的组织层面和员工层面。其中，组织层面的品牌内化是为了实现员工层面的品牌内化（如表现为品牌支持行为）而在组织层面所实施的一系列面向组织内部成员的品牌价值传递和理解促进活动，常见的品牌内化活动有内部沟通、培训、奖励和领导品牌示范等，目的在于组织品牌价值在内部成员中的理解、认同和共享。

　　总体上，上述理解是一种狭义的组织品牌内化，强调以组织成员为对象的品牌价值管理活动。当然，从组织更广泛的整体层面上来看，组织品牌内化不仅仅是面向组织员工的品牌价值管理活动，更应是一个组织的整体性改革，是一个广义的组织品牌内化界定。例如，Zucker（2002）指出，组织品牌内化不仅仅是组织内部简单的品牌传播活动，而需要通过组织变革和机构完善来创造品牌；白长虹和邱玮（2008）也指出，组织品牌内化应拓展性地上升为组织全系统，强调为组织品牌价值的实现而进行的组织调整与变革。限于篇幅，本书主要从狭义的组织品牌内化来进行研究，强调面向组织内部成员的品牌价值传递，不涉及组织结构变革、文化重塑等方面。因此，组织层面的品牌内化（在后文中又称为品牌内化行动），主要是指组织所采取的面向内部成员实施的品牌价值传递的行动性策略。相比较组织层面的品牌内化，员工层面的品牌内化（即员工品牌内化）主要是指员工对组织品牌价值的理解、承诺以及执行，换言之，即在组织层面的品牌内化活动下组织成员将有哪些表现。通常，员工品牌内化主要体现在态度和行为两个层面。其中，常见的品牌态度表现有品牌承诺、品牌认同等，而品牌行为主要指员工品牌支持行为，如品牌职内绩效、品牌口碑行为等。当然，如果进行更细的划分，按进化逻辑看，员工品牌内化可分为品牌认知、品牌情感、品牌行为意向和品牌行为四类。其中，品牌认知主要强调员工对品牌知识的了解和认识，品牌情感则是员工对品牌的情感（如品牌承诺、品牌认同），品牌行为意向是员工对品牌表达出某种行为的意向（如品牌留职倾向）。本书第 4、5 章中的社会组织品牌内化效能机理，主要研究了社会组织员工品牌情感、品牌行为意向和品牌行为的形成机理。总体上，在逻辑关系上看，组织品牌内化与员工品牌内化间存在一个先后、因果的逻辑关系（见图 3 - 2）。组织品牌内化是由组织面向员工实施并由组织来推进的工作事项，此时组织是品牌内化活动的控制主体，员工是品牌内化的受众客体，因此，组织培训、内部沟通等都是指向内部员工；作为组织品牌内化的结果，员工品牌内化是由员工来呈现出来的，主要表现为员工对品牌支持的态度与行为（如品牌认同、品牌公民行为等），并且这些态度与行为的作用对象主要为组织外部利益相关者。

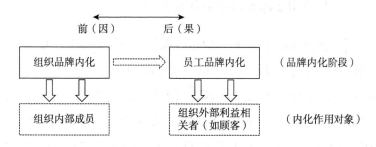

图 3 - 2　品牌内化内涵构成体系

总体上，品牌内化要求组织首先进行科学合理的编码，如确立组织宗旨、使命、文化和服务标准等品牌价值，然后面向内部成员进行品牌价值传递活动，如面向员工进行品牌培训、与员工进行充分沟通等，从而使组织内部不同岗位的员工都能理解组织品牌价值内涵。并且，这一过程中也需要组织领导者的重视，这是因为领导者对品牌的关注以及品牌内部沟通系统的建设能有效强化员工品牌激励，促进员工正向品牌行为的践行。当然，品牌内化也需要组织内部品牌管理结构的优化，为员工品牌培训、沟通与激励等提供组织保证。综上，从组织行动的视角来看，品牌内化是一个指向员工的信息管理活动；从员工感知的视角来看，品牌内化是一个员工对组织给予个体的品牌内化过程的感知，如组织是否告诉了我有关组织品牌使命和价值方面的信息，我的领导是否会与我分享其关于组织品牌的认识。为此，从员工感知层面，我们可将组织品牌内化界定为品牌内化感知（perceived branding internalization），而从组织实施角度层面，组织品牌内化也可称为品牌内化行动。当然，品牌内化感知与员工品牌内化不同，品牌内化感知强调员工对组织品牌内化过程的感受与认知，而员工品牌内化是组织品牌内化过程的结果，即员工所表现出来的品牌态度与行为。总之，组织品牌内化（或品牌内化感知、品牌内化行动）与员工品牌内化均为社会组织品牌内化的核心内容构成，两者相互关联，如组织品牌内化是员工品牌内化实现的基础和因，而员工品牌内化是组织品牌内化的目的和果。作为组织针对组织成员采取一系列品牌价值渗透活动，员工品牌内化的目的在于使组织品牌价值观深植于员工情感之中并使其转化为自觉的品牌传递和维护行动，最终实现组织目标。

3.2.1.2　社会组织品牌内化的基本内涵❶

随着营利性机构品牌内化研究的逐渐成熟，国外一些学者开始关注非营利性机构品牌内化的研究。Liu 等（2015）提出，面向服务人员的内部品牌化的有效与否对于社会组织意义重大，这是因为品牌内化不仅是一种成本，也是一种投资。国内学者张冉（2013b）也指出，品牌内化对于社会组织十分重要，这是因为社会组织品牌开发和实施主体以及给予组织信任和支持的人员首先是组织内部成员而非外部捐赠者、服务对象等。总体上，学者们普遍认为品牌内化对于一家非营利性机构十分重要，那么，社会组织品牌内化具有什么内涵？它与企业品牌内化的差异是什么？就此，本部分进行简单的阐释。

社会组织品牌内化，是指社会组织面向组织内部成员传递品牌价值及相关重要信息，渗透和内化于组织成员情感之中的一系列实践举措，以使组织成员在与外部利益相关者互动过程中以实际行动兑现组织对外的品牌承诺、促进外部利益相关者品牌体验感的提升，从而最终实现组织宗旨和所倡导的使命。与企业品牌内化一样，社会组织品牌内化也分为组织层面的品牌内化和员工层面

---

❶ 本部分是在课题阶段性成果［张冉，顾丽娟. 社会组织员工品牌内化的价值和建构［J］. 新视野，2018（3）］基础上重新修改而成的。

的品牌内化。在组织层面上，社会组织需要实施一系列的品牌价值传递活动，如品牌沟通和品牌培训等。例如，在实践中，对新进的从业人员进行价值观、公益服务理念和能力等方面的培训，是社会组织开展品牌内化的常见手段。当然，组织品牌内化与员工品牌内化存在因与果的关系。在员工个体层面，通过组织品牌内化，非营利从业人员将品牌价值（如使命）内化于个人思想与行动之中（即员工品牌内化），如表现为了解社会组织品牌的价值及其与自己工作的关联性并能够成功地在每一项工作中传递出品牌精神。当然，从更开放的视角来看，社会组织品牌内化的根本目的并非在于仅让内部成员理解和认同品牌价值并在工作实践中向外传递品牌价值，而是让外部利益相关者（如捐赠者、服务对象）能够感受到组织的品牌价值，提升组织品牌对外承诺与外部受众体验与感受的一致性。因此，社会组织品牌内化是一个类似于价值链的过程，即组织确定明确和个性化品牌价值，采取相关管理手段让内部成员理解和消化这些品牌价值并将其体现在工作行动之中，从而使信条化价值转化为行动化价值，最后使得外部受众感受到这些价值并形成对组织品牌的正向认知。如图 3 - 3 所示，品牌价值实现是一个由内而外推进的过程。当然，品牌内化价值的外部转化成功与否的判定标准是，组织品牌所承诺的价值与外部受众所感受或认知到的品牌价值是否具有一致性，而这又取决于品牌价值能否形成组织成员认知的一部分并对其工作表现（如工作态度与行为）产生影响。

图 3 - 3　品牌内化价值的外部转化过程

　　然而，对于社会组织而言，"因"（即组织品牌内化）影响"果"（即员工品牌内化）的过程是什么，在这个影响过程中是否存在边界条件，此方面研究几乎为空白，而本书第 4、5 章将通过混合研究方法来深入探讨社会组织品牌内化行动（即员工对品牌内化行动的感知）与员工品牌内化（即员工的品牌态度与行为）间的关系。对于以无形服务供给为主的社会组织来说，员工是传递其组织品牌价值和优质服务的重要载体。如果员工具有良好的工作态度并能够在具体工作行动（如服务的对外传递）中呈现出较好的工作行为，社会组织品牌就更容易获得社会的尊重和信任。当然，作为一个以非营利性为根本属性的机构，社会组织品牌内化的基本内涵不同于营利性机构品牌内化，这主要表现为以下三方面。

第一，品牌内化目的的公益性。企业品牌内化工作的本质在于通过提高消费者的满意度和忠诚度来最终实现组织利润的最大化，品牌内化的目的具有较强私益性。此时，品牌内化往往被视作为实现企业利润最大化目的而实施的一个重要内部管理工具。尽管也需要提高服务对象（即消费者）的满意度和忠诚度，但社会组织实施品牌内化工作主要是为了更好地促进社会福利增进，并且组织运作受利润非分配约束，因此，社会组织品牌内化是基于内部成员对组织品牌价值的对外有效传递和践行来实现社会与公共利益的增进，品牌内化活动的目的具有典型的公益属性。

第二，品牌内化对象的复杂性。品牌外化的对象既可以是一个机构，也可以是一个自然人，而品牌内化的对象主要指员工个体。一般而言，企业品牌内化活动主要面向组织员工，然而，社会组织品牌内化对象则较为宽泛且复杂，其不仅要包括组织有酬员工（主要指与组织签订劳动合同的员工），还应包括与组织不具有劳动关系的志愿者以及其他内部利益相关者，如理事会成员，这是因为社会组织受限于资源，有时也需要外部志愿者、理事等的劳动捐赠并通过他们与外界公众的互动来传递组织所倡导的品牌价值。

第三，品牌内化驱动的一线化。通常，企业品牌内化多由组织自上而下推动，是企业所有者或领导者为了提高顾客满意度和忠诚度，实现组织利润最大化而对组织内部员工实施的品牌内化行动。然而，与企业相比较，社会组织规模较小，在组织结构上具有典型的扁平化特征并强调员工的管理参与。为此，除了自上而下的组织和领导驱动外，社会组织品牌内化更倡导自下而上的组织成员尤其是一线人员的参与。实践中，一些人员加入非营利部门的主要动机不在于货币化薪酬或职级的高低，而在于其对社会组织致力于社会公益促进和服务于社会的品牌价值观的认同。因此，对组织品牌价值观认同的个体在加入社会组织后本身可能就会具有较好的品牌内化表现（如品牌支持行为），并会积极、主动地参与品牌内化行动，如工作中会主动向新员工传递和交流组织品牌价值，向组织领导者进行品牌建言。

3.2.2　社会组织品牌内化的价值分析❶

3.2.2.1　基于个体层面的品牌内化的价值分析

对于社会组织而言，个体层面的品牌内化的价值主要体现在价值识别、价值买入和价值激励这三个层面。第一，帮助组织员工识别组织品牌价值，引导和规范员工个体行为。实践中，社会组织从业人员常存在着私益或公益交织的多重动机。在此背景下，一些社会组织本身内部价值宣传和引导不足，并受到外部发展不利因素（如传统社会管理体制的桎梏和第三部门声誉毁损事件）的影响，组织内部成员与组织往往成为彼此"最熟悉的陌生人"，导致工作方向迷失并出现失范的行为。然而，品牌内化则能够为非营利从业人员打开一盏明灯，帮助他们理解组织品牌价值，引导、规范和优化他们的工作行为。第二，促进组织员工"买入"组织品牌价值。组织员工间或组织与员工间的目标冲突，有时并非经济利益的冲突，而是由对组织价值认同度和匹配度的差异所引致的。相关研究表明，1/3 以上的社会组织员工职业认同度很低，这一定程度上折射出组织员工对社会组织价值体系接受度的问题（唐代盛等，2015）。社会组织是一个价值观导向的组织，因此，其组织员工也应以价值驱动为主。作为一个对其成员进行品牌价值"销售"的过程，员工品牌内化有助于实现非营利从业人员对组织宗旨和使命的"买入"，从而提高个体工作偏好与组织价值观的匹配度。第三，弥补社会组织激励的不足。总体上，与政府和企业相比较，社会组织员工激励手段较为贫乏。如 Passey 等（2000）指出，社会组织岗位缺乏安全性，薪酬水平较低。社会组织是受价值观驱动的组织，以非营利为基本属性。当社会组织从业人员面对非营利事业所带来的压力（如劳动捐赠和低薪酬下的经济窘迫）和疲倦（如服务特殊人群时的情绪耗

---

❶　本部分是在课题阶段性成果［张冉，顾丽娟. 社会组织员工品牌内化的价值和建构［J］. 新视野，2018（3）］基础上修订而成的。

竭）时，品牌内化将化身为面向这些人士的"非货币化激励"。此时，内化于非营利从业人员内心之中的品牌价值观（如公益使命感和责任感），将成为这些有志人士为社会公益事业持久奋斗的动力。

3.2.2.2　基于组织层面的品牌内化的价值分析

从组织层面来看，社会组织品牌内化的价值主要体现在以下三个方面。第一，有助于优化社会组织人力资源管理，提高员工忠诚度。人力资源是组织"第一资源"，因此，人力资源管理常被视为社会组织管理的核心内容，而品牌内化是社会组织人力资源管理的创新手段。例如，面向非营利从业者的品牌培训有助于提升和强化组织员工的品牌认知水平，增进员工对组织宗旨和使命的认同感，提升员工组织忠诚度，从而为社会组织人才开发、保留等提供新的思路；并且个体对组织品牌价值的认同或知识水平本身也可以成为社会组织人才筛选的重要依据。第二，有助于优化服务质量，提升社会组织声誉。社会组织服务质量的优劣直接影响社会公众对其信任水平的高低，而组织服务质量高低又取决于提供服务的人员队伍，以及这些人员能否对外呈现出符合组织宗旨、体现组织品牌价值的服务行为。一个成功的品牌内化将使得非营利工作人员在对外互动过程中有效地用品牌价值来指导其工作行为，并化身为"品牌大使"，以向外部传递出明确、积极的品牌信息，而外部公众可通过此过程的正向体验来形成对社会组织信任资本的积累。可见，品牌内化活动将能够帮助社会组织由内而外地塑造出鲜明的品牌形象，赢得外部公众的信任和支持。第三，有助于提升组织资源获取能力，获得组织竞争优势。社会公共服务领域主体多元化以及政社分开的进一步推进，使得我国社会组织面临着包括顾客、资金在内的资源压力。相关研究表明，社会组织声誉的提升有利于获取组织资源，促进与企业间的合作，吸引志愿者和高素质的员工等（Padanyi & Gainer, 2003；Galaskiewicz & Colman, 2006）。尽管品牌内化工作主要是一个组织内部的人力资源管理活动，但该活动能通过员工品牌认知水平的提升和适宜性品牌态度与行为的表现来使得社会组织获取更多的公众信任，从而有利于提升社会组织的资源获取能力。

3.2.2.3 基于社会层面的品牌内化的价值分析

社会层面上的品牌内化价值主要表现在以下三个方面。第一，提升社会组织产品质量，使其服务对象成为最终受益者。社会组织的客户（如服务对象）常常低成本甚至免费获得组织提供的产品，这导致客户对社会组织产品质量进行评价的动机较弱。并且，社会组织所提供的产品多为无形服务，本身也较难评估。因此，在信息压缩条件下，客户在接受社会组织所提供的服务中，其利益往往会被一些持有私利目的和道德水平较低的非营利从业人员所侵蚀。然而，品牌内化则有利于提升非营利从业人员品牌价值认知水平并使其在具体工作中积极贯彻，从而使客户可以享受到社会组织优质的服务。第二，提升公共部门的整体形象。公众对某个社会组织感受的好坏是由他们对所有相似组织的平均印象所决定的（张冉，2013b）。换言之，某个（些）社会组织声誉较差，也会对第三部门的整体形象产生影响，并殃及其他规范运作的社会组织。例如，2011 年，中国红十字会"郭美美"事件就给我国第三部门声誉和公益事业带来了一定负面影响。在我国，社会组织是政府部门在公共服务供给中的重要合作伙伴，并且受传统社会管理体制影响，我国政社关系还较为密切。结果是社会组织员工公共服务的优劣将会间接影响公众对政府部门的看法。当然，员工品牌内化的成功实施，不仅可以促进公众对社会组织所提供服务的认可和声誉的提升，也会正向外溢至第三部门其他组织及相关政府部门，促进公共部门整体形象的提升。第三，促进社会组织更好地履行社会责任，培育社会公益慈善精神。2017 年，党的十九大报告 5 次提及社会组织，要求新时代的社会组织要有新作为，在协商民主、社会治理中要发挥出独特优势和积极作用。责任越大意味着必须对社会组织服务能力提出更高要求。员工品牌内化是提高社会组织新时期胜任力的内部行动，有助于组织及其员工更好地落实具有亲社会主义典型特征的品牌行为，从而更好地实现组织使命，承担社会责任，促进社会公益精神的培育。

3.2.3 社会组织品牌内化体系构成的初探

为了能够为本书第 4、5 章有关品牌内化体系建构和效能机理提供一些知识基础，本部分主要就社会组织品牌内化体系（即品牌内化行动、员工品牌内化及相关配套）进行初步阐释。品牌内化行动即组织品牌内化，是组织为将品牌价值植入组织员工意识之中而面向他们采取的相关行动性策略。员工品牌内化是品牌内化行动的结果，主要体现在员工的品牌态度和品牌行为上。品牌内化支持要素则是为了有效实施品牌内化行动而在组织层面上建构的配套支持系统。下面将从行动要素、结果要素和支持要素方面对社会组织品牌内化体系进行初探。

3.2.3.1　品牌内化的行动要素

第一，品牌内部沟通。这主要是指社会组织面向其员工在组织内部推进员工间品牌价值分享和交流的过程。Burmann 和 Zeplin（2005）提出了垂直沟通、水平沟通和中心沟通这三种内部沟通类型。其中，水平沟通是员工之间的信息沟通，它打破了层级和部门的界限，是三种沟通中最有效的沟通形式。社会组织结构偏扁平化、管理层级较少，这将利于水平沟通。另外，根据沟通渠道不同，品牌内部沟通又分为正式沟通和非正式沟通。其中，非正式沟通的主要方式包括有形展示、环境布置、内刊等。通常，非正式沟通有利于促进社会组织品牌信息面向员工的传递，并且能够"润物细无声"地熏陶和影响组织员工。例如，"12355"上海青春在线青少年公共服务中心是共青团上海市委员会发起成立的为广大青少年提供个性化、专业化服务的公益服务平台；该组织了解和掌握了大量青少年问题的素材，并对这些素材进行梳理和归纳，将其中一些共性的问题通过工作简报、研究报告等进行品牌的内部宣传与沟通。对于社会组织来说，品牌沟通需要相关部门所有业务都应同步传播相关品牌信息和树立品牌形象，并在组织内部的互动中提升员工的品牌知识和情感承诺。

第二，品牌培训。这主要指社会组织采取的一系列正式或非正式的品牌培训活动。在品牌培训过程中，社会组织要能够向组织内部成员准确地传递品牌价值信息，使他们确信组织品牌价值与他们的工作态度和工作行为密切相关。与企业相似，品牌培训主要体现在培训目的、对象和方式等方面。品牌培训有助于员工品牌知识的积累与提升。同时，品牌培训也有利于员工完成组织社会化的过程，即由"外部人"转化为"内部人"，促进员工个体身份概念与组织品牌的协同。在培训对象上，除了需要对员工个体进行培训外，社会组织还需要特别关注团队协调与合作方面的培训，强化组织基于品牌的跨功能、跨部门的协调能力。在培训方式上，社会组织的品牌培训要体现个性化，如强调员工个体嵌入的参与式讨论和问题导向式的培训可能更易于向员工明确品牌承诺和传递品牌承诺的重要价值，并且在岗学习的品牌培训也可能是社会组织的一种典型品牌培训方式。

第三，品牌激励。为了促进员工品牌支持行为的形成并使之具有可持续性，社会组织需要采取相关措施来认可和激励员工的品牌支持行为。通常，激励可分为货币化激励和非货币化激励。与企业相比较，社会组织从业人员往往公共服务动机较强，并且社会组织受利润非分配性原则所约束，因此，非货币化激励可能更适合于社会组织，且作用可能更为显著。社会组织有必要在品牌开发建设过程中建立员工协商机制、管理决策参与机制，以培养组织成员对组织品牌建设认知的统一及其战略价值的理解。一旦社会组织员工认同组织价值观和宗旨，那么他们将会更乐于投入组织品牌化工作中。而且，非货币化激励能够更好地满足员工的心理需求，这在一定程度上可以对个体的货币化激励的需求产生"挤出"效应，从而降低组织管理成本。例如，2010 年上海世博会组委会采取了志愿者服务晋级、评选"志愿者之星""优秀志愿者"等形式对志愿者进行品牌激励。

第四，品牌授权。品牌授权有时也称为品牌管理参与。社会组织的组织结构具有扁平化特征，员工而非组织（包括所有者）常是品牌价值传递的直接负责人，并且社会组织也主要依赖于员工来进行对外服务供给。因此，社会组织品牌内化实施过程中组织成员应当成为品牌管理主体，组织需要面向员工进行品牌授权。一般而言，除了可以有效激励员工外，适当的授权还可以增加员工工作的自主性和灵活性。社会组织所提供的产品多为服务性产品，服务性产品的生产和消费过程往往具有非分割性，即服务生产和消费的过程往往是统一的。这意味着社会组织员工有时需要在服务过程中对自己的服务失败进行及时、有效的自主调整，改善或补救工作中的不足，以兑现品牌对外承诺和维护品牌形象。并且，品牌授权也意味着领导对员工的信任与认可，将有利于提升员工的组织支持感，从而激励员工理解、认同品牌价值并将品牌价值践行于具体的工作行动之中。

第五，品牌领导支持。领导者个人特质对于提升社会组织品牌的附加价值具有重要作用。社会组织人员规模较小，组织领导者与员工之间的权力距离相对较短，这使得领导者在组织品牌内化中能够且应该发挥出积极的主体作用，领导者需要引领社会组织品牌化工作的推进。例如，社会组织领导者应对下属员工所实施的正向品牌态度和行为给予及时的肯定和认可，给组织成员在品牌价值践行方面树立模范并给予指导。同时，从组织品牌内部沟通层面看，社会组织领导者也具有积极的作用。通过言语和非言语沟通，在与组织成员的积极人际互动中，社会组织领导者可以向组织成员传达其对于组织品牌建设的关心、支持与承诺，并给予员工工作能力的信任，这将有利于激励员工将组织品牌价值移植于个人意识之中，促进其正向品牌情感与行为的形成。

3.2.3.2 品牌内化的结果要素

员工品牌内化主要指组织品牌内化行动给社会组织员工带来的影响结果。总体上，员工品牌内化可以从认知、情感和行为三个层面来予以呈现。其中，品牌认知主要包括员工对品牌的了解程度、专业技能的掌握程度以及对品牌提升的理解程度；品牌情感，主要指员工对品牌所持有的情感，如品牌认同和品牌承诺等；品牌行为主要包括员工对品牌价值的践行行为，如品牌公民行为。这里主要对品牌情感和品牌行为进行简要介绍。

有关品牌情感概念最常见的有两个。一是品牌认同。员工品牌认同，不仅是形式上的认同（如口头认同），也是一种情感或信仰等方面的内化认同。认同是一种归属于某个群体并与该群体的命运相交织的感觉（Mael & Ashforth，1995）。因此，对品牌认同的个体将会把品牌成功视为自己个人的成功。换言之，高品牌认同的个体将把品牌的荣辱视为自己的荣辱，从而倾向于实施那些有益于组织利益的工作行为。二是品牌承诺。品牌承诺主要源于组织承诺。通常，组织承诺是一种个体对组织的情感卷入程度，表现为员工对组织的情感依赖。因此，品牌承诺作为一种个体对品牌的情感归属感（Burmann & Zeplin，2005），将影响员工个体为实现品牌目标而付出更多努力的意愿。当然，员工品牌承诺与组织品牌承诺有所不同。对于社会组织而言，组织品牌承诺主要是指组织品牌给外部利益相关者（如服务对象、捐赠者）的价值保证，而员工品牌承诺主要是指员工对品牌的情感归属，并因此表现为对组织付出努力的承诺。

品牌行为主要是指员工践行品牌价值的工作行为，也称为品牌支持行为或品牌建设行为。基于工作职责界面，工作行为分为角色内行为和角色外行为两类，因而社会组织员工品牌行为也可以分为品牌角色外行为和角色内行为。其中，品牌角色内行为，又称为品牌职内绩效，主要是指员工按照品牌价值标准的工作行为，属于工作责任范畴内的员工行为；品牌角色外行为，又称为品牌公民行为，该概念由学者 Burmann 和 Zeplin（2005）提出，主要是指与品牌有关的员工自主行为，或者是说员工对于品牌建设而做出的工作职责以外自发实施的工作行为，与组织绩效制度无直接联系，但却有益于组织品牌建设。

3.2.3.3　品牌内化的支持要素

对于社会组织而言，品牌内化工作的推进需要组织层面给予相应的配套支持和变革调整。通常，社会组织品牌内化行动开展的主要支持要素包括以下几种。

一是组织文化。组织文化是任何一类组织在品牌内化工作推进时不可缺少的支持要素，这是因为组织文化能够影响组织成员的思想、感受、认知、情感、行为意向甚至行为等，有益于促进品牌价值渗入组织成员意识之中，在品牌内化工作中扮演着催化剂的作用。因此，社会组织品牌内化行动要实现组织文化与品牌价值的匹配。例如，平等与开放的组织文化将有利于缩短人际距离，促进品牌沟通的实施；一些组织文化活动（如年会、体育比赛和野外拓展等）本身就是促进部门（员工）间沟通交流的有效手段。因此，组织文化与品牌价值主张相契合，将有益于促进社会组织成员接受、理解和认同品牌价值。

二是品牌识别系统。为了使组织成员理解和认同品牌价值并在日常工作中践行品牌价值、兑现组织品牌的对外承诺，社会组织需要在组织内部建立组织成员学习和掌握的品牌口号、可视化品牌标识（如 Logo）等，从而为组织活动和服务标准等各项工作提供指导。通常，有效的品牌标识需要具备三大特性：①可传达性，即品牌标识能够清晰传递品牌价值相关信息；②便利性，即易于被员工识别、记忆和运用；③激励性，即能够提升员工对品牌的情感并激发他们参与组织品牌建设工作。例如，中国留学发展人才基金会的标志造型以两个叠落在一起的"博士帽"构成，色彩采用红、蓝、金三色。"红色"代表着归国奉献人才，"蓝色"代表出国求学人才，中间的金色代表"国以才立"。在实践中，品牌识别系统可以成为组织员工在具体品牌价值践行工作开展的基石和方向指引。例如，作为广东省社会组织党建工作示范点，广东省社会组织总会将"社会组织跟党走"的口号作为组织党建工作的出发点和落脚点，口号简洁、明了，能够有效地呈现出新时代我国社会组织的发展道路。

三是人事甄选与评价系统。社会组织品牌内化对象是员工，其目的是促使员工在日常工作中呈现出正向品牌态度和行为，为此，社会组织需要建立匹配性的人事甄选与评价系统来支持组织所实施的品牌内化行动。一方面，社会组织需要甄选和录用认同组织品牌所投射的价值观（如奉献于社会）的从业者，以强化组织与员工间的心理契约；另一方面，社会组织需要建构面向品牌价值标准的绩效评估，进行"奖优罚差"，以激励那些实施契合组织品牌价值的品牌支持行为的员工，惩罚甚至淘汰那些不认同品牌价值、实施有损品牌价值行为的员工。正如邱玮和白长虹（2012b）指出，组织需要采取针对性的激励措施来面对组织内部成员中品牌拥护者、支持者、中立者和反对者这四类不同类型的个体。

3.3 社会组织品牌外化的理论阐释

作为与外界直接互动的品牌信息管理过程，社会组织品牌外化的目的在于提升组织公信力，取得社会认可，以促进组织宗旨的实现。本节将对社会组织品牌外化的含义、价值和建构体系措施进行相关介绍。

3.3.1　社会组织品牌外化的内涵

在学界，品牌外化是一个相对于品牌内化的概念。从目标受众身份与行动过程角度看，品牌内化面向组织内部员工，目的在于让员工理解和认同组织品牌，而品牌外化是面向组织外部受众而实施的品牌塑造与沟通活动；从结果表现来看，品牌内化主要表现为员工对品牌的情感和行为，而品牌外化表现为组织品牌知名度、美誉度等品牌资产。其中，品牌内化是品牌外化的基础，但品牌内化需要通过品牌外化才能体现其应有的价值和存在的意义。总体上，品牌内化与外化是任何一类组织进行品牌管理的基本内容，组织品牌管理过程中需要注重品牌内化和外化间的平衡（De Chernatony 等，2003）。

有学者在研究企业品牌外化时提出：品牌外化是组织主动地向外部传递品牌价值和重要信息，促进形成正面的积极的品牌形象认知，形成对外部利益相关者（包括潜在顾客）的有效诱导（李晓青和周勇，2005）。基于企业研究文献，结合品牌管理的内在特征和社会组织的本质属性，本书对社会组织品牌外化做出如下界定，即在公益促进和组织使命实现的指引下，通过相关品牌管理活动与工具的使用来向组织外部利益相关者传达组织品牌信息的品牌管理过程。根据此界定，社会组织品牌外化具有以下三个基本理解。

第一，社会组织品牌外化是一个以组织使命为根本导向的品牌管理活动，而不能仅以客户（如捐赠者）利益为导向。作为一个以公益导向的组织，社会组织以社会福利增进作为其存在的根本理由。尽管社会组织品牌外化在一定程度上也需要吸引客户和满足客户需求（如表现为品牌忠诚度），然而，这要以整个社会公益的增进作为根本准则，客户利益不能违背组织的宗旨和使命或凌驾于社会公益之上。例如，在面向某商业机构筹款或与商业机构合作时，社会组织有时需要授权商业组织使用其组织品牌（如标识或名称）；然而，社会组织不能为了获得商业捐赠或建构合作关系而被商业机构利用成为商业化和营利化的工具。可见，社会组织在品牌外化过程中应遵从组织宗旨，要善于"用魔鬼的钱做上帝的事情"。

第二，社会组织品牌外化是一个以品牌价值对外传达为核心的整体性品牌管理活动，而不能仅是一个宣传组织及其品牌的外部沟通过程。品牌外化又称为外部品牌化，其常被视为组织外部的品牌管理活动。对于社会组织来说，品牌外化需要社会组织与外部利益相关者（如捐赠者、公众和媒体等）展开有效的互动。通常，品牌外化效果的达成应以品牌价值传达为核心，并因此涉及组织品牌定位（如明确品牌主张），而明确的品牌主张可为设计和开发品牌标识和品牌对外沟通提供信念指导。因此，面向外界的品牌沟通与宣传往往只是外部品牌管理链条中的一个环节，而品牌外化是一个完整且循环往复的品牌工作过程。随着社会经济环境的变化，社会组织原有的服务对象和内容可能会调整，而通过品牌外部沟通获得的信息反馈将有助于指导社会组织品牌定位的修正与完善。

第三，社会组织品牌外化是一个非营利性的品牌管理活动，而不能仅是一个向购买者（或服务对象）推广和销售组织产品和服务的过程。尽管社会组织在其品牌外化过程中需要使用相关营销策略，如大众传媒和人际传媒（如志愿者），需要展开公益营销并向外界销售其产品或理念（如防艾协会向外界宣传健康生育理念），然而，对于社会组织而言，营销只是定位为一种服务于组织品牌价值实现和传递的过程性工具，其品牌外化过程中营销工具的使用需要在组织宗旨和使命指导下以组织品牌价值传递为中心内容，并不涉及其他与品牌价值传递无关的营销活动，如价格策略和促销策略等。

3.3.2　社会组织品牌外化的价值[①]

一般而言，社会公众、政府部门、服务对象、捐赠者、从业人员等常是非营利性机构的核心利益相关者。此外，在第三部门中引入竞争机制也是未来我国新型社会组织管理体制建构的重要抓手。因此，社会组织核心利益相关者也包括同行机构，即为社会和公众提供公共产品或服务的非营利性或营利性机构。为此，下文主要从社会组织核心利益相关者（即社会公众、政府部门、

[①] 本节是在本课题的前期成果［张冉. 品牌导向在我国非营利组织中的价值及构建［J］. 社会科学辑刊，2013（4）］的基础上修改而成的。

客户、同行和组织内部成员）的视角对社会组织品牌外化的价值进行阐述。

第一，社会公众信任的提升。目前，我国尚未完全建立和健全系统化、综合化的社会组织监管与评价体系，如社会组织业界自治较为缺乏，政府部门监管能力尚待提高，导致社会组织运作绩效、服务质量较难以得到科学的评判，这给社会组织违法违规提供了滋生的土壤；同时，尽管我国强调甚至强制性要求某些类别的社会组织（如基金会）进行信息公开，但总体上我国社会组织透明度较为欠缺，对外公开信息的主动性和全面性仍有不足，并且本身社会组织所提供的产品具有（准）公共服务属性、多为无形且难以观察，这导致外界公众难以有效评判社会组织的优劣。在这种情况下，社会组织将面临绩效评估的困境，为其道德风险和机会主义行为提供了形成基础，并因此给我国第三部门带来社会信任的流失。政府实施的黑名单制度能够有效地降低社会公众获取社会组织信息和开展组织评估的成本（张冉，2017），而由社会组织自主建设的品牌同样具有此功能，有利于帮助公众在与社会组织交易过程中获得信息分布的均衡。一个强有力的组织品牌往往被视为产品质量的保证或者组织不出现差绩效和金融风险的保证（Balmer & Gray，2003）。在实践中，品牌外部管理活动，如对外清晰的品牌价值主张、与外界积极且有效的品牌沟通，将有利于外界主体更为清晰地了解和认识一个社会组织，从而有助于该社会组织获得社会公众信任并将其进行强化。正如 Ritchie 等（1999）提出，品牌导向将能够促进非营利性机构善意的增进。可以说，成功的外部品牌化代表着非营利机构给予社会公众的一种声誉保证，即我们是值得信赖的。例如，将组织品牌信息（如使命、宗旨及品牌表现）及时、准确地传达给利益相关者并关注他们对品牌的理解和反馈，整合多种渠道来向外界开展品牌传播活动，将能够帮助社会组织消除外界公众对组织所持有的误解或强化对组织的信任。

第二，政府部门间关系的重构。受传统社会管理体制约束，我国不少社会组织特别是自上而下生成的社会组织行政化特征较为突出，这些组织与政府部门关系过于"紧密"，市场化运作和自主化程度较低。2017 年 3 月新修订的《民法通则》给予了社会组织"非营利性法人"的身份，为其自主运作提供了法律基础。与此同时，品牌外化则为实现社会组织的自主性运作和政社关系的重构提供了一个有效的管理性工具。从资源依赖视角来看，之所以一些社会组织行政化特征较为明显，这主要源于这些组织外部资源筹集能力较弱，组织发展主要依托于政府部门"输血"，并因此向政府部门让渡了部分组织治理和管理权限。然而，成功的品牌外化活动能够帮助社会组织获得优质的人力资源，筹集到组织发展所需要的财力和物力，这将帮助组织摆脱行政化资源的过度依赖，为组织自治化和市场化运作提供资源基础。与此同时，品牌外化工作的有效开展要求社会组织应关注组织品牌价值主张所蕴含的利益诉求，即公共和社会利益而非单纯的行政利益，要求组织能够与多元的外部利益相关者（如捐赠者、合作者、服务对象、民众等）进行沟通并及时获得他们的反馈。正如Letts 等（1998）指出，社会组织需要面对更多的利益相关者和品牌受众对象。并且，作为民间、社会公益增进为导向的非营利性机构，社会组织核心利益者而非仅仅是政府部门，也包括社会公众、捐赠者等。因此，品牌管理下的社会组织需要实现多元利益相关者需求的平衡而非以行政利益为主，需要建立多元的社会网络关系并因此促进政社关系的重构与优化，从而能够在我国社会治理中切实地发挥作用。

第三，客户心理契约的优化。与企业不同，社会组织的客户不仅仅包括服务对象，也包括捐赠者，这是因为非营利服务的消费者未必是服务的购买者。对于一家社会组织，与客户间心理契约的构建是组织发展的基石，这是因为社会组织需要捐赠者给予资金援助并需要服务对象的认可。其中，组织与客户心理契约的常见表现形式之一是品牌忠诚度，即客户对组织品牌的产品或服务的优先购买或重复性购买，这同样适用于社会组织。随着我国非营利领域服务主体的多元化和竞争的日益加剧，受益者（或捐赠者）也需要选择最能有效满足他们需求或符合其价值诉求的社会公共服务供给主体。正如 Riley 和 De Chernatony（2000）指出，一个理性的消费者常会选择与其所信任且能提供明确服务承诺的机构建立联系。成功的品牌外部管理，将有利于社会组织清晰地向外界传达组织的品牌价值，影响捐赠者或服务对象对该组织品牌的认可或服务消费偏好，如表现为捐赠者倾向于该组织捐赠资金，服务对象优先或重复性购买或消费该组织的服务。实践中，西方一些著名的非营利性艺术表演团体、博物馆正是通过强大的外部品牌管理来吸引消费者群体。可以说，品牌外化能够帮助社会组织客户清晰地辨识组织产品或服务质量的高低以及是否与其价值诉求相匹配，从而有利于提升这些客户对组织品牌的忠诚度与认可度。

第四，同行间的差异化识别。随着社会与公共服务领域的逐步放开、社会组织数量的快速增长以及政府拨款的减少，我国第三部门面临着日趋激烈的组织竞争，这既包括同质性组织的竞争（即社会组织间竞争），又包括异质性组织的竞争（即一些企业与社会组织间竞争）。通常，非营利性机构所提供的产品多为无形服务，较难以评估，这给外界公众对组织及服务品质的评价带来了障碍。然而，组织品牌（包括品牌主张、品牌标识）却给社会组织提供了区别于同行或竞争者的一个有效识别工具。Hankinson（2001）指出，品牌的延伸角度不仅仅是非营利性机构的一个识别码，更是一个能够明晰传达非营利性机构所做和所代表价值的工具，这将帮助外界公众准确、方便地识别该组织与其他组织的差异之处。在第三部门中，一些组织常面临"形象外溢"的负面影响，即外界公众对某个组织好坏感知常由所有相似同行的平均印象来决定（Weisbrod，1998）。当前，我国第三部门尚属于发展的初级阶段，社会组织良莠不一，有不少有益于我国公益慈善事业发展的社会组织，但违规违法的社会组织数量也不容忽视。在这种情况下，非营利领域"劣币驱良币"现象较为明显，即一些优秀的社会组织常因一些违法违规社会组织"形象外溢"而发展受挫。例如，"郭美美"事件就曾给我国整个第三部门发展带来了较大的负面影响，导致一些优秀的体制内社会组织社会捐赠量锐减。然而，品牌外化能够帮助社会组织者获得一个独特身份识别，帮助外部利益相关者识别该组织与其他不良非营利性机构的区别，从而避免因其他组织的负面信息而给组织事业带来外溢性的负向影响。

第五，组织自身的人事管理促进。社会组织以无形服务供给为主，并因此主要依靠以优质人力资源作为载体来实现优质服务的提供。因此，招聘、保留并激励核心人才不仅是社会组织宗旨和使命实现的重要因素，也是整个非营利性部门健康、可持续发展的基础。尽管品牌外化管理活动主要是一个面向外部的品牌价值传递行动，但该行动不仅要面向捐赠者、服务对象，也要面向现有和潜在的非营利从业人员。社会组织声称无私性服务的价值理念，以社会与公益价值增进为目的，以社会变革或社会价值实现作为组织行动导向。因此，致力于社会利益促进的个体常更期望进入在价值理念和工作模式上有益于社会价值实现的非营利性机构工作。相关实证研究表明，非营利性机构工作人员较易受价值观驱动并由此被非营利性机构的善性工作特质所吸引（Benz，2005）。早期研究就表明，约六成的个体把能够参与社会变革机会作为其选择到非营利性机构工作的首要原因（Onyx，1998）。因此，面向外部明晰地传达富有公益精神且具有个性化的品牌主张，将有利于吸引和激励那些认同该品牌的特定人群。此外，品牌外化本身所富有的品牌价值主张，也为社会组织激励人员提供了一个有效的非货币化工具，有利于弥补组织薪酬激励的不足。非营利从业者接受低水平报酬的原因也在于能够从非营利性机构处获得参与社会福利增进的机会。可见，品牌外化将有益于促进非营利性机构人事管理，如获取、保留和激励员工，使得社会组织发展存在坚强的人力资源支持。正如 Hankinson（2005）指出，非营利品牌能够把人力资源凝聚在一个共同的公益与慈善事业之中。

3.3.3 社会组织品牌外化体系构成的初探

与3.2.3节类似，本节主要从行动、结果和支持三要素就社会组织品牌外化体系进行初步阐释。其中，行动要素是品牌外化过程中社会组织面向外部受众的品牌价值传递过程；结果要素主要表现为品牌资产，是品牌外化行动的结果；支持要素主要是为了促进品牌外化行动的有效实施而在组织层面进行的支持系统。

3.3.3.1 品牌外化的行动要素

第一，开发和管理品牌符号：品牌形象管理。品牌形象是社会组织提供社会服务的过程中在目标受众心目中逐渐形成并表现出的个性特征，是目标受众对组织品牌的整体评价与认知。作为品牌特征的总体表现，社会组织的品牌形象需要向外界传达组织独特的公益使命和优秀的服务品质，主要内容包括组织的视觉形象、服务形象、活动环境形象和公益形象等。其中，视觉形象是受众对非营利机构专业服务的一种综合评定，它不仅代表非营利机构品牌形象的外在，还体现其内在品质。品牌符号设计应是思想性与艺术性的结合体，能够表达出组织品牌的价值诉求与情感，对社会大众具有感召力。例如，2018 年 10 月 22 日，联想成立了"Lenovo Foundation"联想基金会，当天将全球所有办公地点、官网、微博及内网的 Logo 全部改成了"Love on"，以纪念这一基金会的成立，代表把爱长久付诸实际行动，造福社会的美好愿望。当然，视觉形象是其品牌形象的最直观的"外在"表现，是外部受众和志愿者对公益机构的视觉形态及其功能的综合评价，其往往是通过组织标识的设计与开发来实现的。对于一家公益慈善机构来说，其视觉设计或品牌标识能否恰如其分地传达组织的价值观、是否具有现代气息，将直接影响组织的整个形象以及外界的影响力和号召力（如志愿者的吸引）。当然，与营利组织不同，社会组织的品牌符号不可只注重独特新颖，更应该传达组织的品质和精神，体现一种为社会大众服务的公益承诺。服务形象，则是工作人员和志愿者在组织活动过程中所表现出的风貌在受众心目中产生的印象与评定（黄光等，2016）。2013 年是国际红十字运动开展的 150 周年，为此，中国红十字基金会举办了"天使·映像"摄影展，通过对红十字会志愿者的人道精神和行动的影像记录来呈现了红十字会公益志愿者群落的典型形象，这不仅有助于营造良好的公益氛围，也有助于中国红十字基金会品牌形象和影响力的提升。

第二，丰富品牌沟通工具：品牌推销管理。谈及推销或营销，似乎这是营利性组织的专属词汇。社会的普遍认识是，营销如果和慈善组织相遇，公益就会跑偏。总体上，非营利营销有其自身的特点。例如，营销对象是社会环境中的利益相关者，营销内容是公益理念，营销目的是促进公益服务行为。社会组织应树立正确认识，善于利用营利领域的方式促进自身发展，需要努力引导社会大众改变传统观念。在具体实践中，社会组织应善于借助商业化工具开展品牌沟通，通过视觉传播、媒体报道、慈善商店、印刷材料、网站、口号等企业常使用的对外沟通工具来实现慈善品牌建设。例如，由著名演艺人员王菲和李亚鹏创立的嫣然天使基金会，定期举办慈善募款晚会，邀请很多影视名人担任嘉宾，借助名人效应来快速吸引大众眼球，提升组织知名度，增加公众的参与度。同样的例子还有影视演员李连杰创办的壹基金。可见，这些知名度较高的慈善组织从成立起就有营销的烙印。此外，社会组织在品牌外化过程中也应该紧跟时代步伐，采用新型的品牌传播工具。当前，组织品牌传播媒介的种类不断地丰富，形式也在不断地变化，呈现着由传统大众传媒（如广播电视、报纸）向新媒体（如互联网）进化的趋势。作为除报纸、杂志、电视、广播之外的第五种媒体形式，新媒体主要包括智能手机、互联网、网络电视等形式，其具有高灵活性、覆盖面广、成本低、互动性强等多种优势，能够有效地提升社会组织品牌的知名度。例如，微信公众号、微博等已成为不少社会组织进行品牌传播的重要手段。当然，新媒体的运用并非是对传播媒体的排斥。近两年，"融媒体"已逐渐成为组织品牌传播的一种新取向，即要求组织能够充分、综合性地利用各类互补性媒体，如电视、广播、报纸，以实现品牌传播的"协同"作用。以行业协会这类经济类社团为例，其不仅需要与国家、地方传统媒体［如电视台、报刊（如经济日报）］及相关部门（如工商联等）建立稿件交流与报送机制，也需要与新媒体开展积极合作，如在网易新闻、搜狐新闻等手机新闻资讯客户端常态化推送新闻稿件，以提升组织品牌影响力。

第三，积极嵌入社会网络：品牌关系管理。组织品牌管理本质上就是品牌关系的管理。通常，那些受品牌决策和行动影响并能够影响组织品牌价值的组织或个体常称为品牌关系的利益相关者。社会组织具有比企业更广泛、多元的外部利益相关者谱系，这决定了其品牌化工作需要考虑利益相关者的期望与需求，并采取相应措施鼓励利益相关者的参与。Ewing 和 Napoli（2005）指出，对于一家非营利性机构而言，品牌化不只是意味着增加广告花费或者实施精心安排的营销交流活动，而且应包括与利益相关者互动、基于品牌协调和组织营销活动及理解利益相关者的品牌态度。在社会组织品牌外化工作中，与不同利益相关者的互动方式应有所区别。通常，影响社会组织品牌外化的主要利益相关者有四类，即社会公众、政府部门、竞争者和媒体。对于社会公众，社会组织需要通过多元化的品牌传播方式与渠道来强化他们对组织的知晓度，提升他们对组织工作的认可度，鼓励他们参与组织举办的活动，并给出他们持续的良好品牌体验，以使得他们对组织品牌长期持有较强的正向情感，如品牌忠诚度。对于政府部门，社会组织要自觉遵守相关法律法规，接受和配合政府的监督工作，协同做好社会治理工作。对于竞争者，社会组织品牌化策略主要是深入挖掘自身的发展特色，提供差异化服务，在竞争的同时开展合作。例如，2018 年年底中国光彩事业基金会与近 40 家民营企业基金会（如阿里巴巴公益基金会、北京链家公益基金会等）签订合作协议，建立战略合作关系。对于媒体，社会组织品牌价值的信息传播主要是基于外部媒体来实现的，因而组织应积极寻求与媒体机构的合作。例如，2011 年中国社会福利基金会与湖南电视台共同发起成立芒果 V 基金，专注于在电视观众特别是青少年中进行公民素质提升和公民道德建设。此外，社会组织不仅需要那些偏体制外的新兴媒体来提升品牌知名度，有时也需要那些体制内色彩较浓厚的党政媒体来给组织品牌进行"背书"，提升品牌的可信任度和认可度。

3.3.3.2　品牌外化的结果要素

品牌外化给社会组织带来的正向结果较多。限于篇幅，本书所指的品牌外化的结果要素主要指品牌资产。品牌资产，又称为品牌权益，是指与组织品牌（包括其名称、标志等）相联系，能够增加或减少组织产品或服务价值的一系列资产与负债（Aaker，1991）。通常，品牌资产表现形式多样，如品牌知名度、忠诚度和品牌美誉度等。赵占波（2005）指出，品牌资产具有七个维度，包括品牌忠诚、品牌支持、品牌创新、品牌形象、品牌延伸、企业家形象和品牌韧性。王海忠等（2006）则认为，品牌资产包括品牌喜好、品牌信任、品牌知名度和品牌关系这四个维度。限于篇幅，下文主要就知名度、联想度、美誉度和忠诚度这四类最为常见的品牌资产进行介绍。

第一，品牌知名度。品牌知名度又称为品牌知晓度，主要是指某组织品牌被社会公众所知晓和了解的程度。在实践中，品牌知名度主要通过识别度和回忆度两方面来进行评测，即社会公众是否能从众多品牌中辨识出、想起或记得目标品牌来加以判断。近 10 年，我国公益丑闻事件频发，社会组织违法违规行为屡见不鲜，这增加了社会公众对公益产品或服务的风险感知，如一些捐赠者对社会组织持有怀疑态度而降低了公益捐赠倾向。通常，社会公众可以借助品牌知名度推测其公益交易行为（如购买和捐赠行为）的可靠性来进行交易决策，这是因为：公益品牌知名度具有较强的脆弱性和扩散性；与低知名度的社会组织品牌相比较，高知名度的社会组织品牌更易受组织负面事件影响并且损害程度更大；为了避免组织声誉受损，高品牌知名度的社会组织不太可能实施违法违规行为。因此，品牌知名度有利于增强公众对社会组织的信任感，提高其产品或服务在公众心目中的安全联想，从而获得公众的广泛支持，如购买和捐赠等。实践中，为了提升品牌知名度，社会组织需要不断并有效地展露品牌标识，创建独特且易于记忆的品牌标识，进行品牌公关（如新闻报道），邀请知名人士代言等。

第二，品牌联想度。品牌联想是指消费者记忆中所有与组织品牌相关联的事情（Aaker，1991）。换言之，品牌联想是指当外部受众看到某一品牌时，在其记忆中所引致的对该品牌的任何想法，如感觉、经验和品牌定位等。基于Keller（1993）的联想网络模型，品牌联想包括属性联想、利益联想和态度联想三类；其中，属性联想是指受众对产品或服务特征的联想，利益联想是指受众对产品或服务所具有利益的联想，态度联想则是受众对产品或服务的整体评价。相关研究表明，品牌联想会加深受众记忆中有关品牌信息的理解和认知，促使其做出品牌选购判断（Aaker，1991），能够唤醒和加深产品和品牌形象在受众脑海中的记忆（Keller，1993），能够在受众心中形成独特的品牌形象和品牌情感依恋（Chavanat 等，2009）。因此，社会组织应积极提升品牌联想度，增强品牌与目标受众的关联度（如身份、地位、价值观等）。例如，公众在献血时通常会想到中国红十字会，在提及青少年助学领域的公益机构时也常会联想到中国青少年发展基金会。为此，社会组织在品牌外化过程中应当考虑品牌个性和形象等功能的联想刺激。其中，品牌故事是强化社会公众对公益品牌联想的一个有效方式，这是因为品牌故事传播渠道和形式多样，不像广告过于直接，更易使社会公众接受品牌所代表的情感和品质，并在不经意间了解品牌及其文化。实践中，社会组织可以让创始人在公开场合或通过公共媒体来讲述品牌创立的艰辛或让工作人员讲述公益服务过程中的温馨故事。

第三，品牌美誉度。这主要是指目标受众对某一品牌的信任与好感程度。周玫与王乐飞（2007）指出，品牌美誉度是消费者对品牌赞美和提倡的程度。品牌美誉度是个体结合自身体验并与其他组织信息对比后对某一组织品牌价值的心理感受，并因此表现出对该组织品牌的赞赏和喜欢程度。国外学者对品牌美誉度的解释主要基于"质量感知"概念界定，即消费者对某一品牌总体质量的感受或品质上的整体印象（Aaker，1991）。无论如何界定，对于一家社会组织而言，美誉度是社会公众赞美与称誉的程度，是公众给予该社会组织美丑与好坏评价的舆论倾向性的指标。总体上，与品牌知名度与联想度相比较，品牌美誉度能够较好地反映非营利品牌在社会公众心目中的价值水平。这是因为，品牌知名度和联想度代表着某个非营利品牌能否被公众了解和记忆，而品牌美誉度衡量该非营利品牌是否在公众心中具有良好的形象及能否被信赖。当前，第三部门竞争日益激烈，产品与服务同质化是不少社会组织面临的普遍现象。为此，品牌美誉度对社会组织发展十分重要。Travis（2000）指出，产品日趋同质化的背景下，组织品牌构建就是其美誉度的构建。此外，鉴于其代表着某一社会组织公共关系的和谐程度并在吸引志愿者与社会资源等方面发挥着积极的作用，品牌美誉度建构应放到社会组织战略层面上予以考虑。

第四，品牌忠诚度。品牌忠诚度可以从行为和态度两个视角来理解。行为层面的品牌忠诚度是指消费者对某品牌产品或服务持续和重复性的购买行为。换言之，当消费者高重复率地购买某一品牌产品或服务时，即表明其对该品牌具有较高的品牌忠诚度。Tucker（1964）指出，消费者对某一品牌购买次数达到三次时，该消费者便可视为忠诚的消费者。总体上，从行为视角看，对某一品牌所表现出来的消费行为较好地体现出消费者对该品牌的忠诚情况。态度视角下，消费者对某一品牌的忠诚度高低则主要取决于其对该品牌产品所持有的喜爱和偏好等情感程度。Oliver（1997）指出，品牌忠诚是一种强烈的情感倾向，即消费者购买产品时对某一品牌的强烈的喜爱与偏好。当然，为了全面地诠释品牌忠诚的内涵，一些学者提出了行为和态度结合的综合论。Dick 和 Basu（1994）指出，真正的品牌忠诚需要消费者同时具有重复的购买行为与强烈的喜爱和偏好倾向。由于第三部门中产品或服务存在购买与消费相分享的情况，社会组织品牌忠诚的持有者不仅包括实际消费者（即服务对象），也应包括购买产品但未消费的群体，如捐赠者和政府部门。因此，高品牌忠诚度也意味着捐赠者对某一社会组织的持续捐赠和强烈的捐赠偏好，或政府部门对某一社会组织的持续公共服务购买与偏好。从这个角度看，品牌忠诚度是社会组织竞争力水平与可持续性发展力的重要决定因素，也是品牌资产的最高级形态。实践中，社会组织可以通过个性且清晰化的品牌定位、非营利性产品或服务的品质提升和对外品牌沟通与宣传的强化等多种方式来提升其品牌忠诚度。

总体上，品牌知名度、联想度、美誉度和忠诚度可视为社会组织品牌外化结果的核心要素或品牌资产的重要形式。其中，品牌知名度与联想度为浅层品牌资产，是目标受众对社会组织品牌价值的间接体验，而品牌美誉度与忠诚度属于深层品牌资产，是目标受众对社会组织品牌价值的直接体验。这意味着社会组织品牌资产的建构遵循着一种逻辑（见图3-4）：首先，品牌被受众所知晓（品牌知名度）；其次，品牌能够被受众在产品选择时所记忆和产生情感共鸣（品牌联想度）；再次，品牌在品质和价值方面获得受众的赞美和信赖（品牌美誉度）；最后，品牌能够获得受众强烈的喜好并重复购买（品牌忠诚度）。

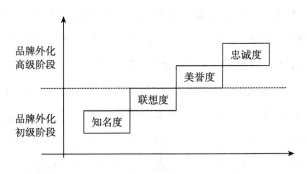

图3-4　社会组织品牌资产的建设阶段

3.3.3.3 品牌外化的支持要素

社会组织品牌外化工作是一项系统性工程，需要多方给予支持。限于篇幅，下面主要介绍社会组织品牌外化工作中四项相对重要的支持要素。

一是组织产品品质。尽管品牌外化工作是一个沟通层面的组织管理事项，但其工作成效与否取决于组织所提供产品或服务的品质水平。从服务视角看，顾客满意心理形成的根源在于顾客所感知产品或服务质量的高低。随着第三部门中组织数量的不断增加，公益产品与服务存在趋同化现象，这也决定了社会组织面对其他同行时必须提供具有品质优势的产品与服务，从而取得竞争优势，特别是对质量比较敏感的目标受众。此外，优质的产品或服务品质本身也可以成为社会组织品牌外化工作中的沟通亮点。

二是市场调查体系。这主要指社会组织快速、准确和全面收集公益市场信息的工作体系。品牌外化行动是一个源于商业领域的市场化策略，是一个沟通层面的工作行动。然而，面向外部受众沟通的有效性取决于沟通内容和方式能否精准化地满足这些受众的需求。例如，儿童教育领域的社会组织可能与儿童家长沟通更为有效，面对面的交流而非基于新媒体的宣传可能更适合于服务社区老年人的社会组织。同时，在开展品牌化外工作时，社会组织也需要收集公益组织品牌竞争及同行品牌外化工作情况，从而能够制定并实施差异化的品牌外化策略。此外，社会组织品牌外化工作并非一成不变。随着公益环境（如受众需求、政策环境）的变化，社会组织也应重新审视品牌的市场定位并进行相应调整。

三是品牌管理团队。尽管品牌外化主要是一种面向外部的品牌价值传递，然而，其不仅是组织品牌或营销部门的责任，也需要组织内部各个部门的协同与合作。来自不同部门、背景和经历的人员必须针对品牌建设问题一起合作并建立起一个跨功能、跨部门的品牌化管理团队，以协调各个部门工作，实现品牌工作的整合。例如，人事部门需要与营销部门经常沟通，从而能够准确、及时地将组织品牌的外界表现和反馈及时地纳入组织的知识分享系统。因此，社会组织需要系统性地考虑品牌外化工作，有条件的组织可设立品牌化工作委员会，定期讨论品牌化工作问题和解决办法。当然，社会组织也可以通过多个专业化部门的设置来协助组织品牌管理工作。例如，一些基金会在组织机构设置中单独设立法律事务部，以保障基金会合规化运行，及时应对品牌对外沟通过程中的法律事宜。

四是危机公关制度。社会组织在发展过程中不可避免地会遇到一些有损组织品牌资产和形象的危机事件，因此如何应对负面声誉突发事件应成为社会组织品牌外化工作的一个重要议题。例如，中国红十字会未能很好地处置"郭美美"事件而使得组织品牌资产受到损害，捐赠者的品牌忠诚度也随之降低并表现为组织捐赠额在事件发生后锐减。为此，社会组织要注重组织社会舆情的分析，树立正确的组织危机管理意识，主动联系公共大众媒体，建立新闻发言人制度，以塑造积极的社会形象。此外，社会组织还应建立健全组织危机公关制度，制定相应的危机处理预案。面对危机事件时，社会组织应讲究诚信，及时发布权威信息，解读危机背后的原因、处置方式和流程等，以获得社会公众和媒体的认可和理解。

3.4　我国社会组织品牌化的若干挑战与实施导向

与营利领域相比较，非营利领域的"品牌化"还是一个新兴事物，社会组织在进行品牌内化与外化过程中也必然不会一帆风顺，将会在实践中面临着诸多挑战。为此，本节主要就我国社会组织品牌化过程中可能面临的挑战进行总结，并据此提出若干可供进一步思考的建议。

3.4.1　我国社会组织品牌化实施面临的挑战

3.4.1.1　品牌化的管理体制挑战

品牌化的管理体制挑战即社会管理体制给社会组织品牌化实施所带来的挑战。一方面，品牌化实施的市场化基础不足。尽管当前我国正在积极推进政社分开，强化社会组织的自治性，但在社会组织活动的一些领域或地区，政社不分情况仍较严重，政府部门与社会组织间边界仍相对模糊。品牌化是组织所实施的一种市场化运作，强调社会组织进行社会化变革，需要社会组织能够持有市场化、自主性运作的理念与方式。在政社不分背景下，社会组织难以市场化地实施组织品牌化行动。例如，一些社会组织服务定位多基于政府长官的意志而非服务对象的需求，品牌化所需要的资金也多源于政府拨款，较少通过市场化合作方式获取资源来开展品牌沟通与宣传。另一方面，品牌化实施的竞争性基础不足。品牌是组织竞争力的表征并基于组织间竞争所产生。里贾纳·E. 赫茨琳杰等（2000）指出，第三部门缺乏营利部门的竞争机制，大多数非营利机构几乎都是垄断经营。尽管从长期方向看，竞争是我国社会组织未来发展的主旋律，但在当前及未来一段时期内，我国一些社会组织仍处于双重管理体制的约束下❶，在一些领域内社会组织的成立条件也较为严格，我国在未来一段时期将继续实施"一业一地一会"制度。《社会团体登记管理条例》（2016年修订）规定，在同一行政区域内已有业务范围相同或者相似的社会团体，没有必要成立的，登记管理机关不予登记。可以说，当前我国第三部门竞争性仍较为不足，一些社会组织在公共服务供给市场上仍具有一定的垄断优势。然而，品牌产生是竞争的结果。竞争水平的限制使得我国第三部门中还无法建构健全、完备的组织品牌力的评价机制和惩罚机制，社会组织也因此缺乏品牌化实施的动力。例如，我国少数社会组织养尊处优、不思进取、服务质量低下，依靠其垄断优势仍然能够屡获非营利领域的多项殊荣。

3.4.1.2　品牌化的组织理念挑战

与营利组织相比较，我国社会组织品牌化意识相对薄弱，组织领导者和员工品牌化理念较为缺乏，这给非营利品牌化工作的开展带来了一定挑战。第一，品牌化价值的忽视。对于我国大多数社会组织，无论是组织品牌内化还是品牌外化仍是一个相对陌生的概念，组织领导者未意识到或充分意识到品牌化给社会组织带来巨大益处。例如，一些社会组织领导者将品牌化视为一种组织资源的消耗事项，忽视品牌化给组织人才队伍建设、组织声誉和竞争力提升等方面带来的多种价值，尤其在组织人力、财力等资源受限情况下。第二，品牌化价值的排斥。品牌化主要源自营利领域，例如，品牌外化强调组织品牌的对外沟通与宣传。因此，品牌化活动常被社会组织领导者视为一个商业色彩过重的管理性工具，并有可能会冲淡社会组织的非营利性和公益性的价值使命，一些非营利从业者也因此倾向于认为品牌化过程中刻意美化、粉饰组织品牌产品

---

❶　自 2016 年下半年至 2018 年 8 月，社会组织直接登记政策进一步明确和收紧。2016 年 8 月中共中央办公厅、国务院办公厅印发《关于改革社会组织管理制度促进社会组织健康有序发展的意见》和2017 年 8 月中共上海市委、市政府办公厅《关于本市改革社会组织管理制度促进社会组织健康有序发展的实施意见》中，均将直接登记的社会组织范围进行缩小。原来直接登记的"科技类社会组织"缩小为"在自然科学和工程技术领域内从事学术研究和交流活动的科技类社会组织"，"公益慈善类社会组织"也进一步缩小，如环保公益机构慈善组织将无法进行登记，"城乡社区服务类社会组织"也明确必须为"社区内活动"的机构。2018 年 8 月民政部发布《社会组织登记管理条例（草案征求意见稿）》中进一步对上述内容进行了确认。

或服务的行为有悖于社会组织真诚、包容和助人等慈善理念，并将品牌化视为一个实现组织利润最大化而非组织使命实现的管理性职能。第三，品牌化价值的实现动力不足。当前我国一些社会组织长期依赖政府支持，自主性较弱，仍持有上级"输血"的陈旧思想，缺乏市场化运作的理念并因此表现为品牌化动力不足。并且我国社会组织绩效评价体系仍不完善，市场化给社会组织带来绩效促进未能与组织领导者个体绩效评价有效挂钩，这也导致领导者推进社会组织品牌化工作的动机不足。

3.4.1.3　品牌化的组织人事挑战

社会组织品牌化成功与否，从根本上讲取决于其所拥有的人力资源数量和质量。社会组织内部成员对组织品牌化事务的参与度、所拥有的品牌从业经验及组织领导者的品牌管理能力等都是影响社会组织品牌化的重要人事因素。一方面，我国社会组织人员规模普遍较小，"一个萝卜一个坑""一人多岗"等现象较为突出，这导致非营利从业人员往往忙于日常工作事务而难以抽身参与品牌培训，社会组织难以对组织成员开展系统性的品牌培训。实践中，不少社会组织新入职员工尚未接受培训就直接上岗，对于组织品牌价值的理解主要通过"自学"而非组织有计划的"干中学"式的在岗锻炼与实践来实现，而这有可能会带来组织员工对外品牌价值传递工作失范的情况。另一方面，社会组织员工激励存在诸多限制，这导致组织难以吸引和保留优秀的品牌管理人才。社会组织难以进行盈余分配并因此无法给予员工较高水平的薪酬，员工职业安全性也较差，组织结构较为扁平导致职业晋升空间较为缺乏（张冉，2013c）。受限于较低的工资待遇或晋升空间，一些抱有服务公益和社会的热情且具有品牌管理专业资质的优秀人才放弃了非营利工作。并且我国公众对社会组织不太了解，选择去社会组织从业的人群也相对较少。因此，实践中我国社会组织常难以吸引品牌对外宣传的专业人才，组织品牌管理人员往往也非科班人才出身，缺乏为组织品牌有效发声的工作经验与专业能力。并且由于激励不足，社会组织人才流失现象较为明显。一般而言，品牌化实施需要保持长时间的连续性以提升实施效果，而组织人员的高流动率必然会致使组织品牌管理出现断裂。可以说，品牌管理专业人才不足已成为我国诸多社会组织品牌化过程中面临的一个重要挑战。

3.4.1.4　品牌化的组织财力挑战

品牌化的组织财力挑战主要指社会组织在实施品牌化过程中面临的资金方面的挑战。尽管社会组织不以利润最大化为组织目标，但其品牌化的有效运作却需要充足的资金予以保障。在捐赠市场相对稳定甚至萎缩的环境下，作为竞争性公共产品的生产者，社会组织面临的资源竞争压力越来越大。来自政府部门的财政资助和来自民间的捐赠日益减少，除了政府部门重点扶持的一些社会组织外，大多数社会组织不能持续获得政府部门给予的资金支持（桂存慧，2016）。受资金和物质资源约束，社会组织品牌建设往往难以实施，这对于在第三部门中占有较大比例的小型社会组织更是如此。当前我国政府部门不断加大对社会组织公共服务购买的力度，使得社会组织不断获得"输血"。然而，政府公共服务购买的资金往往只能用于公共服务的生产和供给，而品牌化工作支出隶属于组织管理费用而使得支取受到限制。并且，社会组织品牌化并非是一个一蹴而就的工作事项，不只是一个 Logo 的设计或一个宣传标语的起草，相反，品牌内化与外化都是一个系统性的工程，具有投资回报周期长的特点，品牌化投入的收益往往不能立竿见影，这往往也导致社会组织品牌化中的资金投入难以受到组织领导或成员的认同。Ritchie 等（1999）指出，组织品牌构建与维持需要消耗组织大量成本，将公益资金用于组织品牌建设（如品牌宣传）意味着用于项目和服务中的资金减少，这使得非营利机构需要考虑品牌建设的必要性。并且，社会组织的盈余非分配特征也使得组织利益相关者（如捐赠者、领导者）缺乏进行组织品牌投资的经济动机，不愿意投入较多资金进行组织内部成员培训、组织外部品牌宣传等品牌化活动。可以说，资金的缺乏将导致社会组织难以开展专业的品牌化投入活动，品牌化的资金投入也难以具有持续性。

3.4.1.5　品牌化的组织管理挑战

品牌化的组织管理挑战主要是指社会组织品牌化管理工作本身的复杂性所带来的挑战。一方面，社会组织面临着复杂、多元的利益相关者，其品牌化过程需要关注多元主体间的利益平衡。以在我国街镇层面参与社区治理的社会组织为例，除传统的利益相关者（如街镇政府、捐赠者、消费者）外，社会组织还需要与街镇党（工）委、居村委、社会组织联合会、工青妇等重要利益相关者建立合作互动关系。然而，不同群体价值诉求存在不同，这给社会组织开展协调性的品牌化实施带来了不少障碍。在品牌化过程中，社会组织不仅需要考虑组织目标的实现，更需要将社会利益放在品牌的价值主张范畴之内。并且品牌化实施不是组织的单独行动，需要组织多方利益相关者（如志愿者、捐赠者、合作者等）的支持。当前，我国社会组织发展尚处于初级阶段，一些目标受众（如社会公众）倾向于将社会组织品牌化等同于企业商业性的品牌活动，缺乏对组织品牌化的认同，甚至持有排斥情绪，如认为社会组织品牌宣传有违组织慈善性和公益性，过多的品牌培训会带来组织管理费用增加而对直接用于服务对象的慈善资源产生挤出效应。另一方面，品牌化需要组织实施规范、市场化的运作。慈善事业发达国家的公益机构品牌外化工作是与其外部健全的公益监管与评价体系相关的。当前，我国社会组织综合监管机制和第三方评价体系尚未健全，这使得社会组织品牌外化缺乏一个良性的运作土壤。同时，一些社会组织行政化和官僚化明显，仍沿用体制内单位的人事管理制度，这也给社会组织品牌内化（如品牌培训和激励等）实施带来了困难。此外，社会组织存在"所有者缺位"特点，这导致组织管理者缺乏组织声誉保护的意识，并因此引致组织家长作风、内部人控制等慈善失灵现象（张冉，2014），而这种组织内部管理与环境的失调将与品牌化所需要的规范性相违背。例如，我国一些社会组织内部治理不健全，家长作风明显，组织领导者倾向于将品牌化工作异化为个人权威的管理活动，内部人控制现象明显，还有一些社会组织领导者因追求个人私益而缺乏对组织利益或活动（如品牌化活动）的关注。

3.4.2 我国社会组织品牌化的实施导向

3.4.2.1 思想引领的实施导向

品牌化是一项组织管理活动，其能否正确、有效地开展需要思想予以引领。一方面，新时代下社会组织品牌化需要新思想的引领。无规矩则不成方圆，无领导则方向不明。当前，社会组织在协同推进国家治理体系和治理能力现代化过程中承担着重要任务。因此，其品牌化工作不能异化为组织"争名夺利"和商业化的工具，而加强组织党建工作和思想引领有利于引导社会组织品牌化工作不偏离正确的方向，使组织品牌化工作能够获取各级党组织的"撑腰"和"打气"，激活更多党性强、业务精的个体参与和支持社会组织发展及其品牌化工作。2015 年 9 月中共中央办公厅印发《关于加强社会组织党的建设工作的意见（试行）》文件，强调了党的建设工作在保证我国社会组织政治方向上的重要作用。当前，社会组织从业人员应积极把党的十九大精神和习近平新时代中国特色社会主义思想内化为自身的政治信仰，使之成为推动组织发展的强大动力；并且创建独具内涵的党建品牌和党建活动也能成为社会组织品牌化建构工作的重要抓手。例如，上海市静安区社会组织联合会党总支以党建小故事展演活动为抓手，推动会员单位党组织和党员增强群众意识、践行群众路线。另一方面，社会组织与企业的最大区别在于其公益性和非营利性的宗旨与使命。因此，作为一个价值驱动型机构，社会组织品牌化需要以宗旨和使命所富含的思想性内容为引领。当前，我国一些社会组织宗旨内容空洞，缺乏实际指向，品牌工作背离于组织宗旨。宗旨模糊或同质化的社会组织品牌化常会失去自我特色，无法建构一个差异化的自我标识，而偏离组织宗旨的品牌化工作也意味着社会组织在运作过程中无法坚守对组织使命的承诺，并因此可能异化为私益追求的商业化工具。因此，社会组织需要明晰个性化的组织宗旨和使命，并使之投射于组织品牌化工作（如品牌培训与沟通）之中，使品牌化工作能够真实并有效地表达出组织思想与对外承诺。

3.4.2.2 战略关注的实施导向

战略关注的实施导向要求社会组织及其领导者将品牌化工作事宜放于组织战略层面上考虑，而不仅仅将其视为一个员工培训策略（品牌内化）或一项对外宣传工作（品牌外化）。社会组织对于品牌化的排斥原因在于其仅将品牌化视为组织的一个内部管理工具或营销手段，而未能将品牌化视为影响组织竞争力和未来长远发展的重要投资。且鉴于品牌化建构过程常需要大量投资和努力，社会组织领导者也倾向于将品牌化视为大型机构的工具（Ojasalo 等，2008）。相比较企业，社会组织规模较小，因而品牌化对社会组织的重要性并未受到领导者的战略性重视。然而，品牌化对内能够强化组织人事队伍建设，对外能够给予组织资源获取和差异化竞争优势，因此，社会组织有必要将品牌化视为组织的战略性而非战术的事项。当前，越来越多的品牌化技术已在第三部门中得到运用，然而，品牌化不能仅体现在员工技能培训、标识设计与媒体宣传等策略性层面上，而应成为一个具有较大成本消耗并需要长期工作积累的管理事宜。为此，品牌化工作的推进需要社会组织领导者能够在战略层面上给予关注，为组织品牌化实施提供一个强有力的组织保障。其中，可采取的战略性措施为：将品牌化工作推进嵌入组织战略规划之中并建立中长期工作方案；给予品牌化工作开展必要的资源承诺；推进品牌化工作的专业化，结合组织实际情况，设立品牌化部门或管理专岗，并由秘书长亲自主管。

3.4.2.3 亲密关系的实施导向

亲密关系导向要求社会组织在品牌化工作中应持有合作与开放的姿态，与利益相关者构建亲密化的合作关系。一方面，品牌化成功关键在于能够获得组织核心利益相关者的合作性支持。从社会网络视角来看，组织竞争优势取决于资源优势，但更取决于位置优势。为此，如何与组织利益相关者开展合作是社会组织品牌化实施成功的关键因素。合作性品牌化能促进组织品牌的差异化（Lebar 等，2005）。与政府部门间友好互动的关系能够帮助社会组织品牌化获取关键性资源（如行政性背书），与组织员工间坚实心理契约关系的形成则有益于品牌内化工作推进并降低品牌内化实施成本，如表现为员工更愿意去理解和接受品牌价值知识。另一方面，品牌化需要组织持有一个开放性的关系建构。无论品牌内化还是外化，均是一个组织品牌价值信息传递与沟通的过程。当前，一些社会组织与利益相关者沟通不足并存在典型的信息压缩现象，这导致利益相关者缺乏对组织的信任感，组织品牌化工作也难以获得利益相关者的参与和支持。因此，社会组织需要在组织内部建立品牌导向的组织文化，倡导员工协商机制并鼓励员工的管理参与，使员工深刻理解品牌化对组织发展的重要价值；在组织外部则需要采取规范、透明的方式进行组织运作，使外部目标受众了解甚至监督组织成长与建设。总体上，亲密化的本质目的在于吸纳组织内外多元利益相关者参与到社会组织品牌化工作实施过程之中，改变过去组织领导者或政府部门人士等少数人控制的精英化路径，接纳内外更多主体参与，从而以更为开放的姿态来推进组织品牌化工作的实施；并且社会多元主体亲密化关系的建构本身也有利于提升组织造血能力，为品牌化工作提供资源保障。例如，公益领域著名的"9·9 公益日"就是由腾讯公益慈善基金会于 2015 年通过联合不同领域的利益相关者（如全球数十家著名企业、超百家公益机构、创意机构）以及来自社会各界的知名人士而发起的公益机构；通过"9·9 公益日"，腾讯公益慈善基金会社会知名度得到了极大的提升。

3.4.2.4　市场运作的实施导向

无论是品牌内化还是外化，原本都是一个源于营利领域的市场化管理工具，这要求社会组织需要开展市场化运作来予以保障。具体来说，市场运作的实施导向主要体现在专业化和自主化这两个方面。一方面，社会组织工作人员需要具备市场化运作思维和品牌管理方面的职业素质与技能，从而能够专业、有效地安排与处置组织品牌化事项。当前，我国一些官办社会组织"国家职工"身份的存在使得这些组织员工"铁饭碗"的观念根深蒂固，走向市场、正面社会需求的动力较为缺乏（张冉，2018b）。社会组织人事职业化改造十分必要，这是因为人力资源是组织的核心资源和组织品牌价值内外传递的重要载体。当然，专业化不仅体现为人才的专业化，也体现为工作方式与手段的专业化，如设计专业化、个性化的品牌标识体系，善于使用新媒体、品牌故事和明星名人等市场化手段来开展对外品牌沟通。例如，作为中国素养教育领域的领头羊，真爱梦想基金会的创始者和管理者多为资深的金融行业专业人士，这使得基金会能够采用专业且高效的商业化管理方式来进行组织的运作。为此，真爱梦想基金会也是我国首个依照上市公司标准进行年报披露的基金会，连续四年（2011—2014 年）被列为《福布斯》"中国慈善基金会透明榜"的榜首，并在 2019 年荣登界面新闻中国最透明慈善公益基金会榜首。另一方面，品牌化建设的根本前提是社会组织具有较强的自治性，可以自主地根据组织发展需要开展品牌化工作，使得品牌化指向于品牌价值诉求而非行政化意志，从而组织能够及时地响应外部需要来安排和调整组织品牌化工作。为此，社会组织应进一步加强法人治理建设，为组织品牌化提供自治性和规范性保障。当然，政府部门也需从入口管理层面上进一步推进社会组织登记管理制度改革，如直接登记制度、"一业多会"制度等，积极建立业界自治、社会监督和政府监管相结合的社会组织综合监督体系，为社会组织品牌化工作推进提供良好的实施土壤和规制环境。例如，黑名单制度便可以成为政府部门打造品牌社会组织的重要抓手。实践中，政府可以通过加快社会组织统一的信用信息平台的建设，打造社会组织失信惩戒的共治体系（如公民"吹哨人制度"），构建社会组织黑红名单制度等方式来推进我国非营利品牌化工作的开展（张冉，2017）。

第4章

❧❧❧❧

社会组织品牌内化体系建构与
效能机理的质性研究

4.1　社会组织品牌内化体系与效能机理的扎根研究❶

基于上海市6家社会组织16名专职员工的访谈并借助于扎根理论，本节进行了我国社会组织品牌内化体系的建构研究，并发现：社会组织品牌内化体系由品牌配置、品牌理解（组织品牌内化）和品牌嵌入（员工品牌内化）这三个部分构成；品牌内化效能机理将呈现一种"基础—过程—结果"的逻辑关系。其中，品牌配置是品牌理解的基础，品牌嵌入是品牌理解的结果。

4.1.1　研究缘由

兴于20世纪90年代企业研究领域的组织管理概念"品牌内化"给当前我国第三部门推进组织宗旨等组织价值观的员工"买入"提供了一个全新的工作方向。品牌内化所强调的是，组织不仅需要注重客户在组织品牌化战略实施

---

❶ 本节在课题阶段性成果［张冉. 基于扎根理论的中国社会组织品牌内化结构维度研究［J］.甘肃社会科学，2018（4）］的基础上修订而成。

中的关键性地位，更应该确保组织所有员工能够理解和认同组织品牌价值，并在实际工作行动中呈现出来。事实上，与以利润最大化为目的的企业相比较，品牌内化对于以社会利益增进为使命的社会组织更为重要，这是因为社会组织是一个以无形服务供给为主的非营利性机构，主要依靠理解和认同组织品牌价值观的组织成员来向外界提供组织所承诺的产品和服务。社会组织品牌内化内涵构成是什么？各内涵构成间相互关系如何？国外学界已有一些非营利性品牌内化的研究成果。然而，国内学界目前还没有针对此领域的学术探索。组织生成和发展社会情境的不同决定了我国社会组织品牌内化会有自己的本土化特征，为此有必要针对我国社会组织展开品牌内化的针对性研究。本节主要内容就是通过实地访谈，采用扎根理论的方法，对我国社会组织品牌内化内涵构成及其效能机理进行质性探索，以期望给我国本土社会组织管理理论和实践提供相关借鉴。

根据本书第3章的相关理论知识，社会组织品牌内化可以分为组织层面的品牌内化（即组织品牌内化）和员工层面的品牌内化（即员工品牌内化）。其中，组织品牌内化，又称为品牌内化行动，主要是指社会组织面向其内部成员所实施的、以品牌价值传递为核心的相关行动性策略，而员工品牌内化主要是指在组织品牌内化影响下社会组织员工对组织品牌价值的理解、承诺以及执行。简言之，员工品牌内化是组织品牌内化下社会组织员工的具体表现，并主要体现在态度和行为两个层面。尽管组织品牌内化主要是一种以品牌价值传递为核心内容的行动策略，强调这些行动策略如何影响组织成员有关品牌价值的工作态度和行为。然而，为了有效地进行品牌价值的传递，除了面向员工进行品牌沟通、品牌培训等品牌价值传递活动外，组织层面的品牌内化也包括管理系统的调整和组织文化的转变方面（Gapp & Merrilees，2006；Allan，2004）。如果要有效地开展品牌内化行动，社会组织不能只关注内部单纯性的知识传递或品牌"推销"活动，如品牌培训。总体上，对于社会组织而言，组织品牌内化与员工品牌内化是两个相关联的概念。与企业品牌内化研究相比较，社会组织品牌内化研究较为缺乏，特别是国内目前几乎无专门针对社会组织品牌内化体系建构的研究。本节将使用扎根理论来探索符合我国社会情境的社会组织品牌内化结构和效能机理。

4.1.2 研究设计与发现

4.1.2.1 扎根理论方法的介绍

本章有关社会组织品牌内化体系的建构主要采用扎根理论方法进行。扎根理论这一质性研究方法由 Glaser 和 Strauss 两位学者于 1967 年提出。该方法是一个以问题为导向，通过大量实际调研和经验资料，系统地、全面地分析与归纳，最终实现理论建构的一种质性研究方法。简言之，扎根理论主要是研究人员基于经验资料收集来实现理论的发展。当前，扎根理论通常分为原始版本、建构主义版本和程序化版本三类。其中，由 Strauss 和 Corbin（1994）提出的程序化版本也是当前在运用扎根理论时最常使用的操作流程（见图 4-1）。根据两位学者的观点，扎根理论主要是一个由开放性编码、关联性编码和选择性编码所构成的一个程序化操作方式。其中，开放性编码的主要工作是对原始材料进行分解，然后提炼出相关概念并命名；关联性编码的主要工作是建立概念间的各种联系并将概念整合为相关范畴；选择性编码的主要工作则是从范畴中提炼出核心范畴并据此建立理论。

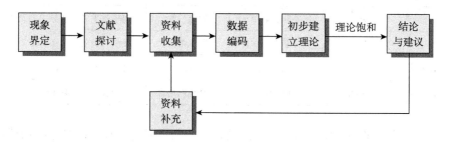

图 4-1 扎根理论的实施流程

目前，扎根理论是学界较权威、规范的一种质性研究方法，被广泛运用于管理学和教育学等多个学科领域。近些年，一些学者尝试使用扎根理论进行社会组织相关研究，如组织服务导向（沈鹏熠和张雅，2015）、组织联盟（陆奇斌和张强，2016）等。当前学界有关社会组织品牌内化研究仍处于探索阶段，尤其是我国社会组织品牌内化构成尚无成熟的理论研究和假设依据，开展定量研究可行性不大，而扎根理论可通过对原始资料的系统性分析来实现理论构建，是进行社会组织品牌内化研究的有效工具。

4.1.2.2 被试选择

本书选取了在我国东部沿海某市的市级或区级民政部门正式注册的 6 家社会组织的 16 名专职人员作为访谈研究对象。这 6 家社会组织成立时间都超过 5 年，均为全国或该市先进社会组织，组织类型覆盖我国社会组织的三大类，即基金会、社会团体和民办非企业单位（见表 4-1）。同时，访谈对象既包括组织一线员工，又包括组织领导者（如秘书长）和中层管理者，既有入职不到 1 年的新进员工，也有入职超过 10 年的资深员工。总体上，这 6 家组织及其工作人员符合访谈对象选择的典型性和代表性要求，能够帮助研究者通过访谈获得较为全面的社会组织品牌内化经验性材料。

表 4-1 品牌内化（扎根理论）案例机构的简要情况

组织名称	成立年份	组织类别	活动领域	受访人员
A 基金	2008	基金会	公益教育	品牌经理 1 名，普通员工 1 名
B 乡村	2012	民办非企业单位	乡村教育	秘书长 1 名，业务主管 2 名
C 青年	2013	民办非企业单位	青年教育	秘书长 1 名，业务主管 3 名
D 超市	2011	民办非企业单位	助残帮困	秘书长 1 名，普通员工 2 名
E 人才	2002	社会团体	人才服务	部门主管 1 名，普通员工 1 名
F 联合	2007	社会团体	社会组织培育	会长 1 名，秘书长 1 名

本书主要采用深度访谈法和焦点会议来收集资料。所有访谈对象在访谈前均提前预约，在访谈过程中将主要根据访谈提纲并结合现场互动增加相关问题进行访谈，一人访谈，另一人笔头记录和录音；同时，为了获取较充分的信息，研究人员与每个组织工作人员进行了多轮访谈。访谈录音文字整理在访谈后 5 天内完成，以避免时间过长带来的理解和记忆偏差。此外，研究人员还收集了较多的二手资料（如工作总结、内部刊物和活动方案等），以对访谈内容进行相关补充和确认。一对一的访谈共 22 人次，每次访谈的时间是

20～40 分钟；多人形式的焦点访谈有 4 次，每次 60～80 分钟。综合使用这两种访谈形式可以更为有效地达到访谈目标。最终，研究人员共整理了 10 万字左右的文字记录，并随机选取其中 2/3 的内容进行分析，剩余留作理论饱和度检验。

4.1.2.3　研究发现

第一，开放性编码。开放性编码是研究人员将基于实地调研或访谈所获取的原始资料提取概念的过程。在实施过程中，研究人员对 16 名社会组织工作人员访谈所获得资料进行了逐字逐句的整理，删除那些无效信息或信息量较少的文本，然后对剩下的有效文本进行开放式编码并贴标签，经过归类和整理后最终获得 20 个概念。考虑篇幅有限，本节摘取了较能够代表 20 个概念的 57 条描述性文本，字母代表组织（见表 4 - 2）。

表 4 - 2　品牌内化（扎根理论）原始访谈记录举例与概念

原始访谈记录举例	概念
（E）组织的文化建设可能都是员工得以坚持下去的动力，他不是孤军奋战，而是和组织、伙伴共同进步、共同发展； （D）我们的章程规范、规章制度、员工手册会在店里公开张贴，同时也会把这些文件发在我们的工作群里； （F）组织的文化认同也很重要，作为领导人对待员工也要公平、公正，还有就是营造好的氛围，允许大家发言，鼓励大家提建议，民主作风强一些； （F）我们组织很注重标识的运用，这里各个地方都有我们组织的 Logo	A1 组织气氛协同
（D）我们的 Logo 就是 buy for two 嘛，意思就是一个人买的东西，其价值是赋予两个人的，因为其中销售商品所得是捐赠给残障人士的； （F）我们的 Logo 设计包含了我们组织的理念，三个波浪交叉在一起寓意纽带，绿色代表公益	A2 品牌标识系统
（C）我们的章程规范、规章制度、员工手册，会在店里公开张贴； （D）也希望店面设计和装修与我们的组织理念是吻合的，比如每个店都有残疾人厕所和无障碍通道	A3 工作场所风格

原始访谈记录举例	概念
（B）清晰的宗旨和使命使我们明确方向，即使工作的分工不同，有的负责行政，有的实地搭建电脑教室，但我们的目标是一样的； （D）我们尽量部门分工明确，客服就做客服部的事情，外包就做外包部门的事，但是我们要有一个共识，就是更好地服务客户	A4 品牌价值共识
（A）我其实特别希望从 co – branding 这一块，特别是项目前期就把相关部门纳入进来； （D）不管是宣传也好、装修也好，还是做其他活动，大家都是互相帮助的，我们在整个过程中也是以我们的组织理念为指导的	A5 品牌建设合作
（A）如果完全不认同组织的价值观，组织不会接受，……，来的人起码不会和我们的价值观相冲突； （C）面试的时候会跟他讲很多事情，说得比较鸡血，会告诉他们我们在做的事情，过来是点燃自己，影响别人，……，所以我觉得这些基本的理念他都是有的； （D）如果我们很确定是要招一个有商业背景的，那我们肯定是要招有商业背景的，同时也有公益热情愿意去投入的； （F）我们主动辞退人的情况也比较少，有些人工作能力不够，就让他去做一些简单的事务，在招聘的时候也会多方面考察，不符合组织价值观和要求的就不会招录，我们也有两个月的试用期，试用期不合格就直接拒绝	A6 品牌招聘参与
（D）我们公司也有绩效考核的设计的，……，我们更加看中的是服务态度，这就跟我们善淘的理念是一致的； （E）我们会在一些具体的项目和具体的工作中来考察员工对组织品牌的理解和实践	A7 品牌绩效参与
（B）工作表现好的员工，我们也会发奖章，这也是一种荣誉激励，领导也会在会议上公开表扬优秀员工； （D）我的动作不太方便，做一些事的时候比较慢，同事和领导会经常鼓励我，贴标签的时候，他们会说"丝丝加油，我帮你数一数，看看会不会比上次做得更多"； （E）能够很好地践行组织理念的员工，会给他一些表扬、奖励，还会提供培训机会	A8 品牌激励参与

原始访谈记录举例	概念
（B）会在搭建电脑教室的这种具体活动中去传递，或者说让他们自己去感受这种项目的理念； （C）很多员工接受我们的文化，或是公益的理念，都是通过干中学，在活动的参与过程中不断成长，包括价值观的塑造； （C）培训其实很少，因为公益组织也比较小，每次进来培训也没有那么多精力去做，……，慢慢地在做事的过程当中来了解一些宗旨、价值观之类的； （D）我们对外召开宣讲会的时候，也是我们内部员工学习组织价值理念的时候	A9 实践学习
（D）一开始在入职培训的时候就会和我讲组织的理念，我们的营业收入是为了帮助一些残障人士； （D）于老师会和我们讲价值理念、文化这样的内容，店长主要讲一些门店里工作的技能，比如如何和客户交流、如何收银等； （E）我们协会内部每年都会有一个内训，就会重复强调"服务产业，做大做强"这个理念； （F）有关组织宗旨、工作要求等，内部会有很多小型的工作坊、小型的沙龙和员工的内部培训，也有区里市一级的培训机会。并且我们自身经常会和一些社会组织进行接触和活动，这也其实是一种培训嘛	A10 组织培训
（A）我们昨天就召开了一个工作坊，……，主题就是和品牌相关，与此相关部门的员工都要参加，大家在一起讨论和交流； （B）我们开会的时候就经常会说，你一出去代表的就是组织和项目的形象，……，要时刻注意自己的言行举止； （D）我们形成的满意度相关的情况，所有员工都会知道，线上线下实体店的员工会相互沟通各自的情况，我们开会的时候，于老师也会和我们说，大家要充分地沟通	A11 会议交流
（A）既然基金会小伙伴都比较年轻，放在网站或者微信上，除了可以让自己内部的人看到，也能影响外面人； （B）新员工进来，如果没有时间对他进行培训，有了这个手册（项目宣传册），也能对组织理念、使命等有初步的了解； （F）我们重要的文件大家会传阅，一般性的文件大家会公示、共享	A12 有形传达

续表

原始访谈记录举例	概念
（A）我觉得微信群效率其实不是太高，没及时看会错失很多。如果有紧急的事情，我还是希望打电话或者当面沟通； （C）我们有很多员工活动，让他们在这边比较开心，如出去吃饭实际上也是和员工进行沟通的机会，将一些思想和理念传递给他们； （F）我们很多沟通渠道都是灵活的，比如在活动过程中发现了什么问题就会立马沟通，领导有什么信息也会第一时间告诉我们	A13 口头沟通
（A）我们的创始人潘老师，就有强大的使命感，……，领导的这种强烈的使命感也会感染组织的员工愿意为组织目标努力工作； （C）要用他们喜欢的方式去指导去引领，又要找到他们可以快速学到的方法论让他们可以快速成长起来，……，我们（领导者）其实就是一个举火把的，自己要走对路，把火把举高、举好，大家也就能跟对路了； （F）我们顾会长本身就是组织的品牌，在静安区可以说是大家都知道，……，他以身作则，手机24小时不关机，……，已经形成一种氛围了	A14 领导模范
（C）我们几个创始人也在修读国际教练技巧，就是coaching skill，觉得这个能很好地帮助我们带领团队，……，去陪伴、引导、启发； （F）我经常和员工说"你可以忘记组织的领导人，但是你应该记住组织的Logo"； （F）他（顾会长）常和我们说，在社会组织里做事要有热情，要积极主动，他自己就是一个这样的人，会长都这样，我们员工自然也不敢有所懈怠	A15 领导指教
（A）只要你出去，即使大家是联合宣传，你自己还是要想清楚基金会的一个理念是什么，否则这个就不太好，就完全背离了，我们就完全变成一个咨询公司，各种项目都接； （B）一次游戏活动中就有一个同事很有心，把爱飞翔、爱传递的Logo裁剪下来，让大家分组拼，看谁拼得快，这也就体现了我们对这个Logo的熟悉和认同感； （C）一个好的员工要了解组织的"上三板斧""下三板斧"，如使命、远景、价值观、战略、品牌等	A16 品牌认知
（D）我们就像一个大家庭，员工不只是员工，更是家人； （D）我来的时候是为了一个工作机会，现在慢慢地会欣赏组织的价值理念； （F）现在觉得社联会这几个字就是生命中的一部分了，如果听到别人对组织的批评，心里会不好受，觉得自己也代表了组织，不能给组织丢脸	A17 品牌情感

原始访谈记录举例	概念
（C）主要还是靠情怀文化来吸引人，大家有共同的目标、共同的理念，所以愿意留下来做一些事情； （E）自己现在很认同组织提出的理念，并愿意在实际活动中去践行它；大家还是挺愿意留在这的	A18 品牌意向
（B）我们的愿景是"让城市与乡村共享"，不管是在做电脑再生，还是搭建电脑教室，我们都是朝着这个方向和理念去努力的； （C）我们有时讨论 Logo 怎么来做，但不是外请，是我们内部小伙伴自己专门设计的	A19 品牌职内行为
（B）我们这些人还是愿意接触市场的，也有公益精神的，比如，这些电脑是英特尔给我们捐的，就装系统就行，这些工作人员有时候五点半甚至六点半下班还不走，开玩笑说，怎么还不走，他会说"我不是为了我自己，我是为了千千万万个乡村孩子"； （D）我们平时自己关注的信息或自己产生的想法，只要是有利于组织发展的，都可以提建议，于老师也会经常征求我们的建议； （E）我自己挺乐意跟朋友聊一些我们协会的一些事情，跟他们说我们行业协会就是要去服务这些产业	A20 品牌职外行为

第二，关联性编码。关联性编码又称为主轴编码，其主要任务是在通过开放性编码所获得的概念间发现和建立相关联系的过程，从而能够更好地描述概念间的逻辑关系。通过编码，本书的 20 个概念被整合为 8 个范畴（见表 4-3）。

表 4-3　品牌内化（扎根理论）概念的关联编码

主范畴	副范畴	概念
C1 品牌配置	B1 组织文化支持	A1 组织气氛协同 A2 品牌标识系统 A3 工作场所风格
	B2 跨部门协调	A4 品牌价值共识 A5 品牌建设合作
	B3 人事管理参与	A6 品牌招聘参与 A7 品牌绩效参与 A8 品牌激励参与

主范畴	副范畴	概念
C2 品牌理解	B4 品牌学习行动	A9 实践学习 A10 组织培训
	B5 品牌内部沟通	A11 会议交流 A13 有形传达 A12 口头沟通
	B6 品牌领导垂范	A14 领导模范 A15 领导指教
C3 品牌嵌入	B7 品牌态度	A16 品牌认知 A17 品牌情感 A18 品牌意向
	B8 品牌行为	A19 品牌职内行为 A20 品牌职外行为

第三，选择性编码。选择性编码的主要任务是对关联性编码所获得的范畴进行系统性的分析，从中提炼和挖掘出核心范畴，并通过"故事线"来描述核心范畴与范畴间的关系，最终发展并形成理论框架。基于深入分析与探讨，本书确定了"社会组织品牌内化"是核心范畴，围绕"社会组织品牌内化"这一核心范畴的"故事线"可以总结为：社会组织品牌内化在组织层面的行动主要包括品牌配置和品牌理解这两部分，员工层面的品牌内化包括品牌态度和品牌行为两部分。其中，品牌理解的直接结果就是带来了员工品牌态度和品牌行为的改变。以"故事线"为逻辑推演，本书通过"社会组织品牌内化"把主、副范畴与概念整合为一体，初步构建了概念与范畴间的关联体系，形成社会组织品牌内化内涵构成和效能的理论框架。

4.1.3 研究结果与分析

（1）社会组织品牌内化理论框架的构成要素

通过扎根理论研究，本书确定了社会组织品牌内化内涵构成的理论框架，这主要包括以下三个模块。

　　第一，品牌理解。又可称为品牌内化行动，是社会组织向内部成员传递品牌价值相关信息，并促使其理解和认同所采取的行动性策略。事实上，品牌理解就是学界常说的组织层面的品牌内化。作为公益服务型机构，社会组织需要依托于那些理解和认同组织品牌价值的员工向外界提供公共产品与服务。因此，面向内部成员传递品牌价值并使其理解是社会组织品牌内化工作的核心内容和目的。国内外学者就品牌内化策略展开了较丰富研究并就其内涵构成提出了多种见解。除品牌培训和品牌沟通外，品牌领导力（Buil 等，2016）和品牌激励（Timothy 等，2005）等也是品牌内化策略的常见方式。经过扎根研究，我们持有不同的理解。品牌内化是一个组织促进内部成员理解品牌和传递品牌价值的过程，本质上其是将组织品牌促销给内部成员、给其提供品牌价值相关的教育（Aurand 等，2005）。因此，品牌内化工作的核心内容应在于向组织内部成员进行品牌价值相关的知识传递，是一个指向员工的信息流的管理过程，而不是指向组织层面的管理活动或者是指向员工的非知识传递。基于品牌价值的招募和奖励机制并非属于员工品牌内化运动的相关内容和实现员工品牌理解的工具（Punjaisri & Wilson，2007）。实践中，品牌激励常被一些学者视为品牌内化的重要内涵构成元素。然而，品牌激励是组织为促进强化员工正向品牌态度和品牌行为而面向员工的激励，其本身并非是一个品牌价值信息的知识传递过程，因此，其不应归属于以信息传递为根本属性的品牌内化行动的内容。

　　向组织内部成员传递品牌价值的信息方式有两种，即组织培训和实践学习。组织培训主要是指对内部新老员工所进行的有关品牌价值的知识培训，有时也可称为品牌培训。一般而言，品牌培训需要向员工教授有关组织品牌价值（如宗旨、使命等）以及如何实现组织对外品牌承诺的相关知识与技能。然而，扎根理论研究也表明，受组织规模、财务以及工作属性等因素限制，我国社会组织管理层也常会通过工作实操方式向员工传授品牌知识。换言之，这主要是指在岗学习，让员工通过工作实践来获得品牌价值相关知识的理解。相比较，由于组织人员规模相对较大，营利性机构通常会采取偏正式化和系统化的员工培训。实践学习，则强调员工在工作实践中，通过具体工作问题的处置来让员工获得并理解品牌价值，体现着"以工作为中心、以员工为主体"的特点，而这也恰好符合社会组织所具有的扁平化结构和员工管理参与的特征。同时，扎根理论研究也表明，内部沟通也是社会组织品牌价值内部管理的重要手段，如会议交流、口头色彩与有形传达。在品牌内部管理过程中，组织应注重非正式沟通对于员工潜移默化的影响（邱玮和白长虹，2012b）。社会组织领导者在促进组织成员理解品牌价值过程中发挥着积极的示范和传教作用（即领导垂范）。例如，表4-2中的A基金会和F社会团体的领导者在员工理解品牌价值过程中进行了有效的"言传身教"。相比较政府部门和企业，社会组织结构较为扁平化，管理层级较少，领导与下属间权力距离较小，而这也为领导垂范在社会组织员工接受和理解品牌价值过程中提供了实践基础。

（C）公益组织比较小，每次进来培训也没那么多精力去做，其实主要还是在做事的过程当中，大家的步调慢慢一致。慢慢地在做事的过程当中来了解一些宗旨、价值观等。并且，公益组织流动性也挺大的，你要进来一个就做一次培训，其实成本也吃不消，而且有时候项目急招人进来，根本就没有人能带他，更多地还是让他们在项目里面摸爬滚打。

第二，品牌配置。即社会组织为促进组织内部员工理解组织品牌价值而在组织层面所配置的管理环境与系统。通常，品牌内化行动的成功实施需要社会组织在组织层面上实施相应的调整与变革。不少组织将品牌内化的重点仅置于内部沟通和员工意识改变这一层面，这导致品牌内化常难以获得成功（Zucker，2002）。为了有效地推进品牌内化工作，社会组织需要在组织层面进行组织系统的调整和变革。开展品牌内化行动的品牌配置主要体现为三方面。①组织文化支持。这既指社会组织通过可视化的标识（如Logo）编码，以便于员工理解组织品牌价值，又包括与组织工作环境与氛围（如场所颜色、墙上标语等）来强化品牌价值在内部成员意识中的植入。②跨部门协调。这要求在组织品牌内化过程中组织各部门及其成员应相互合作而非各自为政。具体来说，跨部门协调表现为两方面：一是品牌价值（如宗旨、使命）实现上达成共识；二是品牌建设中进行行动合作。③人事管理参与。品牌内化的核心要旨是面向组织员工进行品牌价值传递。因此，以员工管理和服务为核心内容的人事管理需要给品牌内化行动提供支撑。例如，社会组织应努力招募那些认同组织宗旨的员工，并将与品牌价值相一致的工作行为评价纳入组织员工奖惩与绩效考核体系之中。

第三，品牌嵌入。即品牌价值嵌入组织成员的状态和程度。事实上，品牌嵌入是社会组织员工在品牌内化策略实施下的影响结果（如表现在工作态度或工作行为上），也是学界常说的员工品牌内化。作为品牌内化行动（或品牌理解）的结果，员工持有的品牌态度和对品牌价值的传递行为是否属于品牌内化构成，学界有着不同的观点。一些学者认为品牌内化是一个过程（Pun-jaisri & Wilson，2007；陈晔等，2011），但也有学者指出品牌内化应包括品牌内化的状态表现（李辉和任声策，2010）。本书将品牌内化视为一个综合观，即品牌嵌入属于品牌内化内涵构成，只是其应划为品牌内化的结果表现。根据"认识－行动"两分法，员工工作结果分为态度和行为两类，因此，品牌嵌入可包括品牌态度和品牌行为两种。其中，品牌态度是社会组织员工对组织品牌价值的感知和情感表现，品牌行为则是社会组织员工在工作中所实施的与品牌价值相一致的工作行为，有时也称为品牌支持行为或品牌建设行为。

一般而言，员工态度分为认知、情感和行为意向这三类，这对于社会组织员工的品牌态度同样适用。其中，品牌认知代表员工对品牌价值的认识和理解，品牌情感主要描述员工对品牌所持有的情感体验，品牌行为意向则是指员工为品牌价值呈现而付出努力的意愿。企业品牌内化研究文献中"品牌认同"这一概念就属于品牌情感的范畴，例如，D 慈善超市员工将组织视为自己生命中的一部分这种品牌情感；"品牌保留意向"则属于品牌意向（也可称为品牌行为意向）范畴，例如，C 青年组织员工对组织所表达留任这种行为的意愿。此外，用于衡量员工支持和践行品牌价值的心理意愿程度（Yang 等，2015）的概念，即品牌承诺就隶属于品牌意向的范畴，例如，E 组织表达践行组织理念的意愿（见表 4 - 2）。通常，员工工作行为可分为角色内行为和角色外行为（Borman & Motowidlo，1993），同样地，社会组织员工品牌支持行为可表现为品牌角色内行为和角色外行为两类。其中，品牌角色内行为是工作说明书要求范围内、需要按照品牌标准践行的品牌支持行为，如员工遵照社会组织对外的品牌承诺所实施的与品牌价值一致的工作行为；品牌角色外行为是员工为实现组织品牌价值而自发付出、不属于正式工作绩效评定范畴的工作行为。其中，品牌角色外行为又称为品牌公民行为，包括品牌口碑（即主动向家人、朋友推荐组织品牌）、品牌管理参与（如品牌建言）等形式。

（2）社会组织品牌内化体系建构的理论框架

围绕"社会组织品牌内化"这一核心范畴，用"故事线"梳理出社会组织品牌内化体系的理论框架，具体如下：

第一，品牌内化行动（即品牌理解）的有效开展需要品牌配置为组织基础。与 De Chernatony（2006）的观点类似，我们认为：指向员工的品牌理解和指向组织的品牌配置都属于组织层面上开展的活动，两者是紧密关联并且后者是前者实施的前提。例如，在面向员工进行品牌价值信息培训前，社会组织本身就需要已经开发和形成一套可理解、具有个性化的品牌符号（如口号、标识）。案例 D 组织开设了多家慈善超市，其所销售的每个商品上都会挂有一个标签，即"每一次购买都是一次帮助"，其人事签到系统在员工上班签到时也会显示组织宗旨。同样，下文 A 基金会内部沟通的有效开展就是基于组织共创文化的建设。

（A）我们每月会召开一次员工大会，在会上不停地和大家分享，充分地让大家表达自己的想法，我们称之为共创的文化，就是每一个声音都可以被听见，整个组织文化不是那种一个人说了算的，大家是很有参与感和存在感的。

第二，品牌内化行动（即品牌理解）将影响社会组织员工的品牌嵌入，具体表现为先影响员工的品牌态度，继而影响员工的品牌行为。

一方面，品牌内化行动会带来员工正向品牌态度。通常，面向员工开展的品牌培训与沟通等品牌内化活动能够有效提高内部成员对品牌价值的理解，增进他们的品牌情感投入，并因此使他们对组织持有较为积极、正面的品牌态度。学习和理解组织品牌对组织员工很有必要，因为这能帮助员工形成一个积极的品牌态度和品牌行为。余可发（2013）指出，一旦理解并接受了一个组织品牌，员工们便会调整自己的工作态度和行为，以符合品牌价值的要求。相关研究也表明，品牌培训、品牌沟通等品牌内化活动正向影响员工的品牌认同、品牌承诺和品牌忠诚等品牌态度变量（Punjaisri & Wilson，2011；何佳讯，2006）。同样，由下文的 D 和 E 机构的经验资料可知：品牌内化行动能够促进社会组织员工对品牌价值的理解，并因此带来员工对组织持有较高水平的品牌认同与品牌承诺。

（D）员工离职的不多，薪酬肯定是一个原因，另一个原因就是他适不适合这个组织，能不能理解我们这个机构的愿景、理念和产品；我们有个员工，他本来只是一个兼职员工，做了一段时间后，他很喜欢我们这边的工作氛围，可能是三观相符吧，他就决定转成专职员工。

（E）像我们组织的内训、集体会议都会有意无意地向员工传递组织使命、工作理念这些东西，时间长了，大家理解了，也就更有工作的方向了，那自然这种承诺感和忠诚度也就会更高了。

另一方面，正向的品牌态度带来员工正向的品牌行为。从组织行为学角度来看，个体意识的变化最终体现在个体行为的改变。因此，员工积极品牌态度的形成如理解与认同品牌，将会促进员工实施与品牌价值相一致的工作行为，即品牌支持行为。来自服务业的实证研究表明，品牌态度会影响服务型员工的品牌行为（李辉和任声策，2010）。企业研究领域的研究也表明，品牌态度正向影响员工的品牌行为（Buil 等，2016；陈晔等，2011）。由下文的 B、D 和 E 三家机构的经验材料可知，对于社会组织而言，员工品牌态度和品牌行为之间也存在着正相关的影响机制，即社会组织员工积极品牌态度（如品牌承诺）的形成将促使其品牌支持行为的践行。

（B）爱飞翔、爱传递的一些项目理念、信息类的消息，大家也会自己主动地积极转发。当然，我觉得这个也就是大家认可了才会去做，不会有领导强制要求转发；就我们组织来说，我觉得大家都是知道这个项目理念、认可它，才会愿意为了它努力奋斗。

（B）我们本身对自己项目就比较认同，我们也很乐意去跟企业讲我们正在做的一些事情。

（D）刚来时组织和领导给我们介绍组织的文化，使我们明白了我们的销售行为是与爱心相关的，因此我们也会和顾客主动介绍我们的理念，希望我们的顾客也能成为我们的志愿者。

（E）我是喜欢自己这份工作的，认同协会的理念，也自然很愿意去服务这些产业，在我看来，自己也是这个组织的一部分嘛，你像刚举办的商交会，办得好我也是很高兴的。

第三，社会组织品牌内化体系的效能机理模型建构。基于前文分析，社会组织品牌内化体系模型可表示为一个"基础（品牌配置）-过程（品牌理解）-结果（品牌嵌入）"的结构性体系（见图4-2）。一方面，"过程-结果"体系。通常，品牌内化可以从过程和结果两个层面来理解。Yang 等（2015）将品牌内化视为一个员工获得品牌知识相关的对话和培训的培育过程。相反，李辉和任声策（2010）则将品牌内化视为一种结果，并表现为品牌态度和品牌行为。这里所指的品牌内化更倾向于综合论，其中品牌内化行动强调组织向员工进行品牌知识传递的过程，而员工品牌内化（即品牌嵌入）是品牌内化行动的结果并且表现为员工正向的品牌态度与品牌行为。因此，本书认为，社会组织品牌内化体系模型是一个过程与结果相结合的分析框架：组织所采取的品牌内化行动（或表现为员工对品牌内化行动水平的感知）会影响员工的品牌态度与品牌行为。在品牌内化体系中，品牌内化行动是品牌内化的动态化实施过程，品牌嵌入是品牌内化的静态化实施结果。另一方面，品牌内化的"组织（品牌配置）-员工（品牌理解、品牌嵌入）"体系。这在"过程-结果"体系中，员工是品牌内化的主体和核心。学习行动、内部沟通、领导垂范都是直接面向员工而实施的行动性策略，其目的也主要在于让员工在意识与行动层面上具有积极的品牌表现，如品牌承诺、品牌背书等，而品牌配置是组织针对组织层面所进行的调整与变革，是品牌内化"过程-结果"的效能机理形成的前提和基础。例如，如果部门间缺乏合作，社会组织员工往往无法进行有效的内部沟通；如果领导-下属的权力距离较大或缺乏相互学习的组织文化，领导垂范的效果在组织内部往往也难以达成。

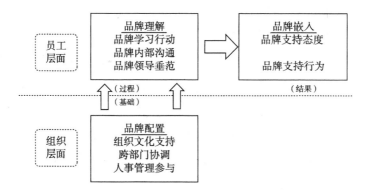

图 4 – 2　社会组织品牌内化体系的理论模型

4.1.4　研究总结

通过扎根理论研究，本书构建了我国社会组织品牌内化体系与效能机理模型，并表现为"基础 – 过程 – 结果"的一个理论分析框架。一方面，对于社会组织而言，品牌理解又称为品牌内化行动，包括品牌学习行动、品牌内部沟通和品牌领导垂范三个方面，这也是社会组织品牌内化体系的"过程性"元素；品牌配置则由组织文化支持、跨部门协调和人事管理参与三方面构成；品牌嵌入则表现为品牌态度和品牌行为两方面，是品牌内化体系的"结果性"元素。另一方面，从逻辑角度看，品牌理解与品牌嵌入之间呈现着"过程 – 结果"的影响关系，而品牌配置是社会组织品牌理解维度效应发挥、带来员工品牌嵌入的前提与基础。因此，三个主范畴呈现着"基础 – 过程 – 结果"的结构关系，其中，"过程"（即品牌内化策略）和"结果"（即品牌态度和品牌行为）是以员工为主体的，而"结构"（即品牌配置）是面向组织来建构的。

本书的主要理论贡献有三点：第一，以往学界开展的品牌内化研究主要以营利性组织为研究对象，而本书以社会组织为研究对象展开了品牌内化体系建构和影响机理的研究，弥补了学界研究的不足，拓展了品牌管理理论；第二，本书探索出了社会组织品牌内化体系，这可以弥补社会组织品牌内化理论的空白；第三，以往研究多从过程或结果的单一角度来理解品牌内化，而本书构建了一个"基础 – 过程 – 结果"的品牌内化体系和效能机理模型，深化了品牌化理论。实践中，本书所开发的品牌内化体系尤其是品牌内化行动的内涵构成能为我国社会组织品牌内化工作推进提供相关借鉴。例如，领导垂范强调了社会组织在面向员工品牌传递中领导者所起的示范与影响的积极作用，在组织内部创造了一种"社会学习机制"，促进员工对品牌价值的理解；为了有效开展品牌内化活动并取得成效，社会组织还需要进行品牌配置，如形成与品牌价值相一致的组织文化并促进部门间的品牌合作。当然，本研究主要是一个质性的初步探索，学界有关扎根理论研究的信效度和推广度等争议颇多。为此，本书在后一节中将进行多案例研究和基于问卷调查的定量分析进一步验证本研究结果，如开发更具操作性的社会组织品牌内化指标体系，探索并确定品牌内化行动对社会组织员工的影响机理。

4.2 社会组织品牌内化体系与效能机理的多案例分析

4.2.1 研究缘由

4.1 节通过扎根理论研究的程序化操作方式构建了我国社会组织品牌内化内涵构成与效能机理模型。然而，扎根理论这种质性研究方法的科学性与合理性在学界具有一定争议，通过扎根理论所探索出来的社会组织品牌内化模型在现实中是否具有较强的适用性，能否使用该模型来描述其他社会组织品牌内化的具体实践，这需要做进一步的探索。为此，我们选取了另外三家具有代表性和典型性的社会组织，针对模型中各维度和效能机理进行多案例检验，以充实社会组织品牌内化模型，进一步增强模型的说服力。

4.2.2 研究设计

4.2.2.1 案例研究法的介绍

案例研究法，属于实证研究法的一类。根据罗伯特（2004）的定义，案例研究法是指对现实环境中的某一（些）现象进行考察的一种经验性研究方法。具体来说，案例研究法主要是指研究人员通过选择一个或几个研究对象，系统性地收集有关研究对象的资料，然后进行深入分析，以探讨某一规律或现象在实际环境中的情况。与定量研究方法相比，案例研究法一般具有趣味性，并在建构一个新的理论中具有一定优势（唐权和杨立华，2016）。通常，基于研究中案例样本的数量，案例研究法分为多案例分析与单案例分析两类。其中，多案例是指在同一研究中应用两个或以上且具有一定联系的案例。单案例主要用于诠释特质性比较强的个案或某个极端事件。相比较，多案例研究不仅可以分析单个案例的具体情况，也可实现案例间比较，利于现象的归纳。正如Eisenhardt（1989）指出，多案例研究对事件的诠释更为详细和有说服力，这种重复性研究有利于提高研究效度。为此，本研究也采取多案例研究方法，选取了具有一定代表性的三家社会组织。

一般而言，案例研究的实施可以总结为以下阶段：第一步，基础准备（包括文献研究与问题确定）；第二步，理论预设（理论分析框架或基础的初设）；第三步，案例获得（包括案例选择与案例资料收集）；第四步，案例分析与结果。鉴于前3章已经达成案例研究法第一步的要求，社会组织品牌内化体系的理论框架也通过上一节的扎根理论研究初步获得，为此，本部分主要实施第三步和第四步，即进行案例选择和分析，以进一步验证所预设的理论分析框架。

4.2.2.2　案例的选取与介绍

为了体现模型的相对适用性并保证访谈内容的真实性及后续的可反馈性，基于自身积累起来的社会组织资源，研究人员选取了在东部某市民政部门注册的三家不同类型社会组织（即民办非企业单位、基金会和社会团体）进行案例分析。三家机构的简要情况见表 4 - 4。当然，为了保证案例检验的独立性，所选取的三家社会组织与模型扎根时所访谈的社会组织相异。对模型的检验主要是通过访谈来判断各组织品牌内化过程中的一些行为和认知是否与已有模型的各维度相吻合。各组织的访谈将按照这一方法进行检验来对社会组织品牌内化体系建构和建设情况进行分析，了解案例在品牌内化过程中的内在逻辑和实践，从而为前文扎根理论研究获得的社会组织品牌内化体系和效能机理提供进一步的支持性论据。

表4-4 品牌内化（多案例分析）的机构简介

组织名称	成立年份	组织类别	活动范围简介
R机构	2003	民办非企业单位	业务主管为H市禁毒委员会办公室，主要从事社区吸、戒毒人员帮教服务工作。该组织核心工作包括预防教育、提前介入、社区康复等多项。其中，"社区预防"是其重点工作，即通过多种形式对各类组织、家庭及个人进行毒品预防宣传教育
S机构	1994	基金会（公募）	主要职能是组织开展和资助有益于青少年健康成长的各项活动，推动青少年教、科、文、卫等方面事业的发展。该基金会依托于国内某著名的助学慈善项目，在全国范围内都开展了许多很有知名度的活动
T机构	1949	社会团体（文艺类）	主要业务包括开展各项相关艺术成果展示与科研活动、开展相关艺术领域人才的培训等，一些具体活动有举办艺术作品展演、组织艺术水平等级考试等。作为一家体制内的社会组织，该机构在人事和财务方面隶属于该地区的上级业务主管单位并受其指导

4.2.2.3 数据分析方法

本研究主要采取数据编码方法对研究人员所获资料进行整理。先由1名研究人员进行资料整理，然后由1名研究人员独立进行编码。在编码过程中，研究人员以前文初步建构的理论模型为参考依据，以避免研究的主观性。具体步骤如下：①一级编码。按照资料来源进行数据的一级编码：对三家机构的资料分别使用不同代号（如S基金会代号为S），并同时对访谈条目进行编号。②二级编码。将品牌理解、品牌配置和品牌嵌入三个构念进行二级编码（见表4-5）。③三级编码。根据品牌理解、品牌配置和品牌嵌入的子构念进行三级编码。

表 4 - 5 品牌内化 (多案例分析) 的 (子) 构念及关键词举例

构念	子构念	关键词举例	编码
品牌理解 (品牌内化策略)	学习行动	培训、学习、理解	a
	内部沟通	微信、会议	b
	领导垂范	工作方式、管理方式	c
品牌配置 (品牌内化策略基础)	组织文化支持	Logo、办公室	d
	跨部门协调	联系、交流、协调	e
	人事管理参与	招聘、激励、表扬	f
品牌嵌入 (品牌内化结果)	品牌态度	一分子、认同、责任感	g
	品牌行为	动力、努力、主动介绍	h

4.2.3 研究分析

前文扎根理论研究初步探索了社会组织品牌内化体系理论框架，包括品牌理解（品牌内化行动）、品牌配置和品牌嵌入三部分，并且品牌理解与品牌嵌入之间是影响和被影响的关系。为此，本研究主要通过多案例分析对上述研究结果进行重测。其中，本部分重点对三家社会组织品牌内化行动（即品牌理解的内涵构成）进行分析。

4.2.3.1 品牌理解

品牌理解，在本书中又可称为品牌内化行动，是社会组织品牌内化体系理论框架的核心内容和前端要素，并主要包括学习行动、内部沟通和领导垂范三个部分。经分析，三个案例机构在品牌内化行动的三个方面呈现出不同水准。

总体上，R 机构能够较好地将组织品牌价值传递给内部成员，在学习行动、品牌沟通和领导垂范三方面的社会组织品牌内化行动策略上表现较好（相关举例见表 4 - 6）。第一，学习行动方面。除了日常工作和项目活动中对员工进行品牌价值的输送，R 机构还有定期与不定期的组织培训来深化员工对组织品牌的理解和认同，如举行"岗位大练兵活动""中级社工个案督导"等多个具有针对性的培训活动。除了举办面向正式员工的品牌培训外，该机构也注重将品牌价值信息传递给志愿者。例如，面向社会志愿者定期举办禁毒志愿者培训，将一些品牌项目的活动内涵与价值及如何按照组织对外承诺服务社区戒毒人员等进行了知识传递。再例如，新社工上岗时，R机构会安排老员工进行带教，陪同新员工实地走访服务对象、教授工作规范。第二，内部沟通方面。R机构的沟通渠道也较畅通，在组织内部开展了多形式的品牌沟通活动。例如，组织成员（包括志愿者）会就日常工作中接触到的禁毒案例进行讨论和感受分享；建立了"R快讯"，总社和分社及时地面向所有成员发布机构工作开展情况。当然，除了内部办公邮件、会议传达等正式沟通外，微信群聊等非正式沟通在R机构中表现也比较活跃。第三，领导垂范方面。此方面R机构表现较为突出。R机构是一家总社，所在地区拥有多个分社。总社的核心价值观为"关爱、乐助、自强"。为此，总社要求各分社以总社的核心价值观为活动开展依据，各分社站长也需要准确、清晰地通过会议或日常交流向组织或下属传达总社的服务理念。事实上，R机构的会长就是一位非常有公益热情且专业技能很强的领导者，在日常的活动及工作中给予了组织员工很大的示范和引领作用。

表4-6　品牌内化（多案例分析）-品牌理解/品牌内化行动的资料举例

机构	典型资料举例
R民办非企业单位	（Ra）我们内部会有一些学习机制，比如说组织理念的学习，再比如说一些相关活动开展的技能和能力培训，这些学习或培训有定期的，比如员工入职培训，也有不定期的，像活动过程中的； （Rb）我们会根据不同的需求和层级建立起微信群，像项目群、督导群之类的，也是为了方便大家交流； （Rc）她（社长）还是比较民主的，业务方面也比较专业，更多的是一种柔性的管理方式

机构	典型资料举例
S 基金会	（Sa）定期的员工培训比较少，我一般参加的培训比较多，但多偏向内务，多为人事、党建等方面的培训，在品牌方面的培训比较少； （Sb）我们一季度开一次交流会，大家主要交流一下上季度情况和下季度预计开展的工作，年底时会对下一年工作做一个计划和项目划分； （Sb）在沟通交流上，主要通过书面规章制度和个人邮件，微信群是有的，交流的也不是很多。今年好多了，年初的时候开过一次组织生活会，之后员工和员工之间沟通多了很多； （Sc）领导的工作方式很值得我们员工学习，他不在基金会拿一分钱，而且一周工作 6 天，一般周末和节假日都会来机构
T 社团	（Ta）我们肯定会有培训的，员工刚刚进来都是要培训的，这种程序化的工作我们都是好好去做的，除这个之外，就不多了，像我们本身活动也不是很多，相关的培训也会比较少； （Ta）我们自己内部工作人员的培训相对少些，传达什么精神，请人过来讲讲党课这种，就是没有真的系统的谋划； （Tb）沟通交流的话，还是会议和文件比较多吧，感觉还是有这样的（体制）色彩在，大家还是比较喜欢正式性的传达，口头和微信群的交流肯定也会有，不过也不是很频繁活跃了； （Tb）内部信息交流很少，就是简单的办公室沟通，两周一次，或一周一次工作例会，其他的没有； （Tc）我们现任领导年富力强，能力不错，观念也比较新，很关心下属，经常和我讲讲工作思路和各方面，这对我很有帮助

作为一家公募基金会，S 机构以"品牌项目"立身，对外开展了诸多品牌性活动，在组织内部促进员工理解和认同品牌价值方面有些自己的特色，尽管还存在一些不足。第一，学习行动。S 机构面向组织成员的正式培训相对较少，有关组织品牌价值方面的信息（如宗旨、使命和服务要求等）多是让员工在具体工作实践中去摸索和理解。当然，这也是大多数社会组织的现实情况，因为社会组织人员数量较少，人手紧缺。此外，S 机构也会指派员工参加一些由政府部门、同行等机构举办的培训会议或派员工赴同行基金会考察，以给员工提供一些促进品牌价值理解的机会，当然，这些活动往往涉及品牌价值知识的介绍不太深入，组织员工的品牌价值学习系统化不足。第二，内部沟

通。S 机构组织主要通过邮件、会议等正式沟通渠道来向员工传递品牌价值，员工间非正式方式的品牌信息交流与分享较少。值得一提的是，S 机构的优势在于其党建力较强，在近两年党建工作不断强化的背景下，组织内部沟通有了一些改善，如基金会成员会在党支部会议上就机构具体工作、发展方向方面进行交流，组织生活会也在一定程度上使得组织内部沟通得以"破冰"。当然，S 机构有关品牌价值的非正式交流较缺乏，各部门及员工之间就组织发展与组织品牌表现等方面的人际沟通相对较少，主要通过正式沟通（如会议等）形式开展。第三，领导垂范。S 机构的领导力可圈可点，领导者以自身行动践行服务和公益理念，给员工正向工作态度与行为的形成提供了较好的行为示范。并且，S 机构领导和员工私下开展的交流与谈心较多，但不足的是信息交流内容多为个人工作完成方面，偏宏观层面内容（如组织对外品牌绩效情况、组织发展和组织品牌价值主张达成等方面）的交流较为缺乏，未来需要进一步加强。

与 S 机构一样，T 机构在品牌内化行动方面还有需要进一步改善的地方。第一，学习行动。作为一家体制内社会团体，T 机构内部成员品牌价值培训的行政化痕迹尚存，员工培训的科学性与系统性有待加强。例如，培训内容主要以政治或思想性要素为主，业务性要素（如品牌执行标准）的培训较为缺乏；员工多接受上级业务主管单位系统的内部培训，机构自身开展的针对性培训较少。与 S 机构类似，T 机构人员规模不大，基于工作岗位的实践学习往往是其组织成员理解品牌价值的主要手段。当然，T 机构是一家典型的体制内单位，所有员工都享受"参公"待遇，因此，员工开展自主学习的动机较弱，这也在一定程度上影响了其品牌培训的效果。第二，内部沟通。T 机构内部沟通形式主要以会议传达为主，组织内部相关部门（如专委会及成员）运用新媒体开展的品牌信息交流有待加强，沟通内容也多以工作任务的安排或指派为主，沟通形式更多呈现一种"上传下达"或简单式的告知，沟通体制化色彩偏重。此外，同事之间主要通过工作例会对组织发展、会员服务情况方面进行交流，基于品牌价值内容的非正式性人际沟通近两年有所增加，但仍然不太活跃。第三，领导垂范。相比较之下，T 机构在领导垂范方面表现较好。协会现任秘书长业务能力较为突出，具有较高的工作热情。特别值得一提的是，秘书长是一个社会活动家，给 T 机构带来了不少社会资源。同时，秘书长比较提倡规范化管理。随着 T 机构举办的某项目服务人群规模的增加，该秘书长领导内部成员在项目的制度建设、评审专家库、教材建设和对外宣传等工作上进行了相应的规范和完善。可以说，秘书长在 T 机构内部起了先锋模范作用，并因此在一定程度上弥补了该机构在品牌内化中学习行动和品牌沟通方面的不足。

4.2.3.2　品牌配置

前文扎根理论研究表明，品牌配置是社会组织开展品牌内化活动的组织基础，主要体现在组织文化支持、跨部门协调和人事管理参与三个方面。就"品牌配置"这一方面来说，R 机构注重从各个方面来完善本组织的品牌配置（见表 4-7）。在笔者访谈过程中，发现 R 机构构建了与品牌价值相一致的组织文化与工作环境，为员工品牌价值的理解提供了较好氛围。例如，R 机构有着自己的独特 Logo 并将其印制在办公环境中较为显眼的位置（如墙壁、办公用品上），以有形标识来强化品牌配置；同时，整个组织内部的环境风格（如内部布置）与组织的"关爱、乐助、自强"的理念也较为吻合。在访谈中研究人员也发现，组织品牌内部建设过程中跨部门协调比较频繁和紧密，为了某一项目或任务的完成，各部门及其人员会开展较为紧密的沟通与协作。此外，R 机构也积极构建支持员工品牌内化的人事管理活动。在员工招聘方面，R 机构在人员招聘时注重选用与组织品牌理念相吻合的员工，对那些能够较好践行品牌价值的员工也给予相应的认可和奖励。

表 4-7　品牌内化（多案例分析）- 品牌配置的资料举例

机构	典型资料举例
R 民办非企业单位	（Rd）我们办公室会有我们自己的 Logo，我们会张贴我们的工作宗旨和理念，工作制度和流程也会悬挂在办公室里； （Re）我们会利用现代化的工具来保证组织各部门之间的沟通和协调； （Rf）我们招聘的时候肯定要看应聘者和我们的理念合不合，不合的员工做起事情来就容易没有热情； （Rf）工作表现好的员工，我们会发奖章，这是一种荣誉激励，领导也会在会议上公开表扬优秀员工

机构	典型资料举例
S 基金会	（Sd）组织会有自己的 Logo，但是平时运用比较少，也没有定制有基金会 Logo 的文化衫、名片、茶杯等； （Se）我们跨部门的协调不多，大家做活动的时候联系会紧密一点，没活动项目的时候还是有点松散，沟通也是这样，微信群是有的，就是沟通交流不是很频繁； （Sf）我们是一家体制内机构，领导会对工作业绩表现好的员工给予一些鼓励和奖励，但总体上还是差距不大，与你工作是否贯彻或达到组织价值观要求有关但不明显
T 社团	（Td）我们也有 Logo，不过没有把它具体化，大家也都没有想着这回事； （Te）我们现在就是一个东西过来，是属于你这个部门分管的，就走公文，到这个部门，提好意见之后就到党组了，几个部门联合协调的比较少，所以我们文联现在也在考虑进行整合，可能有些资源要互相打通，通盘考虑； （Te）我们同事间在完成某一项工作时会相互补位，在各自的分工中发挥作用，但同时也是一个整体。同事间也相互学习，取长补短； （Tf）我们协会招聘选人主要都是按照上级精神，当然也会结合我们协会自身情况，还是以上级指示为主吧

通常，在工作场所中呈现较为丰富的品牌符号有利于员工强化对品牌价值的理解和认同。总体上，S 机构建立了具有一定个性化、富有内涵的品牌符号，但内部环境营造的细节性有待加强（见表 4-7）。例如，S 机构已经建有 Logo、口号和标志等品牌标识元素，但品牌标识表达形式较为单一，工作场所内品牌标识的营造有所不足。此外，机构部门间"各自为政"是事业单位常有的一种工作特征，部门间协调不足在事业单位较为明显。S 机构工作人员多具有事业单位身份，机构人员规模不大，部门间协调相对比较便利，然而不足的是，受访人员也提及组织风格略显僵化，跨部门协调多局限于一些重要性项目或工作任务的实施上，日常工作中有关品牌价值的共识性合作还有待进一步加强，有时工作中问题较为突出时部门间合作才比较明显，主动性、前瞻性的部门间协调有待加强。同时，S 机构是我国一种比较特殊的社会组织，隶属于团市委，员工也具有体制内编制，因此机构员工品牌绩效的高低在正式工作绩效评价体系中的体现度不强，这也使得品牌内化活动中人事管理的参与（如根据品牌行为优劣进行"奖优罚差"）有所欠缺。

在"品牌配置"方面，T机构具有较大的改善空间（见表4-7）。T机构拥有自己的品牌标识（如Logo），但工作场所中的品牌氛围建设有所不足。例如，Logo只有在进门处的墙壁上可见，在其他地方基本无处可寻，即使有也很不显眼。此外，T机构是一种典型的体制内社会组织，人、财、物等都隶属于上级业务主管单位（文联），日常工作中有时也需要与业务主管单位的相关部门（如行政机关或兄弟文艺性社团）进行沟通与合作，但部门间协调较少，各部门的本位主义明显，基本都在负责自身的模块。当然，值得一提的是，从内部层面上看，T机构同事间合作较为紧密，一定程度上弥补了该机构与其他部门或兄弟文艺性社团间合作的不足。在人事管理参与对品牌内化行动工作的支持方面，T机构表现有所不足。T机构属于体制内社会组织，机构主要领导人安排主要是基于上级精神并经行政化任命，享受相应行政级别，工作人员也主要是由上级业务主管单位统一招募，机构基于组织品牌价值需求自主实施招聘的可能性较小；同时，T机构员工均为参公人员，工作稳定性较高，但薪酬待遇水平偏低，难以给践行品牌价值较好的员工给予相应的品牌激励。

4.2.3.3 **品牌嵌入**

在品牌内化体系理论模型中，品牌嵌入包括品牌态度和品牌行为两方面。通过对R机构的员工访谈（相关资料举例见表4-8），研究人员发现：员工对于机构宗旨和理念的认知较为清晰、认同感较强，为组织使命实现的任职意向也非常强烈，员工不仅存在去做好组织分内工作的使命感，也抱有强烈的组织公民行为倾向，愿意主动对外去推销组织品牌。R机构的主要工作内容是社区禁毒，服务对象主要为社区的药物滥用人员，工作时间规律性不强。为了能够更好地服务社区，R机构不少工作人员主动利用周末或节假日期间深入社区，给予药物滥用人员更多的关爱、沟通与帮助，并利用业余时间主动参与社工方面的非学历或学历培训，以提升自己的服务技能；此外，R机构员工品牌职外业绩表现也较好。

表4-8 品牌内化（多案例分析）-品牌嵌入的资料举例

机构	典型资料举例
R 民办非企业单位	（Rg）我们组织给我做了很多培训，在活动过程中我也更加热爱这个组织，虽然我们工资不是很高，但社长会给我们努力争取福利，像上次给我们争取了每人一套统一的制服西装，我们穿着出去做活动，更让大家有荣誉感，更认同自己的组织了； （Rg）这份工作对我来说已经不仅仅是一份职业，更需要些责任感，很庆幸能够在这里工作； （Rh）我感觉能够帮助他人、帮助社会是一件很自豪的事情，很乐意成为工作站的一分子； （Rh）有时候自己有一些比较自豪的工作亮点，还是很愿意和朋友、家人主动交流的
S 基金会	（Sg）基金会更多的是在做项目活动吧，所以会有不同的项目组，或者说会参与到不同的项目组，大家会对项目品牌的认知和认同更高一些，当然，项目是在基金会下的，大家也会为基金会整个品牌去努力； （Sg）我们都是事业编制，只有一个是专职外聘的，我们都是兼职在做基金会的事情，因此基金会的组织认同感不会那么强； （Sg）从基金会成立起到现在，我们见证了单位理事长的成长，感觉基金会的成长就是她的成长，这分不开了； （Sh）我们单位有员工对单位没啥依恋，工作上表面能过得去就可以，如果有好机会他说可能会考虑换一下
T 社团	（Tg）在这儿工作还是很开心的，我的归属感也比较强，虽然有些不如意的地方，但如果有人说她不好，我还是有点不开心； （Tg）同事间差别还是蛮大的，有的反正做一天混一天，好像单位好坏与他没有任何关系，有的工作蛮投入的，工作中主动帮同事做、加班等； （Th）激励机制不足，包括工作理念，有的同事可能就有等、靠、要的思想。如果说这个协会完全是社会组织，那么我需要有造血功能，但我现在天天有人给我输血，反正饿不死，再多我也不需要； （Th）不会有心思去钻，只是说偶然知道了，就去看看，因为这个东西（招标项目）要申报很麻烦，我们自己钱也够了，那就算了，不会说主动去找，做市场调查的比较少，体制内的这方面的动力都不是很足

　　总体上，S机构与T机构类似，组织内部成员在品牌嵌入方面表现较为分化。两家社会组织都有部分人员对组织的宗旨和使命较为认同，有着较强烈的工作责任感和成就感，对组织品牌的认同和承诺度较高，工作参与和投入性较强，愿意为组织品牌价值的践行而努力。当然，也有一些工作人员在工作中去

人格化现象比较明显，工作倦怠程度较高。开展市场化运作、获取市场化资源是我国社会组织社会化改革的重要方向。S 机构受访者指出，有个别人对基金会缺乏归属感，与机构未建立紧密的心理契约，存在一定的离职倾向。同样，T 机构受访者也提及，组织个别人员"等、靠、要"的思想比较严重，缺乏主动走向市场的动力。

4.2.3.4　品牌理解（品牌内化行动）对员工品牌嵌入的影响

在品牌内化行动能否影响社会组织员工品牌态度和行为方面，受访者的回答给予肯定性的确认（相关资料举例见表 4-9）。首先，品牌内化行动的实施将促进社会组织内部成员有关品牌价值的理解和认知水平的提升，从而正向影响了他们的品牌态度。例如，R 机构受访者提及，组织在品牌理念和价值观方面的培训有效提升了员工们对组织品牌的认同，领导给予下属的关心、同事间的帮助也使得员工获得较强的组织（品牌）归属感。其次，品牌内化行动可以直接催生组织成员正向的品牌支持行为的实施。从社会交换关系角度看，在互惠原则下，社会组织员工会通过正向工作行为的实施来回报组织给予自己的品牌内化。例如，T 机构受访者提及其领导者工作行为表率较好，特别对其工作也十分关心并经常沟通，这使得该受访者获得了较强的领导 - 成员关系，并因此愿意通过努力工作来回报组织和领导。最后，品牌态度会影响社会组织员工品牌行为。从态度 - 行为两分法来看，态度是行为的前置变量，个体会通过行为来表达自己的某种态度。例如，R 机构受访者提及其个人组织留职及实施角色外行为的原因在于其比较认同机构的价值观和工作理念，为 R 机构组织使命实现的承诺度较高。

表 4-9　品牌内化（多案例分析）-效能机理的资料举例

序号	变量间关系	典型资料举例
R 民办非企业单位	品牌内化行动→品牌态度/行为	我们内部沟通比较通畅，上面也会给我们安排较多的工作理念、价值观方面的培训，这很利于提升大家对机构工作方式和发展方向的认识和认同，我们的工作成效也显著提高
	品牌内化行动→品牌态度	我们领导比较能够以身作则，经常与下属沟通、关心下属，同事之间也相互帮助，这让我们有一种家的感觉，大家很愿意为共同的目标而努力

序号	变量间关系	典型资料举例
R 民办非企业单位	品牌内化行动→品牌行为	工作站给我们安排了很多培训，做了不少队伍建设的事情，这也使得大家在工作上基本都能够很好地贯彻组织要求、服务社区
		我感觉，只有你对组织使命有正确的理解，才能更好地服务社区和戒毒人员
	品牌态度行动→品牌行为	尽管工作站的工作方式还有一些不如意的地方，但总的来说我还是比较认同我们社的服务社会和他人的价值观和理念，这也是我还愿意继续工作的原因，有时我额外多做点事也很乐意
S 基金会	品牌内化行动→品牌态度	每月主题党日活动上，理事长作为党支部书记会反复告诉我们当前的组织目标，秘书长会定期开展工作例会，交流项目开展情况以及下一步的工作计划。从目前观察情况来看，交流的确有助于提升大家的归属感，当然这可能还和个人追求及思想有关
	品牌内化行动→品牌行为	多数同事还不错，对组织存在的价值、工作标准等理解比较清晰，因此大家工作也有方向，当然也存在个别同事理解不太充分，工作积极性不高，也不会较好地完成工作
	品牌态度行动→品牌行为	大家总体不错，但也有人的确不太可能把单位的成功归为自己个人的成功，工作中不愿意多付出，以小孩需要读书为借口推脱工作
T 社团	品牌内化行动→品牌态度	进来工作后，随着我对协会存在的价值、使命了解和体会的深化，我对协会工作越来越认同。现在有时协会被上级领导认可或表扬，或有人说我们协会的好话，我还是蛮开心的
	品牌内化行动→品牌行为	我们的领导在行为表率和职工示范方面蛮好的，对我个人和工作也有一些理解和关心，我还蛮幸运的，也挺愿意好好工作
	品牌态度行动→品牌行为	有同事连组织宗旨、工作标准等都没太理解，工作中肯定有偏差，也不愿意多做些事情。的确，只有我们清晰地理解组织宗旨和工作要求时，我们才能高质量地完成工作
		没错，个别人只把单位的事当成工作来做，不太把单位好坏视为自己个人成就，所以他在单位时也只是把协会工作匆匆完成，不愿意多做一点事

4.2.4　研究总结

本节所选取的三个样本（即 R、S 和 T 机构）分别属于社会组织的三大类型，即民办非企业单位、基金会和社会团体。总体上，所选案例具有较强的代表性，案例分析结果符合社会组织品牌内化体系模型进行多案例重测性研究的期望。一方面，案例分析所获得的社会组织品牌内化要素均能够在扎根理论研究所得到的社会组织品牌内化体系分析框架的三个子范畴得到体现且未超过该分析框架的内容边界，只是不同案例中品牌内化子范畴所呈现出的表现好坏有所不同。例如，R 机构在子范畴"品牌内化行动"整体表现较为优异，而 S 机构和 T 机构在该子范畴的有些元素（如领导垂范）上呈现较好，但在学习行动和品牌内部沟通方面有待进一步加强。同样，R 机构员工具有较强的正向品牌态度和品牌行为，而 S 和 T 这两家社会组织员工在品牌态度和品牌行为上"喜忧参半"，组织内部成员表现有差异。另一方面，三个典型案例的访谈资料表明，品牌内化行动的有效实施将有利于促进社会组织员工的品牌态度和品牌行为的呈现，并且正向品牌态度预测着社会组织员工正向品牌行为的形成。该研究结论对前文扎根理论研究所得出的品牌内化行动与品牌嵌入之间"过程 - 结果"两分法的逻辑关系给予了进一步的确认。当然，本研究属于一类质性研究，与前文扎根理论研究一样都是基于案例的资料探索，在混合研究范式下，后文将结合量化研究方法来对社会组织品牌内化行动的内容构成及其效能机理进行验证。

4.3　社会组织品牌内化效能机理的研究模型与假设

4.3.1　研究模型

本章 4.1 节和 4.2 节通过扎根理论和多案例研究这两类质性研究方法对品

牌内化体系构成及效能机理做了初步探索并得出：对于社会组织而言，品牌内化行动由学习行动、品牌沟通和领导垂范构成；品牌内化行动将正向影响员工的品牌支持态度和品牌支持行为；品牌配置是实施品牌内化行动所需要具备的组织基础设施。本书进行的社会组织品牌化研究是一个混合方法研究，除了开展质性研究探索外，还将通过实证来开展验证。后文定量研究（即本书第5章）中的问卷主要是面向员工收集，研究对象为员工个体，是个体层面的感知或评价，因此，本研究后文实证模型将仅考虑品牌内化行动和品牌态度/行为这两个概念；品牌配置主要是一个以组织为研究对象的概念，考虑到定量分析的可行性，品牌配置这个变量未纳入本研究模型之中。品牌内化行动，将通过社会组织员工对品牌内化行动水平的个体感知来评测，品牌支持态度和支持行为则是员工对自我态度和行为的认知。

　　除了扎根理论和案例研究，基于文献和理论的规范性研究也是一种重要的质性研究方法，而研究假设是通过文献和相关理论的利用来对所研究模型中相关变量间关系进行阐释的一种常用方法，并且这也是学界开展定量研究的前置性研究过程。为此，本节将在扎根理论与多案例研究基础上进行研究假设，以进一步确定品牌内化行动对社会组织员工品牌支持态度和品牌支持行为的正向影响关系。同时，与企业不同，社会组织是一个价值观驱动型机构，因此，个体价值观与组织价值观的匹配性是社会组织人力资源管理的重要议题。为了丰富研究模型并更能体现社会组织员工的特质，本节在研究假设中将在前文初步探索出的"品牌内化行动－品牌情感－品牌支持行为/行为意向"影响模型中引入个人－组织匹配这个调节变量。为此，本研究初步构建的研究模型见图4-3。

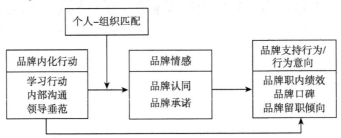

图4-3　社会组织品牌内化效能机理的概念模型

4.3.2　研究假设

4.3.2.1　品牌内化行动对品牌支持行为/行为意向的影响

品牌内化行动，是指组织面向内部成员传递品牌价值及相关重要信息，使其渗透和内化于组织成员情感之中，以促使组织成员在实际工作中兑现组织品牌承诺。Punjaisri 和 Wilson 等（2009）指出，品牌内化工作通过给予对话和培训而使员工获得品牌知识，将促使员工理解一个机构品牌的内涵并将品牌体验一致性地传递给客户。成功的品牌内化将促使员工在组织内部形成一个对组织品牌价值的共享性理解，而这将有助于组织构建一个具有责任心的员工队伍，以兑现品牌承诺（Punjaisri & Wilson，2008）。前文研究表明，作为一个面向组织内部成员以传递品牌价值信息的管理活动，社会组织品牌内化行动主要由学习行动、内部沟通和领导垂范这三部分构成。其中，学习行动主要是组织通过给予员工学习机会来实现品牌信息传递，内部沟通主要强调组织部门或员工间品牌信息的分享与交流，而领导垂范是指领导通过工作示范与指导来促进员工对品牌的理解。总体上，学习行动、内部沟通和领导垂范能够较为全面地诠释社会组织面向员工传递品牌价值信息的策略。

员工品牌支持行为的概念由 Miles 和 Mangold 于 2004 年提出，用来描述员工为建设和增强组织品牌形象而付出的各种行为与努力。其中，实施品牌支持行为的员工又常被称为品牌大使（Birgit & Adamantios，2014），常见的表现形式有品牌职内绩效、品牌口碑等。品牌职内绩效和品牌口碑主要是基于工作说明书范畴界面下角色行为"内－外"两分法所界定的工作行为。其中，品牌职内绩效主要强调组织员工按照其工作说明书要求对外兑现品牌承诺的工作行为或表现，而品牌口碑主要指员工主动对外（如亲友）宣传组织品牌及其价值的行为，是一类组织公民行为。本书中的品牌支持行为是一种广义的界定，是员工支持品牌价值的行为或行为意向。品牌留职倾向，即员工对某个组织品牌所表达的留职意愿。尽管品牌留职倾向是一类态度变量，但其本质内容是通过继续工作这种行为意向倾向而表达了对组织品牌的支持，因此，品牌留职意向也常被视为一类品牌支持表现（Hu 等，2018）。当前学界已有相关品牌内化行动对企业员工品牌支持行为影响的实证研究，然而，专门针对社会组织员工的学术研究却十分缺乏，只有寥寥几篇，特别以我国社会组织为研究对象的文献更是空白。为此，本研究将对品牌内化行动与社会组织员工品牌支持行为或行为意向（即品牌职内绩效、品牌口碑和品牌留职意向）间的关系进行论述。

一方面，品牌内化行动与品牌支持行为间关系。品牌内化行动将会促进员工品牌行为（即品牌职内绩效和品牌口碑）的提升。信息交流与共享是高绩效工作系统研究中理想人力资源管理实践中的关键性因素（Hooff & Ridder，2004），将有利于员工绩效的提升，而品牌内化工作恰是社会组织向内部成员陈述品牌价值等重要信息的一种最为直接的方式。例如，通过入职培训和实践引导（即学习行动）来向新员工讲授组织宗旨与品牌发展史，领导者通过人格魅力和以身作则的行动（即领导垂范）来教授员工品牌实践标准。这些品牌内化工作将有效地提升社会组织员工对品牌的理解以及践行品牌标准所需知识与技能的掌握，从而促进员工品牌绩效的提升。相关研究表明，品牌内化是员工品牌绩效的决定因素。只有实现了组织品牌价值观的内化，员工方能在具体工作中保持相应的品牌标准（Vallaster & De Chernatony，2005）。为了更好地阐明品牌内化行动与品牌绩效间关系，本书使用社会交换理论来进一步分析。社会交换理论的基本假设是：人们属于社会人，在任何一类社会关系中都存在着相关主体的关系交换；个体会对交换关系所涉及的收益和成本进行比较分析，收益超过成本时个体将会考虑保留在这种交换关系之中（Blau，1964）。总体上，社会交换理论的核心思想即"互惠原则"，即个体有责任和义务对交换关系中另一方面的积极对待做出相应的反馈；并且，这种互惠关系既适用于个体间关系，也适用于个体与组织间关系。从社会交换关系看，品牌内化行动代表着社会组织给予组织成员的一种社会支持，这将促进组织与成员间社会交换关系的建立，而品牌支持行为正是组织成员对组织向自己传递品牌知识这种社会支持的一种回馈。具体而言，社会组织通过品牌内化工作来帮助员工获取并消化组织品牌价值相关知识；从员工个体层面看，这将是一种正向收益的获得，如表现为组织培训给予的品牌标准践行技能、上司给予的工作指导及同事提供的品牌信息帮助等，都将有益于帮助个体工作的有效实施和职业发展。于是，基于互惠原则所构建起社会交换关系将促使员工感到有义务向社会组织施加积极对待，以回报组织给予的支持，因此会主动实施符合品牌标准的工作行为（如品牌职内绩效）和工作职责以外的工作行为（如品牌口碑）。正如 Lee 等（2014）指出，工作投入增加是员工将组织视为内部客户的一种回报手段。简言之，基于社会交换关系，社会组织实施的品牌内化行动将促使员工品牌支持行为的形成。

另一方面，品牌内化行动与品牌支持行为意向（即品牌留职倾向）间关系。品牌内化行动将会正向影响社会组织员工的品牌留职倾向。通过品牌教育与知识的传递，品牌内化将促使非营利从业人员认识到自己与组织品牌间的共生关系，理解其个人目标与组织目标间的利益联结，明确其在组织品牌价值实现中的角色，从而促进其主人翁意识的增进，激励其参与到组织品牌价值建设之中，并因此表现出长期为组织品牌工作的意愿。澳洲零售业的实证研究表明，品牌内化预测着服务员工留职意愿的水平（Matanda & Ndubisi，2013）。同样，来自于 Ayrom 和 Tumber（2020）的酒店业实证研究也表明，品牌内化负向影响一线服务人员的离职倾向。关于品牌内化行动与品牌留职倾向间关系，本书使用组织社会化理论做进一步解释。组织社会化概念由学者 Schein 于 1968 年提出，主要是指组织新进成员在组织中学习一些诀窍、从"外部人"向"内部人"的发展过程。随着该理论的进一步发展，组织社会化多指员工从组织外部人发展为欣赏和认同组织价值观、行为并能被组织所接受的组织内部人的过程。例如，组织社会化是员工进入组织后获取有关组织信息，期待其行为能够符合组织要求的一种学习与调适的过程（Fisher，1986），是个体认同组织规范、文化并内化的持续过程（Bogler & Anit，2002）。当然，组织社会化既适用于新进员工，也适用于现有成员，这是因为个体对组织知识（如品牌价值）掌握及认同的状态与程度才是决定其是否完成组织社会化过程的关键标志。根据组织社会化理论中的不确定缩减原则，当员工在工作过程中感到高度不确定时，其往往难以适应其工作任务要求，工作满意度较低，并因此具有较高的离职倾向；不确定性降低后，个体将能更好地适应工作任务并愿意留在组织中。员工对品牌价值相关知识的有效了解将有利于缓解其关于工作的疑惑，从而有利于促进员工更好地投入组织品牌支持行动中。总体上，品牌内化使得员工获得品牌相关知识和心理支持，可以在工作要求、组织规范及组织文化等多个层面有效地降低员工在组织环境和个体心理上的不确定性，并帮助他们建立可预期的工作环境，这将有助于他们更好地适应工作岗位，真正实现"外部人"向"内部人"的转换，因此他们也愿意为组织品牌继续工作并具有较高的品牌留职倾向。

值得注意的是，社会组织规模较小，系统化的品牌培训有时难以有效开展，因而领导垂范将是社会组织品牌内化的一种关键性策略，并且组织结构的扁平化所带来的较短人际距离也有益于领导垂范在社会组织中的运用。为此，本节专门就领导垂范与品牌支持行为（或行为意向）间的关系进行了说明。根据社会学习理论，个体行为的形成不仅源于自己的个人经历，也可以通过向他人的学习和模仿而形成；在个体的社会学习过程中，他人往往是一个重要的信息来源（Bandura，1986）。换言之，个体仅通过对他人的观察或模仿，就可以实现某种社会态度和行为的学习。领导力的相关文献表明，领导者可以通过在人际互动以及个人行为中规范性或倡导性行为的呈现来构建一种学习机制，即下属会通过对领导者优质行为的学习和模仿来表现出类似的行为。同样，对于非营利部门而言，工作中高德行、高威望的领导者往往可以成为组织内部成员学习的对象和模仿的榜样。因此，当社会组织领导者在工作中呈现出较多的品牌支持行为时，其员工们也会在工作中不断进行学习和模仿，并因此能够具有较多的正向品牌态度与行为，如严格按照品牌标准执行工作、向他人主动推荐组织品牌，并愿意留在组织内。换言之，在组织内部，优秀的领导者意味着一种社会学习机制的建构，从而有利于员工对品牌价值的理解，带来员工正向品牌态度与行为的形成。综上，本节假设如下：

H1：品牌内化行动正向影响社会组织员工的品牌支持行为/行为意向。

H1a：品牌内化行动正向影响社会组织员工的品牌留职倾向。

H1b：品牌内化行动正向影响社会组织员工的品牌留职倾向。

H1c：品牌内化行动正向影响社会组织员工的品牌口碑。

4.3.2.2　品牌内化行动与品牌支持情感间关系

作为一类品牌态度，品牌支持情感主要用于描述员工对组织品牌所持有的支持性情感。在品牌内化研究文献中，品牌认同与品牌承诺是个体所持有的品牌支持情感的两个重要呈现形式。其中，品牌认同也指品牌身份认同，主要指个体身份概念与组织品牌身份间一致性的主观感知，如员工将所在组织品牌的成败视为自己个人的成败。根据 Burmann 和 Zeplin（2005）的界定，品牌认同是"一种与组织品牌命运交织在一起的感受"。品牌承诺概念则主要源于美国学者 Meyer 等（1993）有关组织承诺的界定，被视为一种员工与组织品牌间关系的心理状态的描述，强调个体对组织品牌的心理归属程度。来自企业的经验证据表明：品牌内化行动是提升组织成员品牌认同度和品牌承诺的重要手段。品牌内部沟通所传播的品牌价值与品牌知识，将增加员工品牌认同度（Vallaster，2004），员工培训活动也将利于提升员工对组织（品牌）的感情承诺与品牌认同，并促使其主动学习新的品牌知识（Ahmad & Bakar，2010）。为了全面理解品牌内化行动对员工品牌情感的影响，本书从认知和组织行为这两个视角做出详细阐释。

一方面，从认知学视角来看，品牌内化行动是一种提升组织成员品牌认知水平的组织行动，这将有益于强化组织成员对品牌的承诺与认同。品牌内化可以促成个体对组织品牌建立积极的认知、情感和行为反应（张辉，2019）。例如，Punjaisri 和 Evanschitzky 等（2009）指出，个体对品牌的认知水平将直接决定着其对组织品牌的承诺度，而品牌内化行动正是影响员工品牌认知水平的一种有效的教育工具。一般而言，员工对组织品牌价值的理解越清晰，他们也越有可能在理智和情感层面上与组织品牌建立联结（Thomson 等，1999）。如果品牌意识能够成功地向员工灌输，员工的态度和行为将会因此而受到影响（Miles & Mangold，2005；Papasolomou & Vrontis，2006）。然而，为了激励员工获取品牌知识并提升其对组织（包括服务对象）的品牌认知（如品牌承诺与认同）水平，简单式的技能培训是不够的，组织有必要强化员工的品牌知识以及品牌相关的特殊技能和态度（Ottenbache，2007），而品牌内化行动提供了一个有效的解决方案。对于社会组织而言，品牌内化行动，如品牌相关的内训、"干中学"、正式或非正式的内部沟通（如会议或微信聊天）以及领导的示范和指导，都将能够帮助员工对所在组织品牌内涵及其价值形成更为深刻、清晰的认识与理解，从而有利于促使员工实现组织品牌身份与个体自我概念的整合，并因此带来其对组织品牌的承诺度与认同度的增加。Dutton 等（1994）指出，组织相关信息（如组织传统、组织语言）的掌握以及组织价值观和目标的内化，将强化从业者个体所具有的组织身份感并使其感受到组织身份特征的吸引力，从而具有较强的组织认同感。De Chernatony 和 Cottam（2006）指出，组织品牌成功的基础在于员工能否高度掌握品牌知识并对组织品牌持有一个清晰的认识，并且品牌知识的掌握程度是决定员工品牌承诺度的关键。同样，Yang 等（2015）也指出，员工对组织品牌认知程度越高，其品牌承诺度也越强。因此，作为一个向组织成员传递品牌知识、提升员工品牌认知水平的有效工具，品牌内化行动可以正向强化员工的品牌认同和品牌承诺。

品牌内化行动有利于促进个体感知到与组织间交换关系的强化，从而带来品牌承诺与品牌认同的增进。通常，组织给予员工的支持是促进员工与社会组织间关系建构的重要手段。组织支持感是员工对组织重视他们和关心他们福祉程度的总体看法，员工对组织支持程度的感知受组织政策和实际行为的影响（Eisenberge 等，1990）。作为高效人力资源管理实践的重要构成，培训本身就代表着组织对个体的支持并期望与员工建立长远的关系（Allen 等，2003）。同样，内部沟通与领导垂范也有益于增强个体与他人（如领导、同事）间的人际互动，有助于个体在工作中获得良好的人际关系并感受到组织支持，这将促进个体情感上与组织一致感的提升（即品牌认同），并促进个体与组织间构建紧密的情感联结（即品牌承诺）。例如，内部沟通蕴含的员工间品牌认知的分享与交流，将有助于员工获得工作和人际自信并带来情绪状态的正能量的增加，领导对员工在品牌知识上的指导也有助于领导－成员交换质量的提升，促进个体与领导建立更为亲密、信任的情感交换关系。稳定的、情感性的连接具有潜在的促进情感交换的功能，将有利于提升员工的内部人认知身份（汪林等，2009）。因此，品牌内化使得员工与组织间建构了更为紧密的社会交换关系，这将促使员工实现个体与组织品牌命运的联结，并因此表现出较强的品牌认同。综上，品牌内化带来的情感关系建构将使员工有较强的"内团体"成员身份感知并因此具有较高的品牌认同度。为此，本节假设如下：

H2：品牌内化行动正向影响社会组织员工的品牌支持情感。

H2a：品牌内化行动正向影响社会组织员工的品牌认同。

H2b：品牌内化行动正向影响社会组织员工的品牌承诺。

4.3.2.3　品牌支持情感与品牌支持行为/意向的关系

品牌承诺是个体对组织品牌所持有的一种态度，用于描述个体与组织品牌保持联结的肯定性的心理倾向，主要反映了组织成员对某一特定组织品牌的一种情感依恋。对于社会组织而言，高品牌承诺度的员工对组织品牌具有较强的心理依赖，与组织品牌的心理联结较为紧密，因此，其参与组织品牌建设之中的意向程度也较高，其为品牌价值和形象增进而做出努力的意愿也更为强烈，并因此表现出更多的角色内行为（如品牌职内绩效）和角色外行为（如品牌口碑），更加愿意为该组织品牌较长时间地工作（如品牌留职倾向）。作为个体感知到的与品牌的同一性，品牌认同反映了员工与组织品牌的心理联结，是个体身份概念与组织品牌身份间一致性的主观感知。通常，员工在心理层面上将组织品牌视作自己一部分或感觉自己与组织品牌联结紧密时，其倾向于将自己与组织品牌视为相互影响的命运共同体，并因此表现出积极的工作态度和行为。员工与组织品牌的情感联结直接决定着其按照品牌所承诺的服务质量要求提供服务的意愿程度（Punjaisri 和 Evanschitzky 等，2009）。因此，员工品牌认同度越高，其为组织品牌价值实现而努力工作的动机也就越强，更倾向于做出有利于组织品牌价值增进的品牌支持行为。同时，高品牌认同所蕴含的个人与组织身份的一致性，表明员工个体与组织间命运共同体的建构，员工倾向于将组织品牌成功与否视为个人成功与否。换言之，员工与组织品牌间形成了一种休戚相关的关系。这种个人－组织关联身份的建立将促使员工对组织品牌形成较高的依赖感和归属感，因此，员工将表现出较高的品牌留职意向，愿意留任组织，为组织成功而努力。

可以说，高品牌承诺/认同的员工倾向于实施符合品牌标准的工作行为、主动对外推荐组织品牌并愿意为组织品牌长期工作。来自企业员工的相关实证研究也表明品牌承诺/认同正向预测着员工的品牌绩效（如品牌公民行为）和品牌忠诚情况（Baron 等，2009；Balmer 等，2011）。综上，我们假设如下：

H3：品牌支持情感（品牌认同/承诺）正向影响社会组织员工品牌支持行为/行为意向。

H3a：品牌支持情感（品牌认同/承诺）正向影响社会组织员工品牌留职倾向。

H3b：品牌支持情感（品牌认同/承诺）正向影响社会组织员工品牌职内绩效。

H3c：品牌支持情感（品牌认同/承诺）正向影响社会组织员工品牌口碑。

4.3.2.4 品牌支持情感的中介作用

一方面，根据社会交换理论，社会各个主体间的交换关系广泛存在，从宏观的国家层面到微观的个体层面。从社会关系角度看，品牌承诺本质上是员工与社会组织间在交换关系中所形成的纽带。换言之，这种纽带是工作过程中员工与组织发生交换关系而形成的。品牌内化行动可以体现为组织对员工的培训、领导对下属的关心和指导以及同事间的交流等活动，这本身就意味着组织及其管理者与员工之间进行着充分的互动和交换，这将会促进员工与组织间心理纽带的形成，而这种基于心理契约的品牌承诺也将会促使员工表现出更多有利于组织品牌价值实现的品牌支持行为或行为意向。另一方面，从心理层面看，品牌认同是个体身份概念与组织品牌身份间一致性的主观感知。当社会组织面向员工实施品牌内化行动时，这将促使员工对组织品牌内涵及其价值的认识和理解更为深刻、更为清晰，而这将促使员工将自我概念与组织品牌身份整合在一起。此时，一种与组织命运共同体的感受将驱使员工增加工作投入，更为倾向实施品牌支持行为并留任于组织品牌。因此，品牌内化行动会促进员工品牌支持情感的形成，并因此激发他们表现出更多品牌支持行为或行为意向。综上，我们提出以下假设：

H4：品牌支持情感（品牌认同/承诺）在品牌内化行动与社会组织员工品牌支持行为间起中介作用。

H4a：品牌支持情感（品牌认同/承诺）在品牌内化行动与社会组织员工品牌留职倾向间起中介作用。

H4b：品牌支持情感（品牌认同/承诺）在品牌内化行动与社会组织员工品牌职内绩效间起中介作用。

H4c：品牌支持情感（品牌认同/承诺）在品牌内化行动与社会组织员工品牌口碑间起中介作用。

4.3.2.5　个人 – 组织匹配的调节作用

个人 – 组织匹配概念由个人 – 环境匹配概念发展而来，是一个员工与组织相容性的议题。Kristof（1996）指出，个人 – 组织匹配主要指个人与组织间两个方面的相容性：一是两者间有相似的特征；二是一方能够满足另一方的需求。前者为相似性匹配，主要探索组织价值观、气氛、目标等与个人的人格、价值观、态度上的关系，而后者为补偿性匹配，主要研究组织能否为个体提供特质、心理及发展机遇，或个体知识、技能等方面能否适应组织要求。其中，相似性匹配的常见表征是个人 – 组织价值观匹配，而补偿性匹配的表征为需求 – 供给匹配或要求 – 能力匹配。根据个人 – 组织匹配理论，个体特征与组织特征间关系影响着员工的工作态度和行为。

一方面，从相似性匹配角度看，个人 – 组织匹配程度较高时，个体的价值观与组织价值相契合，个体人格特征与组织个性和形象也较为相似，因此，员工更能够理解和接受组织通过品牌内化行动向个体所传递的品牌价值信号，如使命和宗旨等。Boon 等（2011）指出，当员工价值观与组织价值观契合度较高时，员工将倾向于赞同组织人力资源支持实践等信息。另一方面，从补偿性匹配角度看，高个人 – 组织匹配度意味着组织的供给系统与个体的需求相适应（如组织对个体职业发展需求的满足），或者个体的知识、技能、能力等能够更好地满足组织要求并获得组织认可，而这将会带来员工较高的工作满意度（Bretz & Judge，1994），个体也因而更愿意去理解、支持和融入品牌内化行动这种组织人力资源支持实践活动。结果是，相比较低个人 – 组织匹配度的员工，高个人 – 组织匹配度的员工常会积极地参与或投入品牌内化活动中，如表现出主动参加品牌培训活动、与同事交流和向领导请教等，在这种情况下，组织所实施的品牌内化行动对员工品牌情感的影响将具有事半功倍的效果，员工对品牌将持有更为清晰的认识与理解，从而获得更强的组织身份感（品牌认同）并与品牌建立了更紧密的心理联结，因而表现出更强的品牌认同和品牌承诺。Farzaneh 等（2014）指出，员工感知的个人－组织匹配将有利于促进其组织承诺的增加。相反，个人－组织匹配不足而表现为员工价值观与组织价值观相背离或组织供给/要求与员工需求/能力无法契合时，个体常持有较强的负向工作情绪，如工作倦怠（Kilroyet 等，2017），难以理解甚至不支持组织通过学习行动、内部沟通或领导垂范等多个层面传递出来的品牌信号。于是，个体倾向于表现出对品牌培训活动的抗拒、不愿与同事进行品牌信息交流、不听从领导给予的品牌行为建议等。意识与行为上对品牌内化的"排斥"将使得员工难以与组织之间发生情感交换，无法了解组织品牌内涵及重要信息，难以感受到组织身份特征的吸引力并建立内部人认知身份，也无法对组织品牌形成心理依赖，从而对组织具有较低的品牌支持情感（即品牌认同和品牌承诺）。基于上述分析，我们假设：

H5：个人－组织匹配调节品牌内化行动与品牌支持情感间关系，即个人－组织匹配度越高，品牌内化与品牌支持情感的正向关系越强。

H5a：个人－组织匹配调节品牌内化行动与品牌认同间关系，即个人－组织匹配度越高，品牌内化与品牌认同的正向关系越强。

H5b：个人－组织匹配调节品牌内化行动与品牌承诺间关系，即个人－组织匹配度越高，品牌内化与品牌承诺的正向关系越强。

4.3.2.6 被调节的中介

基于假设4和假设5，并结合社会组织品牌内化"过程－结果：态度（情感）－行为"的理论分析框架，我们建构了一个一阶段被调节的中介模型，即品牌内化行动（过程）通过品牌支持情感来实现对员工品牌支持行为/行为意向的间接影响，且这一影响过程的强度取决于个体的个人－组织匹配水平。根据社会交换理论，当品牌内化行动增强时，社会组织员工会与组织建立较强的心理纽带并将自我概念与组织身份相整合，从而产生正向的品牌支持情感（即品牌承诺和品牌认同），于是持有正向品牌情感的个体将倾向于表现出更多的正向品牌行为或行为意向（即品牌留职倾向/职内绩效/口碑）。与个人－组织匹配度低的个体相比较，个人－组织匹配水平较高的个体在面对组织施加的品牌内化行动时将持有更高程度的赞同和活动融入度，因此，品牌内化行动的正向影响将进一步增强，个体也将形成更高水平的正向品牌情感，并因此具有更好的品牌支持表现。基于此，我们提出如下假设：

假设 6：个人 – 组织匹配度越高，品牌内化行动通过品牌支持情感（品牌承诺/认同）来影响社会组织员工品牌支持行为/意向的作用越强。

假设 6a：个人 – 组织匹配度越高，品牌内化行动通过品牌支持情感（品牌承诺/认同）来影响社会组织员工品牌留职倾向的作用越强。

假设 6b：个人 – 组织匹配度越高，品牌内化行动通过品牌支持情感（品牌承诺/认同）来影响社会组织员工品牌职内绩效的作用越强。

假设 6c：个人 – 组织匹配度越高，品牌内化行动通过品牌支持情感（品牌承诺/认同）来影响社会组织员工品牌口碑的作用越强。

第 5 章

❧❧❧❧

社会组织品牌内化行动维度与
效能机理的量化研究

5.1 社会组织品牌内化行动维度的量化开发

5.1.1 问卷编制与研究设计

5.1.1.1 问卷编制

一般而言，一个新量表的开发可以采取演绎研究法（deductive approach）和归纳研究法（inductive approach）这两种方法（Hinkin，1995）。前者要求研究人员对现象细致分析和理论回顾后进行概念的界定，在此基础上进行量表项目的收集和编制；后者则需要研究人员通过开放式问题广泛地收集人们对某一现象或议题的描述，然后对所收集的材料进行系统化整理和分析来进行量表的开发。考虑到在具体的量表开发之前，研究人员已经通过基于深度访谈的扎根理论研究法和多案例研究法初步获得并确认了社会组织品牌内化行动的三个构念（即品牌学习行动、品牌领导垂范和品牌内部沟通）。为此，本节关于社会组织品牌内化行动测量量表的开发主要依循演绎研究法的实施路径来进行，即在构念初步探析的基础上进行量表开发，然后通过实证分析来检验和确认先前探析的构念。

本研究中，社会组织品牌内化行动量表中初步测项的设定程序主要依循以下四个步骤：

第一，初制量表。为了保证所开发的社会组织品牌内化行动量表的信度与内容效度，在量表的指标开发上，本研究需要考虑从已有成熟量表中进行选择。基于前文扎根理论研究所得出的社会组织品牌内化行动的三维模型，结合相关深度访谈内容并参考相关文献，本研究编制了一个含有 20 个题项的社会组织品牌内化测量问卷。

第二，学术优化。为了提高测量量表的精简性和内容效度，本研究邀请了三所高校中专门从事社会组织与人力资源管理教学与科研的教师对社会组织品牌内化行动问卷的题项进行了规范化的筛选。经过对三位高校教师的意见和建议的综合，问卷中有 2 个题项被删除并形成了一个含有 18 个题项的社会组织品牌内化行动测量问卷。与此同时，三位高校教师对问卷的语义表达和形式等提出了相关建议，也对语言表达等方面提出了宝贵意见和建议。

第三，实践修正。为了确保所编制的社会组织品牌内化行动测量量表符合当前我国社会组织内部管理尤其是人力资源管理的实际情况，本研究将问卷的初稿送至上海市一些社会组织负责人征求意见；同时，本研究还邀请相关社会组织秘书处的中基层工作人员进行问卷的试填写，以判断问卷的清晰性和可理解性。

第四，形成问卷。最终，本书初步形成了一个包括 18 个测量题项的社会组织品牌内化行动量表 BI_1（见表 5 - 1）。

表 5 - 1　社会组织品牌内化行动量表 BI_1

编号	测量题项
Q1	组织给我提供了如何按照品牌标准兑现品牌承诺的技能培训
Q2	组织培训告诉了我有关组织品牌使命和价值方面的信息
Q3	组织培训给了我组织品牌的重要信息，以使我的工作行动达到组织品牌的要求
Q4	组织通过"干中学"式的培训来使我们员工更好地理解组织品牌的内涵
Q5	通过组织提供的培训/实践（如"干中学"），清楚地了解了我在组织品牌使命中的角色

编号	测量题项
Q6	组织根据我们个人情况安排了灵活、多样的培训/实践（如案例、带教、在岗等培训方式），以使我们的具体工作符合品牌标准
Q7	在如何按照品牌标准来执行工作方面，我的领导给我做了表率
Q8	我的领导能够很好按照组织品牌期望来开展具体工作
Q9	我的领导重视我个人是否理解以及如何理解组织品牌的内涵与价值
Q10	我的领导会与我分享其关于组织品牌的认识并对我个人进行指导
Q11	我的领导经常向我提及品牌的重要信息，如使命和工作要求等
Q12	我的领导会指出我在品牌理解和实践方面的不足之处
Q13	组织定期召开会议就组织品牌相关信息进行交流和讨论，且我能有一定话语权
Q14	组织用多种方式（如手册、微信）向我们员工传达组织品牌的信息
Q15	组织各部门之间存在很多品牌方面的交流
Q16	我们员工能够就各自对品牌的理解进行相互分享
Q17	品牌在组织内部的沟通渠道是开放和畅通的
Q18	我可以随时知道组织品牌的市场表现

5.1.1.2 研究样本

本次研究问卷的收集时间主要在 2018 年 3 月至 2018 年 12 月。与企业和政府组织相比，社会组织人员规模较小，组织人数多为 5~8 人，甚至更少，如 2~3 人（本研究样本也给予了确认）。因此，社会组织量化研究难以像企业实证研究（如企业员工的组织行为学实证）一样，从 3~5 家企业中选择研究对象便可获得符合定量分析要求数量的样本（如至少需要 200 份有效问卷）。换言之，社会组织员工问卷的收集较为不易，200 份以上有效问卷可能需要面向近百家社会组织来收集。然而，笔者在多年的社会组织研究中与相关政府部门（如社会组织登记和业务管理部门）和多家社会组织（包括社会组织联合会）建立了较为密切的科研合作与交流关系。为此，此次问卷调查获得了民政部门、团委、工商联等一些行政部门的大力支持和多家社会组织的配合。

总体上，本研究关于社会组织品牌内化的研究样本主要有以下三类获取渠道：一是相关社会组织业务主管部门（如上海市相关区团委、常州市相关区团委和无锡工商联）的渠道；二是相关政府部门和高校（如上海市浦东新区社会团体管理局、浦东新区相关街道、长沙民政职业技术学院等）举办社会组织人员会议或培训班的渠道；三是定向地向相关社会组织发放问卷。鉴于社会组织品牌内化行动问卷中涉及"领导垂范"的测量，问卷填写人需要有上级领导，因此，问卷填写对象不得包括组织一把手（即秘书长）；同时，填写人还需要在当前所在社会组织工作超过 1 年以上，以保证其对组织品牌内化实践有着较为清晰的了解和认识。现场问卷发放前，研究人员向调查对象介绍研究目的、主要内容和填写注意事项，并明确表明本问卷仅用于学术研究，在研究过程中将对样本情况进行匿名化处理。少量通过邮箱等电子渠道的问卷，也会通过书面方式对上述说明进行明确的表达。问卷填写者给予了礼品或现金奖励。总体上，研究人员向社会组织共发放了 380 余份调研问卷，最终回收了 331 份问卷。一般而言，回收问卷中错填、漏填或全部填写极端选项等均应视为无效问卷，应予以删除。经检查，331 份中共有 41 份无效问卷并予以删除，最后用于定量分析的有效问卷共 290 份，问卷有效率为 87.6%，符合抽样原则。

本研究的样本人口统计分析见表 5 - 2。就样本概况而言，女性样本居多，共有 178 人（占比为 61.4%），这与当前我国社会组织中女性从业者比重较高这一现象较为一致。样本中未婚者比例较低，为 80 人，占比为 27.6%。在年龄分布上，样本主要以 26～35 岁和 36～45 岁的从业人员为主，分别占比为 40.3% 和 26.6%。从当前单位工作年限来看，样本的工作年限总体不高，在 11 年及以上的仅有 35 人，占样本总数的 12.1%，为 3～5 年和 6～10 年的相对较高，分别有 126 人和 78 人，各占比为 43.4% 和 26.9%；就样本所处的职位级别来看，分布相对平均，副秘书长级别的样本有 69 人，占比为 23.8%；总体上，样本的职位级别分布能够反映出我国社会组织的职位结构特征，即高、中、基三层次人员数量比重由低至高，但差别不大，这与社会组织结构相对扁平化和人员规模较小的特点有一定联系。在学历分布上，样本以本科学历为主，共 166 人，占比为 57.2%。

除了上述常规的人口统计变量，本研究还对被调查者所在单位的组织类别以及组织规模这两类组织层面的变量进行了调查。总体上，290个样本来自262家社会组织（其中28家社会组织有两位工作人员参与调查），这262家组织覆盖我国社会组织的三大类别，即社会团体、基金会和民办非企业单位。其中，来自社会团体的有169人，占样本总数的58.3%，来自基金会的被调查者数量最少，有31人，占比为10.7%。总体上，样本中来自社会团体和民办非企业单位的被调查者数量较多，这与我国这两类社会组织从业人员数量较多这一情况较为符合。此外，从被调查者所在单位的组织规模来看，在5~10人规模的社会组织从业的人员数量最多，有140人，占比为48.3%，4人及以下规模的社会组织从业的人员数量有93人，占比为32.1%。

表5-2 品牌内化研究总样本的人口统计（N=290）

变量	数量	百分比	变量	数量	百分比
性别			婚姻		
男	112	38.6%	未婚	80	27.6%
女	178	61.4%	已婚	210	72.4%
年龄			单位工作年限		
25岁及以下	40	13.8%	2年及以下	51	17.6%
26~35岁	117	40.3%	3~5年	126	43.4%
36~45岁	77	26.6%	6~10年	78	26.9%
46~55岁	31	10.7%	11年及以上	35	12.1%
56岁及以上	25	8.6%			
职务级别			学历		
副秘书长	69	23.8%	大专及以下	80	27.6%
部门主管	104	35.9%	本科	166	57.2%
一般工作人员	117	40.3%	硕士及以上	44	15.2%
所在组织类别			组织规模		
社会团体	169	58.3%	4人及以下	93	32.1%
基金会	31	10.7%	5~10人	140	48.3%
民办非企业单位	90	31%	11人及以上	57	19.7%

此外，本次研究样本的地域也具有一定的代表性，样本对象不仅有来自上海、北京等一线城市的社会组织从业人员，也有来自杭州、长沙、无锡和常州等二、三线城市的社会组织从业人员，样本注册地既有我国东部沿海地区，也

有我国中西部地区。同时，样本在性别、年龄、学历、职级和单位工作年限等方面的分布情况也与我国社会组织从业人员的现实情况较为一致，样本代表性较好。

5.1.1.3　数据统计分析的安排

通常，在量表的开发过程中，研究中需要存在两个独立的样本，以对待开发的量表进行交叉性证实（Anderson & Gerbin，1988）。为此，本研究的 290 份总样本需要分为两组独立的样本，其中，对一组样本进行探索性因素分析，以初步探索出可能的社会组织品牌内化结构；对另一组样本进行验证性因素分析，以对探索性因素分析所开发的因素结构进行验证。为此，基于随机分组的方式，本研究将正式调查获得的 290 份社会组织从业人员的有效样本数据分为样本组（1）和样本组（2）这两个独立样本组，分别进行量表的探索与验证。

根据 Gorsuch（1983）的建议，在探索性因素分析和验证性因素分析中，样本与问卷题项数量之间的比例需要在 5∶1 以上。其中，作为基于某些理论、先验知识所获得的因素结构假设进行验证的过程，验证性因素则至少要求为观测变量数目的 10～15 倍以上（Thompson，2000）。为此，本研究独立样本组（1）共 110 份研究样本（样本量为题项数 5 倍以上），进行探索性因素分析；独立样本组（2）共 180 份研究样本（样本量为题项数 10 倍以上），进行验证性因素分析。具体操作步骤是：第一，探索性因素分析，这包括：①样本信度分析，以对社会组织品牌内化行动结构维度探索性的数据质量进行评估；②主成分分析，以探索出社会组织品牌内化行动的具体维度。第二，验证性因素分析，这包括：①社会组织品牌内化行动测量量表的结构方程模型分析；②社会组织品牌内化行动测量量表的质量分析（如组合信度、平均方差抽取量等）。研究中使用的统计分析软件为 SPSS 22.0（包括 Amos 插件）。

在研究工具方面，用于探索性和验证性因素分析的社会组织品牌内化行动问卷（18 个题项）中采用了 Likert（李克特）5 点量表。其中，"1"代表非常不同意，"2"代表比较不同意，"3"代表一般，"4"代表比较同意，"5"代表非常同意。

5.1.2 社会组织品牌内化行动量表的探索性因素分析

探索性因素分析，主要是指在事先不知道某个概念的因素构成时，通过对样本数据的统计分析来探索因素构成的过程，强调对新因素的探索与开发。本书第4章的质性研究初步确认了社会组织品牌内化行动测量体系中的三个因素，但这种研究结论的合理性有待进一步检验。为此，基于混合研究方法的思路，本章将使用量化分析（即探索性因素分析）来进一步挖掘出真正的社会组织品牌内化行动的潜在构成因素。

5.1.2.1 样本说明

探索性因素分析的样本数量需要达到两个基本要求：一是样本数量需要超过 100 个；二是样本数量为题项数的 5 倍以上（Gorsuch，1983）。本研究中社会组织品牌内化行动初始问卷题项共 18 个，样本数量为 110 个，样本数为变量数的 6 倍左右。因此，本书用于探索社会组织品牌内化行动维度的样本量（$N = 110$）符合探索性因素分析的要求。有关探索性因素分析的 110 个样本情况见表 5 - 3。

表 5 - 3 品牌内化行动探索性因素分析样本的人口统计（$N = 110$）

变量	数量	百分比	变量	数量	百分比
性别			婚姻		
男	40	36.4%	未婚	18	16.4%
女	70	63.6%	已婚	92	83.6%
年龄			单位工作年限		
25 岁及以下	12	10.9%	2 年及以下	20	18.2%
26 ~ 35 岁	42	38.2%	3 ~ 5 年	49	44.5%
36 ~ 45 岁	26	23.6%	6 ~ 10 年	27	24.5%
46 ~ 55 岁	17	15.5%	11 年及以上	14	12.7%
56 岁及以上	13	11.8%			
职务级别			学历		
副秘书长	27	24.5%	大专及以下	38	34.5%

变量	数量	百分比	变量	数量	百分比
部门主管	37	33.6%	本科	62	56.4%
一般工作人员	46	41.8%	硕士及以上	10	9.1%
组织类别			组织规模		
社会团体	74	67.3%	4 人及以下	51	46.4%
基金会	9	8.2%	5 ~ 10 人	46	41.8%
民办非企业单位	27	24.5%	11 人及以上	13	11.8%

5.1.2.2　正式因素探索前的数据质量检验

通常，正式进行探索性因素分析前，研究人员需对量表进行质量检验（包括题项的初步筛选），从而为正式的探索性因素分析提供数据分析的质量基础。

（1）质量检验方法的说明

本书有关问卷数据的质量检验主要使用学界常用的两种方法，具体如下：

第一，量表内部一致性检验。这里主要使用 Cronbach's α 值来进行检验。Cronbach's α 值是在评测测量题项一致性和问卷的内部结构性时最常使用的有效工具。通常，α 值越高，表明测量指标之间相关性越强，内部一致性也就越强。在实际应用中量表的 Cronbach's α 值至少要大于 0.70（Nunnally，1978）。本书主要使用国内学者吴明隆（2009）的标准：当 Cronbach's α 值超过 0.8 时，量表的内部一致性较强，即可信度较高。

第二，量表题项的净化。本书将使用纠正的项目总相关系数（Corrected Item Total Correlation，CITC）来净化问卷题项。作为净化问卷题项的一种常用方法，CITC 分析法是一种检验量表中某个题项与其所在维度相关性及该相关性是否具有概念意义的方法（Ruekert & Churchill，1984）。探索性因素分析前，量表中的"垃圾条款"需要被删除，使题项得到净化。一般而言，项目总相关有两种形式，一是未纠正的项目总相关（即题项与包括该题项在内总分的相关），二是纠正的项目总项关（即题目与删除该题项后总分的相关）。一般而言，纠正后的 CITC 可能更为有效。同时，根据 Churchill（1979）的建议，如 CITC 指数值低于 0.40，并且删除该项后 Cronbach's α 值会增加的题项，都应该被删除。

（2）样本质量分析的结果

依照前面所确定的数据分析方法，本研究对问卷数据进行了质量检验，以确定社会组织品牌内化行动量表中的测量项目。

一方面，对社会组织品牌内化行动测量量表 BI_1（$N = 18$）进行内部一致性检验（Cronbach's α 值分析）。经分析，量表 BI_1（$N = 18$）的 Cronbach's α 值为 0.951，远高于 0.70 这一可接受的最小临界值，并高于 0.9。根据表 5 – 4 中 Cronbach's α 值与可信度间关系的规律，量表 BI_1（$N = 18$）的信度非常理想。另一方面，根据 CITC 分析要求，本节需要删除 CITC 值小于 0.40 的相关题项。表 5 – 4 的分析结果表明，量表 BI_1（$N = 18$）所有测量题项的 CITC 值较为理想，处于 0.627（Q18）和 0.762（Q16）之间，并且删除任何一个项目均不会提升量表的 Cronbach's α 值，这也在一定程度上反映了本研究问卷收集的数据质量较高。

表 5 – 4　社会组织品牌内化行动量表 BI_1 的 CITC 分析

题项	题项已删除的刻度均值	题项已删除的刻度方差	校正的 CITC	题项已删除的 Cronbach's α 值
Q1	68.655	103.476	0.758	0.947
Q2	68.455	106.122	0.683	0.948
Q3	68.555	106.213	0.685	0.948
Q4	68.573	104.559	0.735	0.947
Q5	68.445	105.405	0.748	0.947
Q6	68.518	105.004	0.709	0.948
Q7	68.355	105.772	0.698	0.948
Q8	68.318	107.797	0.645	0.949
Q9	68.427	106.706	0.730	0.947
Q10	68.409	105.070	0.719	0.947
Q11	68.527	105.518	0.726	0.947
Q12	68.491	108.069	0.630	0.949
Q13	68.573	105.164	0.741	0.947
Q14	68.455	106.636	0.630	0.949

续表

题项	题项已删除的刻度均值	题项已删除的刻度方差	校正的 CITC	题项已删除的 Cronbach's α 值
Q15	68.718	103.929	0.725	0.947
Q16	68.745	103.458	0.762	0.947
Q17	68.673	104.956	0.665	0.948
Q18	68.845	106.058	0.627	0.949

5.1.2.3　因素的探索性分析及结果

（1）探索性因素分析中项目的筛选要求

第一，KMO 值的要求。KMO，即 Kaiser – Meyer – Olkin 的缩写。一般而言，探索性因素分析的本质在于从原有多个因素中挖掘出少量代表性的因素。因此，原有变量间具有较强的相关关系，是探索性因素分析开展所需要的一个前提条件。于是，在对社会组织品牌内化行动问卷数据进行探索性因素分析之前，需要对变量进行相关分析。

一般而言，探索性因素项目筛选常用的方法包括 KMO 和 Bartlett 球形检验这两类。一方面，KMO 值分析的基本原理是，变量间相关性的高低是通过变量间简单相关系数和偏相关系数大小来进行判断的。基于 Kaiser（1974）的建议，KMO 值在 0.50 以下时表明数据难以开展探索性因素分析，KMO 值在 0.60 以下时表明效果很差，KMO 值在 0.7 以上时表明数据尚可，KMO 值处于 0.8 ~ 0.9 之间表明数据较为适合，KMO 值大于 0.9 时则表明数据非常适合。另一方面，Bartlett 球形检验主要是用于判别相关阵是否是单位阵（即各变量独立性）的方法。如果变量间能够各自独立地提供一些信息，这说明公因子将无法被提取，数据不适合用于探索性因素分析。

第二，特征根的要求。Kaiser（1974）建议，探索性因素分析时，特征值小于 1 的项目一般需要被删除，特征值大于 1 的项目将被保留。

第三，因子载荷的要求。通常，各项目在相应因素上（即共同因素）的因子载荷越大而在其他因素上的因子载荷越小，这表明该项目对应或归于相应因素的程度越强，量表也会具有更好的构念效度。通常，因子载荷有两个具体性要求：一是因子载荷小于 0.5 的题项应予以删除；二是题项不能出现多重负荷，即题项不能同时在两个或两个以上共同因素上的因子载荷均超过 0.4。

第四，方差累积解释率的要求。通常，在满足上述三个条件后，累计方差解释比例需要大于 60% 时，则表明探索性因素分析有效。

（2）探索性因素分析的结果

①预测问卷的初次探索性因素分析

首先，对样本数据进行 KMO 和 Bartlett 球形检验，以确定数据是否适合进行探索性因素分析。其中，包括 18 个测量题项的社会组织品牌内化行动量表 BI_1 的 KMO 测度值为 0.924，大于 0.90；近似卡方（Approx. Chi - Square）为 1587.202，自由度（df）为 153，总体因素分析效果检验显著性 $p < 0.001$，这表示社会组织品牌内化行动量表 BI_1（$N = 18$）的因素分析效果非常好。因此，可以认为量表 BI_1（$N = 18$）的数据适合用于探索性因素分析。然后，正式进行量表 BI_1（$N = 18$）探索性因素分析，采用主成分分析和具有 Kaiser 标准化的正交旋转法。分析结果显示（见表 5 - 5），特征值大于 1 的因子有 3 个，分别为 9.834、1.722 和 1.345，3 个特征值共解释了方差总变异的 71.671%，超过 60%，这表明量表 BI_1（$N = 18$）的结构效度良好。

表 5 - 5　社会组织品牌内化行动量表 BI_1（$N = 18$）因素分析的方差变异解释

成分	初始特征值			提取平方和载入			旋转平方和载入		
	合计	方差（%）	累积（%）	合计	方差（%）	累积（%）	合计	方差（%）	累积（%）
1	9.834	54.635	54.635	9.834	54.635	54.635	4.412	24.512	24.512
2	1.722	9.566	64.201	1.722	9.566	64.201	4.330	24.058	48.571
3	1.345	7.470	71.671	1.345	7.470	71.671	4.158	23.100	71.671

然而，本研究发现量表 BI_1（$N = 18$）的 18 个题项中有三个题项出现多重负荷现象（见表 5 - 6），即 Q4、Q12 和 Q16 这三个题项同时载荷于两个共同因子并且载荷程度均大于 0.4。其中，题项 Q4 载荷于因子一和因子二，因子载荷分别为 0.416 和 0.544；题项 Q12 载荷于因子一和因子三，因子载荷分别为 0.525 和 0.416；题项 Q16 载荷于因子一和因子三，因子载荷分别为 0.433 和 0.632。根据前文要求，某个题项不能出现交叉载荷，即同时在两个或以上共同因子上的因子载荷都大于 0.4。因此，考虑删除这三个题项。

表 5 - 6　社会组织品牌内化行动量表 BI_1（$N = 18$）的因子载荷

	因子		
	1	2	3
Q1	0.230	0.792	0.359
Q2	0.127	0.880	0.253
Q3	0.286	0.859	0.120
Q4	0.416	0.544	0.376
Q5	0.261	0.844	0.256
Q6	0.279	0.661	0.358
Q7	0.799	0.274	0.201
Q8	0.815	0.151	0.218
Q9	0.784	0.194	0.341
Q10	0.818	0.294	0.200
Q11	0.739	0.251	0.327
Q12	0.525	0.219	0.416
Q13	0.269	0.314	0.754
Q14	0.133	0.209	0.816
Q15	0.280	0.309	0.725
Q16	0.433	0.306	0.632
Q17	0.337	0.224	0.649
Q18	0.256	0.177	0.713

基于题项逐一删除的原则，本研究最终得到了新的社会组织品牌内化行动量表 BI_2（$N = 15$）。

②预测问卷的再次探索性因素分析

在删除题项 Q4、Q12 和 Q16 后，本研究对测量量表 BI_2（$N = 15$）进行了第二次探索性因素分析。其中，量表 BI_2 的 KMO 值为 0.906，大于 0.90；近似卡方（Approx. Chi - Square）为 1322.732，自由度（df）为 105，总体因素分析效果检验显著性为 $p < 0.001$，这表明社会组织品牌内化行动量表 BI_2（$N = 15$）的因素分析效果非常好。因此，可以认为量表 BI_2（$N = 15$）的数据适合

做探索性因素分析。同时，本研究中采用主成分分析及正交旋转法来进行探索性因素分析。结果显示（见表5-7），特征值大于1的因子有三个，共解释方差总变异的74.796%，比量表BI_1的累积方差解释率71.671%有所提升，这说明量表修正有效。

表5-7　社会组织品牌内化行动量表 BI_2（$N=15$）因素分析的方差变异解释

成分	初始特征值			提取平方和载入			旋转平方和载入		
	合计	方差（%）	累积（%）	合计	方差（%）	累积（%）	合计	方差（%）	累积（%）
1	8.238	54.922	54.922	8.238	54.922	54.922	3.886	25.909	25.909
2	1.671	11.143	66.065	1.671	11.143	66.065	3.859	25.725	51.633
3	1.310	8.731	74.796	1.310	8.731	74.796	3.474	23.163	74.796

同时，结合碎石图（见图5-1），发现在第3个因子处出现拐点，即第3个以后的因子特征值都很低（小于1），对原有变量的贡献也很小，属于"高山脚下的碎石头"，可以被忽略，这说明本研究提取3个因子较为合适。

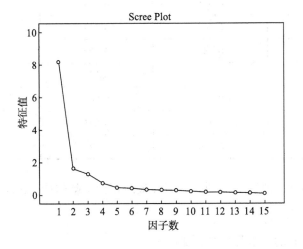

图5-1　社会组织品牌内化行动量表 BI_2 的碎石图

最后，在方差最大旋转之后，量表BI_2的15个题项均没有出现严重的交叉载荷，即没有同时在任意两个因子上的因子载荷高于0.4，所有因子载荷介于0.631（Q17）和0.879（Q2）之间（见表5-8），大于因子载荷的基本要求，即0.50。

表 5 - 8 社会组织品牌内化行动量表 BI_2 ($N = 15$) 的因子载荷

	因素		
	1	2	3
Q1	0.796	0.226	0.367
Q2	0.879	0.127	0.264
Q3	0.866	0.289	0.105
Q5	0.843	0.269	0.246
Q6	0.656	0.300	0.365
Q7	0.262	0.812	0.205
Q8	0.152	0.809	0.212
Q9	0.194	0.788	0.344
Q10	0.291	0.828	0.204
Q11	0.247	0.742	0.328
Q13	0.312	0.262	0.765
Q14	0.209	0.132	0.834
Q15	0.311	0.289	0.722
Q17	0.222	0.357	0.631
Q18	0.164	0.280	0.716

于是，本书最终得到了由三个因子构成、共计 15 个题项的社会组织品牌内化行动量表 BI_2（具体内容参见表 5 - 1，其中题项 Q4、Q12 和 Q16 属于被删除题项）。通常，本研究参照理论模型及项目的载荷值，并结合项目的隐含意义以及社会组织品牌内化行动的内涵来对结构命名。总体上，本次探索性因素分析获得的三个因子与前文扎根理论研究分析（见本书第 4 章 4.1 节）得到的理论性结构较为一致，或者说，扎根理论研究所开发社会组织品牌内化行动的三个构念能够较好地诠释出本次探索性因素分析所获得的三个因子。基于此，结合扎根理论分析得到的三个构念，我们将提取的 3 个因子正式命名如下：

因子 1——学习行动（Learning Action，LA）：该因子主要涉及组织给予成员有关品牌价值的培训与学习。该因子共 5 个项目（即 Q1，Q2，Q3，Q5，Q6），因子载荷处于 0.656 ~ 0.879 之间，解释总变异的 25.909%。同时，按照顺序，本研究重新命名这 5 个题项为 LA1，LA2，LA3，LA4，LA5。

因子2——领导垂范（Leader Tutoring，LT）：该因子主要涉及组织成员的领导能否对员工在品牌价值方面的理解和践行给予示范与指导。该因子共5个项目（即Q7，Q8，Q9，Q10，Q11），因子载荷处于0.742~0.809之间，解释总变异的25.725%。同时，按照顺序本研究重新命名这5个题项为LT1，LT2，LT3，LT4，LT5。

因子3——内部沟通（Internal Communication，IC）：该因子主要涉及组织内部机构和成员之间能否就组织品牌价值进行有效的交流与沟通。该因子共5个项目（即Q13，Q14，Q15，Q17，Q18），因子载荷处于0.631~0.834之间，解释总变异的23.163%。同时，按照顺序本研究重新命名这5个题项为IC1，IC2，IC3，IC4，IC5。

5.1.3　社会组织品牌内化行动量表的验证性因素分析

本部分主要对探索性因素分析中得到的社会组织品牌内化行动三维结构做进一步的确认和验证。在具体实施中，本书采用SPSS 22.0中的Amos插件进行社会组织品牌内化行动测量量表（$N=15$）的验证性因素分析。

5.1.3.1　研究目的与研究设计

（1）研究目的

本研究前一阶段的探索性因素分析只是初步确定了社会组织品牌内化行动的三因素模型，但是这样还无法准确地确定社会组织品牌内化行动的内容结构。为此，我们需要对经过探索性因素分析中得到的社会组织品牌内化行动三维量表做进一步的验证，即进行验证性因素分析。

（2）研究样本

根据Thompson（2000）的建议，模型（量表）的验证性因素分析要求样本数量为观测变量数目的10~15倍。本研究中社会组织品牌内化行动问卷的题项共15个，样本数量为180个，样本数为变量数的12倍，因此，样本量符合验证性因素分析的要求。本研究用于验证性探索性因素分析的180个样本情况，具体见表5-9。

表 5 – 9　品牌内化行动验证性因素分析样本的人口统计 （ $N=180$ ）

变量	数量	百分比	变量	数量	百分比
性别			婚姻		
男	72	40.0%	未婚	62	34.4%
女	108	60.0%	已婚	118	65.6%
年龄			单位工作年限		
25 岁及以下	28	15.6%	2 年及以下	31	17.2%
26～35 岁	75	41.7%	3～5 年	77	42.8%
36～45 岁	51	28.3%	6～10 年	51	28.3%
46～55 岁	14	7.8%	11 年及以上	21	11.7%
56 岁及以上	12	6.7%	学历		
职务级别			大专及以下	42	23.3%
副秘书长	42	23.3%	本科	104	57.8%
部门主管	67	37.2%	硕士及以上	34	18.9%
一般工作人员	71	39.4%	组织规模		
所在组织类别			5 人及以下	42	23.3%
社会团体	95	52.8%	6～10 人	104	57.8%
基金会	22	12.2%	11 人及以上	34	18.9%
民办非企业单位	63	35.0%			

（3）研究方法

在具体实施中，本书采用 SPSS 22.0 软件中的结构方程模型插件 Amos 进行社会组织品牌内化行动量表 BI_2（ $N=15$ ）进行验证性因素分析，并主要通过模型拟合度来确定模型的有效性。在验证性因素分析中，根据其功效，模型拟合度分为绝对拟合指数和相对拟合指数两类（候杰泰等，2004），具体如下：

一方面，绝对拟合指数。绝对拟合指数是一种将饱和模型与理论模型进行比较而获得的统计量，该指数主要用于评估理论模型与样本数据拟合程度。学术研究中常见的绝对拟合指数有： χ^2 和 χ^2/df ；RMSEA；RMR；GFI。本研究主要使用 χ^2/df 和 RMSEA 这两个绝对拟合指数。χ^2 值对样本量大小比较敏感，样本量越大，χ^2 越显著；χ^2/df 可以用于调节模型的复杂程度，可以适宜性地选择某个参数不太多的模型。为此，本研究选取 χ^2/df 作为模型拟合度考察的主要指标。一般而言，当 $\chi^2/df < 3$ 时，模型拟合程度较好并能够被接受（Chin & Todd，1995）。RMSEA 即近似误差均方根，不太易受样本数量大小影响且对错误模型较为敏感，因此，RMSEA 也是本研究的重要绝对拟合指数。通常，RMSEA < 0.08，则模型能够拟合度尚可；RMSEA < 0.05，则模型拟合度高（Hu & Bentler，1999）。

另一方面，相对拟合指数。此类指数是一种将基准模型与理论模型进行比较获得的统计量，其主要衡量与基准模型相比，理论模型拟合度改进的高低。相对拟合指数的常见形式有：NFI；TLI；CFI。其中，CFI（比较拟合指数）不易受样本量大小的影响（温忠麟等，2004），是研究方程模型中重点使用的评价指标。此外，本书也会根据情况使用 TLI、NFI、IFI 等指标，以更为全面地评价模型拟合程度。通常，TLI、CFI、IFI 和 NFI 等相对拟合指数大于或等于 0.90 时，假设模型便可以被接受（Bagozzi & Yi，1988；侯杰泰等，2004）。

5.1.3.2 因素的一阶验证性分析

首先，本章构建了一个一阶的三因子的社会组织品牌内化行动测量模型 M0。经 Amos 插件分析（见表 5 - 10），测量模型 M0 的 χ^2 和 χ^2/df 值分别为 154.725 和 1.779（小于 3）；模型 M0 的绝对拟合指数 RMSEA 为 0.066（小于 0.08）；相对拟合指数 CFI 和 IFI 均为 0.973，TLI 为 0.940，均大于 0.9。因此，测量模型 M0 的拟合指数均符合要求，该模型基本上可以被接受。

表 5 - 10　一阶社会组织品牌内化行动模型 M0 的拟合指数

模型指标	χ^2	p	χ^2/df	RMSEA	CFI	IFI	TLI
M0	154.725	0.000	1.779	0.066	0.973	0.973	0.940

在最终确定测量模型 M0 是否有效前，本书还对该模型所具有的 15 个项目进行因子载荷值的分析。根据侯杰泰等（2004）的建议，本研究结构方程模型中因子载荷值小于 0.45 的项目将会被删除。

研究发现（见图 5 - 2），经过结构方程模型分析，测量模型 M0 的 15 个项目的标准化因子载荷程度均在 0.7 以上，处于 0.745（测项 IC5）和 0.905（测项 LA1）之间，多数项目的标准化因子载荷较高，超过 0.8，这说明因子的代表性和抽象性较高。此外，本研究还需要对测量模型 M0 的三个因子之间的相关性程度及其显著性进行分析，以确定是否进一步进行二阶验证性因素分析。通常，当各因子之间显著相关时，这些因素都可以被视为某一构思的重要构成。然而，如果两个一阶因子间相关系数过高（如超过 0.7），则说明这两个因子可能受到一个更高阶潜在特质的影响。

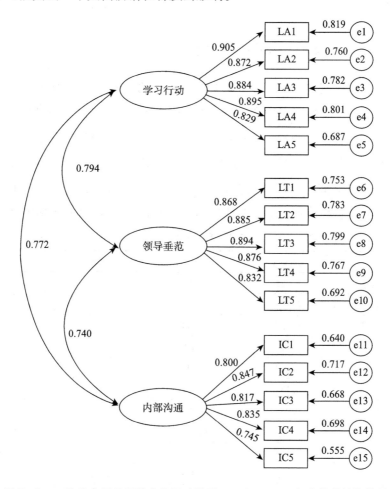

图 5-2　一阶社会组织品牌内化行动模型 M0（_N_=15）标准化估计值模型

从表 5-11 可知，测量模型 M0 的三个因子间的协方差估计值均达到 0.001 显著水平，表示社会组织品牌内化行动的三个因子间的相关均达显著。同时，图 5-2 显示，本研究中三个潜在构念之间的相关系数为中高程度，均超过 0.70 并且均在 0.01 的水平上显著（分别为 0.794、0.772 和 0.740）。鉴于构念间的相关性较高，本研究需要考虑开展二阶验证性因素分析。

表 5 – 11　一阶社会组织品牌内化行动模型 M0 因素间的协方差估计值

变量关系组合			Estimate	SE	CR	p
学习行动	< – – >	内部沟通	0.400	0.061	6.562	< 0.001
学习行动	< – – >	领导垂范	0.464	0.066	7.032	< 0.001
领导垂范	< – – >	内部沟通	0.356	0.055	6.430	< 0.001

5.1.3.3　因素的二阶验证性分析

首先，本研究构建了一个二阶的三因子社会组织品牌内化测量模型 M1。表 5 – 12 显示了高阶因素构念（即品牌内化）的方差、3 个潜在因素及 15 个误差变量的测量残差变异量估计值。19 个估计参数的测量误差值均为正数且达到 0.01 显著水平，其变异标准误差估计值（即 SE）很小，数值处于 0.021 ~ 0.090 之间，这表明无模型界定没有问题。所有估计数中没有出现负的误差变异量且标准误差估计值均很小，这表示模型 M1 的基本适配度良好。

表 5 – 12　二阶社会组织品牌内化行动模型 M1 的误差变异量

	Estimate	SE	CR	p
品牌内化	0.522	0.090	5.827	< 0.001
学习行动	0.108	0.032	3.326	< 0.001
领导垂范	0.130	0.030	4.332	< 0.001
内部沟通	0.120	0.028	4.247	< 0.001
t5	0.287	0.034	8.385	< 0.001
t4	0.175	0.023	7.469	< 0.001
t3	0.183	0.024	7.688	< 0.001
t2	0.213	0.027	7.897	< 0.001
t1	0.194	0.027	7.226	< 0.001
t10	0.241	0.029	8.262	< 0.001
t9	0.164	0.021	7.693	< 0.001
t8	0.161	0.022	7.315	< 0.001
t7	0.161	0.021	7.519	< 0.001
t6	0.180	0.023	7.825	< 0.001
t15	0.342	0.041	8.420	< 0.001

续表

	Estimate	SE	CR	p
t14	0.238	0.032	7.520	<0.001
t13	0.254	0.033	7.771	<0.001
t12	0.240	0.033	7.332	<0.001
t11	0.279	0.035	7.974	<0.001

其次，二阶模型 M1 的标准化估计值模型图如图 5 - 3 所示，其中，三个一阶因子构念的因子载荷分别为 0.910、0.872 和 0.848，均大于 0.7。

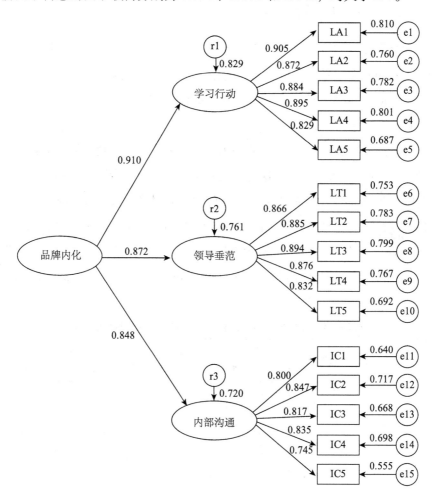

图 5 - 3　二阶的社会组织品牌内化行动模型 M1（N = 15）标准化估计值模型

此外，结构方程模型分析中多元相关平方主要是指初阶因素能被高阶因素解释的百分比，即高阶因素所能解释的初阶因素的变异量。图 5-3 显示，"品牌内化"这个高阶因素可以解释学习行动、领导垂范和内部沟通这三个潜在初阶因素的变异量分别为 0.829、0.761 和 0.720，显示"品牌内化"高阶因素对于学习行动、领导垂范和内部沟通这三个初阶因素的解释力很高，这也进一步说明本研究构建了二阶的社会组织品牌内化行动测量模型 M1 是有效的。

5.1.3.4　量表的质量检验

本部分将对前文所开发的二阶社会组织品牌内化行动三维模型 M1（即量表 BI_2）进行质量检验，主要包括信度分析和效度分析两个方面，其中将分别使用 Cronbach's α 值、组合信度和平均方差抽取量等方法。

（1）量表的信度分析

本研究主要从内部一致性检验和组合信度分析来进行量表的信度分析。

第一，内部一致性检验。这主要是检验量表所有测量题项的同质性。本研究将使用 Cronbach's α 值对社会组织品牌内化行动测量量表 BI_2 进行内部一致性检验。表 5-13 的分析结果表明，社会组织品牌内化行动量表 BI_2（$N=15$）的 Cronbach's α 值为 0.959，高于 0.70 这一基本要求，并超过 0.80，这表明新开发的二阶社会组织品牌内化行动的三因素测量量表 BI_2 的内部一致性较高，具有较好的可靠性。

表 5-13　社会组织品牌内化行动测量量表 BI_2 的质量检验

	测量题项	标准化因子载荷	Cronbach's α 值	平均变异抽取值 AVE	组织信度 CR
学习行动	LA1	0.905	0.942	0.770	0.944
	LA2	0.872			
	LA3	0.884			
	LA4	0.895			
	LA5	0.829			

	测量题项	标准化因子载荷	Cronbach's α 值	平均变异抽取值 AVE	组织信度 CR
领导垂范	LT1	0.868			
	LT2	0.885			
	LT3	0.894	0.940	0.759	0.940
	LT4	0.876			
	LT5	0.832			
内部沟通	IC1	0.800			
	IC2	0.847			
	IC3	0.817	0.904	0.672	0.911
	IC4	0.835			
	IC5	0.800			
品牌内化行动	学习行动	0.910			
	领导垂范	0.872	0.959	0.769	0.909
	内部沟通	0.848			

第二，组合信度（Composition Reliability，简称 CR）分析。这主要是衡量每个潜变量（即因素）中所有题项是否能够一致性地解释该因素的程度。潜变量的组合信度 $CR > 0.5$ 时，模型可以被接受，潜变量的组合信度 $CR > 0.60$ 时，模型的内在质量较为理想（吴明隆，2007）。组合信度 CR 可以使用标准化回归系数（因素负荷量）和误差变异量（测量误差）来进行计算得出：

$$CR = (\Sigma\lambda)^2 / [(\Sigma\lambda)^2 + \Sigma(\sigma)]$$

其中，λ 为因素负荷量，即指标变量在潜变量上的标准化参数估计值；σ 为观测变量的测量误差，即 $1 - (指标变量的标准化参数)^2$。结果表明，整体模型及三个潜变量（因素）的组合信度 CR 均大于 0.60（见表 5 - 13），这说明新开发的社会组织品牌内化行动测量量表 BI_2 中三个潜变量所包含的测量题项间的相关性较强、内部一致性较好。

（2）量表的效度分析

本部分主要衡量量表收敛效度和区分效度两个方面。

一方面，收敛效度。收敛效度用于衡量潜变量的某个指标与其他指标之间相互关联的程度。一般而言，研究中衡量收敛效度较为常用的指标为变异抽取值（AVE）。AVE 反映了某个潜变量被一组观测变量有效估计的聚敛程度。AVE 越大，观测变量被潜变量解释的变异百分比越大。一般而言，AVE 高于 0.50 时，表明该潜变量的聚敛能力较为理想。与 *CR* 类似，AVE 可以通过使用因素负荷量和误差变异量两个值来计算得出：

$$AVE = (\Sigma\lambda^2)/[(\Sigma\lambda^2) + \Sigma(\sigma)]$$

式中，λ 为因子载荷，σ 为观测变量的测量误差。计算结果表明（见表 5-13），社会组织品牌内化行动整体量表及三个潜变量（因素）的 AVE 在 0.672~0.770 之间，均大于 0.60，这说明社会组织品牌内化行动三个潜变量的聚合效度较为理想，测量题项反映所对应潜变量的能力较强，也就是说，题项能够较好地收敛于三个潜变量。

另一方面，区别效度。区别效度将使用各变量的 AVE 算术平方根与各潜变量之间的相关系数来评价。一般而言，AVE 算术平方根要大于潜变量间相关系数绝对值（或 AVE 大于潜变量间相关系数的平方），这表明变量间的内部相关性要大于外部相关性，即潜变量之间是有区别的，因此，潜变量的判别效度较高（Fornell & Larcker, 1981）。经过计算，三个潜变量的 AVE 的算术平方根分别为 0.877、0.871 和 0.820。同时，三个潜变量间的 person 相关系数见表 5-14。很显然，三个潜变量的相关系数小于 AVE 的算术平方根。因此，本研究社会组织品牌内化行动量表 BI_2 三个潜变量具有较好的区别效度。

表 5-14　社会组织品牌内化行动量表 BI_2 的 person 相关系数与 AVE 的算术平方根

变量	1	2	3
学习行动	(0.877)		
内部沟通	0.755**	(0.871)	
领导垂范	0.724**	0.696**	(0.820)

注:** 代表 $p < 0.01$。

基于上述分析，本书最终确认形成了社会组织品牌内化行动量表 BI_2，即是一个由学习行动、内部沟通和领导垂范三个维度、15 个题项构成的量表。

5.2　社会组织品牌内化效能机理的假设验证

本书第 4 章主要通过扎根理论和多案例研究对社会组织品牌内化的效能机理模型（即品牌内化行动对社会组织员工的影响）做了初步的探索，并基于规范化研究对效能机理进行了研究假设。本部分将基于所调研问卷数据的实证分析，以最终确定品牌内化行动给社会组织员工带来的正向影响。

5.2.1　研究样本与研究工具

5.2.1.1　研究样本

为了符合定量研究中的样本量要求，本研究使用探索性因素分析（样本量 =110）和验证性因素分析（样本量 =180）的总样本（样本量 =290）来进行社会组织品牌内化效能机理的实证分析。前文对总样本的人口统计分析已经做了说明（具体见表 5 – 2），这里不再做具体描述。

5.2.1.2　研究工具

本节有关社会组织品牌内化效能机理的实证研究中共涉及品牌内化行动等七个变量。除了新开发的社会组织品牌内化行动量表外，其余六个量表均主要借鉴国外已有的成熟量表以保证研究工具的科学性和有效性。在这六个变量中，个人 – 组织匹配是调节变量；品牌认同和品牌承诺是中介变量，统称为品牌支持情感变量；品牌留职倾向、品牌职内绩效和品牌口碑为结果变量，统称为品牌支持行为变量。这里要强调的是，由于研究对象和问卷收集对象均为员工，自变量即品牌内化行动实际上是社会组织员工感知到的品牌内化行动。品牌认同等六个量表则主要借鉴已有的成熟量表，根据变量本身含义并结合专家意见对量表进行适当调整与使用。同时，本节所涉及的自变量、中介变量和因变量以及调节变量将采用李克特（Likert）的不同等级量表（如 5 点法和 7 点法）进行测量，以在一定程度上降低因为横切面研究而带来的同源误差问题。其中，自变量和中介变量采取 5 点法（1 = 非常不同意；2 = 比较不同意；3 = 中立；4 = 比较同意；5 = 非常同意），调节变量和因变量采取 7 点法（其中，1 = 非常不同意；2 = 比较不同意；3 = 有点不同意；4 = 中立；5 = 有点同意；6 = 比较同意；7 = 非常同意）。

"品牌内化行动"量表。这里我们使用本章第一节通过探索性因素分析和验证性因素分析新开发的社会组织品牌内化行动量表 BI_2。社会组织品牌内化行动量表共有 3 个维度、15 个题项，即品牌学习行动（5 个题项）、品牌领导垂范（5 个题项）和品牌内部沟通（5 个题项）。

"品牌认同"量表。这主要选取了由 Punjaisri 和 Wilson（2011）开发的品牌认同测量量表中的 4 个指标：我视组织品牌的成功为我自己的成功；对于我来说，我所在单位就像家一样；他人表扬我的组织品牌时，我感觉像是赞美我个人一样；我很自豪告诉他人我是组织的一部分。该量表是当前对社会组织员工品牌认同程度评价中使用较为普遍的一种测量量表，它主要描述员工对社会组织品牌的认同度。

"品牌承诺"量表。这主要取自 Punjaisri 和 Wilson（2011）提出的品牌承诺量表，包括 4 个指标：我传递组织品牌价值的承诺随着我对所在组织品牌知识的增加而增强；我致力于向组织服务对象兑现组织的承诺；我对所在组织并未感觉到情感依恋；我对所在组织几乎没有任何承诺。

"个人 – 组织匹配"量表。国内外学者已经开发过多种"个人 – 组织匹配"测量量表。其中，由 Saks 和 Ashforth（1997）开发的量表在描述个人与组织匹配的基本内涵方面具有较好的普适性和广泛性，包含价值观、个性、需求等多个角度下个人与组织匹配度的评测题项。为此，本研究主要借用该量表作为研究工具来测量社会组织员工所感知的个人 – 组织匹配，包括 4 个指标：所在组织的价值观与我个人的价值观相似；我的个性与所在组织的个性或形象相契合；所在组织满足了我的需要；所在组织与我相匹配。

"品牌留职倾向"量表。有关"品牌留职倾向"的测量量表，国内外学者研究较少。本研究中社会组织员工品牌留职倾向的测量量表主要是结合 Hu 等

（2018）开发的"毕业后品牌从业倾向"量表和有关学者（如 Chen，2001；Nadiri & Tanova，2010）开发的员工留职倾向修订而来的，包括 4 个指标：我会在所在组织（品牌）工作一段时间；从现在开始的五年以内，我会在当前所在组织（品牌）工作；如果明天我有一个来自其他组织（品牌）的工作机会，我会拒绝它；我会留在当前我所工作的这个组织（品牌）。总体上，该量表能够较好地描述出个人对某个组织品牌所表达的留职意愿。

"品牌职内绩效"量表。目前，国内尚未有学者进行品牌职内绩效量表的开发。为此，本研究的社会组织员工品牌职内绩效量表主要是根据国外学者 Punjaisri 和 Evanschitzky 等（2009）开发的"品牌职内绩效"量表修订而来的，包括 4 个指标：我的工作质量符合组织品牌标准；我能够成功地履行我工作说明书中所明确的全部职责工作；我能有效地兑现组织品牌给予服务对象的承诺；我能够严格按照组织品牌标准来开展具体工作。该量表运用较为广泛，能够较好地描述出员工个体职内绩效完成的情况。

"品牌口碑"量表。该量表主要是根据 Hu 等（2018）开发的"品牌口碑"量表修订而来的，包括 4 个指标：我会向他人提及我所工作组织（品牌）好的方面；我喜欢和他人谈论我的组织（品牌）；我会向他人正面地谈论我所工作的组织（品牌）；如果有人向我征求意见，我会推荐我的组织（品牌）给他（她）。

除了上述七个主要变量外，本研究还设定了相关控制变量。这些控制变量包括性别、学历、年龄、婚否、职位、单位工作年限以及组织规模。

5.2.2 研究数据的质量分析

在进行研究假设检验之前，本研究需要进行信度和效度分析以确定本研究中变量量表与数据是否具有较好的质量。

5.2.2.1 量表的信度分析

信度，是一种对测量结果可信程度的评价指标。与前文有关信度分析的指标相似，这里主要使用内部一致性系数（Cronbach's α 值）、组合信度（CR）和纠正的项目总相关系数（$CITC$）来对正式量表进行信度分析。其中，量表的 Cronbach's α 值至少需要超过 0.70，组合信度 CR 要求大于 0.6，用于表明量表的净化程度 CITC 要求超过 0.4。具体研究中，我们将使用 SPSS 22.0 软件来确定量表的 Cronbach's α 值和 CITC，Amos 插件来确定量表的组合信度 CR。

表 5 - 15 显示，品牌内化行动量表 3 个维度的 15 个测项的 CITC 均大于 0.40，处于 0.667 ~ 0.809 之间，且任一题项的删除都不会导致 Cronbach's α 值的增加；品牌内化行动总体量表 Cronbach's α 值为 0.955。此外，品牌学习行动、品牌领导垂范和品牌内部沟通这三个构念的组合信度 CR 分别为 0.950、0.934 和 0.895，组合信度 CR 较高，均超过 0.8。因此，社会组织品牌内化行动量表符合要求，并具有良好的信度。同样，见表 5 - 15，我们发现其他六个量表的 CITC 均大于 0.40，且任一题项的删除均不会导致量表 Cronbach's α 值的增加；量表总体 Cronbach's α 值也均大于 0.8；量表的组合信度 CR 较高，均超过 0.8。这表明这些量表均符合要求，具有良好的信度。

表 5 - 15　品牌内化效能机理模型中各量表的信度分析

变量名	测量题目代码	信度分析		Cronbach's α	CR
		CITC	题项删除后的 Cronbach's α		
品牌内化行动	LA1	0.809	0.951	0.955	0.950
	LA2	0.756	0.952		
	LA3	0.771	0.952		
	LA4	0.801	0.951		
	LA5	0.785	0.951		
	LT1	0.749	0.952		0.934
	LT2	0.737	0.952		
	LT3	0.782	0.951		
	LT4	0.770	0.952		
	LT5	0.761	0.952		
	IC1	0.717	0.953		0.895
	IC2	0.722	0.953		
	IC3	0.705	0.953		
	IC4	0.689	0.953		
	IC5	0.667	0.954		

续表

变量名	测量题目代码	信度分析		Cronbach's α	CR
		CITC	题项删除后的 Cronbach's α		
品牌认同	BI1	0.607	0.843	0.850	0.851
	BI2	0.712	0.799		
	BI3	0.712	0.800		
	BI4	0.727	0.792		
品牌承诺	BC1	0.721	0.783	0.844	0.839
	BC2	0.709	0.788		
	BC3	0.650	0.814		
	BC4	0.636	0.820		
个人 – 组织匹配	PO1	0.833	0.921	0.936	0.936
	PO2	0.874	0.907		
	PO3	0.828	0.923		
	PO4	0.857	0.913		
品牌留职 倾向	JR1	0.746	0.854	0.885	0.889
	JR2	0.813	0.828		
	JR3	0.669	0.885		
	JR4	0.778	0.841		
品牌职内 绩效	BP1	0.794	0.897	0.917	0.917
	BP2	0.808	0.892		
	BP3	0.839	0.882		
	BP4	0.798	0.897		
品牌口碑	PM1	0.836	0.921	0.936	0.939
	PM2	0.865	0.912		
	PM3	0.876	0.908		
	PM4	0.819	0.926		

5.2.2.2　量表的效度分析

效度，是衡量量表所测结果能否反映出其所要考察内容的程度。通常，效度可分为内容效度和建构效度两类。在具体研究中，除了作为自变量的社会组织品牌内化行动量表为新开发量表，其他量表如品牌承诺、品牌认同、品牌职内绩效等六个量表都是直接借鉴国内外现有成熟量表或依据这些量表而修订的，这将使得这些量表具有较高的内容效度。为此，正式量表的效度分析方面，本研究主要进行建构效度的分析。

建构效度主要指的是量表能否测量出理论概念和特征的程度，并主要分为收敛效度（Convergent Validity）与区分效度（Discrimination Validity）两类。如前文关于效度分析指标一样，本部分将通过标准化因子载荷和平均变异抽取量 AVE 来判定。其中，区分效度分析将使用各变量的 AVE 与各变量之间相关系数的平方进行大小比较来确定。此外，在进行各量表收敛效度和区别效度的检验之前，本研究还将使用探索性因素对各量表的结构效度进行检验。其中，鉴于品牌内化行动是一个二阶的三维模型，为此，本研究还将使用结构方程模型对该量表进行模型匹配度检验。结构方程模型拟合度的检验指标包括 χ^2（卡方）和 χ^2/df、TLI（非绝对拟合指数）、CFI（比较拟合指数）等。

（1）量表的收敛效度分析

品牌外化量表的收敛效度分析。本章第 5.1 节研究结果表明，社会组织品牌内化行动量表是一个二阶模型，其中，品牌学习行动、品牌领导垂范和品牌内部沟通均为一阶构念。因此，本研究效能机理并非是研究三个一阶构念对社会组织员工的影响，而是研究二阶构念即品牌内化行动对社会组织员工的影响。为此，我们需要进行一个二阶的社会组织品牌内化行动三维量表的验证性因素分析，以确定品牌内化量表的收敛效度。这不仅可以再次验证前文所开发的二阶三维模型的效度，同时可以为后文影响机理研究中由二阶构念作为自变量提供合理性解释。

经二阶的验证性因素分析（见表 5-16），社会组织品牌内化行动三维量表（$N=290$）的 RMSEA 值为 0.07（小于 0.08），CFI 为 0.97，IFI 为 0.97，TLI 为 0.94，均大于 0.9，这说明二阶模型的拟合度良好；并且图 5-4 显示，二阶三维模型中所有指标的因子载荷均大于 0.6，处于 0.727（指标 IC5）和 0.899（指标 LA4）之间。因此，二阶的社会组织品牌内化行动量表具有较高的建构效度，该理论构思模型是可以接受的。

表 5 – 16　社会组织品牌内化行动模型的二阶验证性因素分析（$N = 290$）

模型指标	χ^2	p	χ^2/df	RMSEA	CFI	IFI	TLI
M1	218.08	0.008	2.51	0.07	0.97	0.97	0.94

另一方面，研究结果显示（见表 5 – 17），品牌内化三维量表的 KMO 值为 0.948，Bartlett 球形检验的显著性均小于 0.001，累积方差解释率分别为 77.297%，说明这两个量表数据适合做探索性因素分析，并提取了三个特征根，而这三个特征根对应的三个因素与前文验证性因素分析下的三个维度的内容一致。

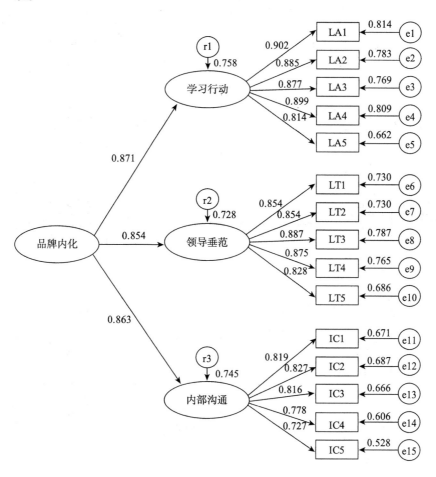

图 5 – 4　社会组织品牌内化行动量表的二阶结构方程模型图

品牌态度等其他六量表的收敛效度。这主要使用探索性因素分析和平均变异抽取值 AVE 来进行评价。研究结果显示（见表 5 – 17），品牌认同等六个量表的 KMO 值均大于 0.8，Bartlett 球形检验的显著性均小于 0.001，累积方差解释率最小值为 68.128%（品牌承诺），说明这些量表数据均适合做探索性因素分析，具有较好的效度且各自仅提取了一个特征根。同时，六个量表各自测项的标准化因子载荷均大于 0.5 的标准且显著；量表的平均变异抽取值 AVE 最小值为 0.573（品牌承诺），均大于 0.5 的标准。基于此，品牌认同等六个量表均具有良好的收敛效度。

表 5 – 17　品牌内化效能机理研究各量表的效度分析

变量名	题项代码	KMO 值	Bartlett 球形检验 p 值	方差解释率	提取特征根数量	因子载荷	AVE	
品牌内化行动	LA1	0.948	<0.001	77.297%	3	0.901		0.765
	LA2					0.884		
	LA3					0.877		
	LA4					0.898		
	LA5					0.811		
	LT1					0.853	0.712	0.738
	LT2					0.853		
	LT3					0.886		
	LT4					0.874		
	LT5					0.829		
	IC1					0.820		0.631
	IC2					0.828		
	IC3					0.817		
	IC4					0.778		
	IC5					0.727		
品牌认同	BI1	0.819	<0.001	68.986%	1	0.661		0.590
	BI2					0.793		
	BI3					0.793		
	BI4					0.816		

变量名	题项代码	KMO 值	Bartlett 球形检验 p 值	方差解释率	提取特征根数量	因子载荷	AVE
品牌承诺	BC1	0.729	<0.001	68.128%	1	0.878	0.573
	BC2					0.867	
	BC3					0.628	
	BC4					0.614	
个人 - 组织匹配	PO1	0.812	<0.001	83.862%	1	0.882	0.784
	PO2					0.923	
	PO3					0.853	
	PO4					0.883	
品牌留职倾向	JR1	0.795	<0.001	74.756%	1	0.835	0.668
	JR2					0.889	
	JR3					0.712	
	JR4					0.822	
品牌职内绩效	BP1	0.850	<0.001	80.088%	1	0.837	0.735
	BP2					0.852	
	BP3					0.892	
	BP4					0.847	
品牌口碑	PM1	0.812	<0.001	83.862%	1	0.882	0.784
	PM2					0.923	
	PM3					0.853	
	PM4					0.883	

（2）量表的区分效度分析

一方面，根据 Fornell 和 Larcker（1981）的建议，本研究首先使用各变量的 AVE 平方根与各变量之间的相关系数（或 AVE 值与各变量之间相关系数的平方）来评价。很明显（结合表 5 - 17 和表 5 - 20），七个潜变量间相关系数的平方均小于对应的 AVE 值。因此，本研究七个潜变量具有较好的区别效度。

另一方面，为考察各量表之间的区分效度，本研究还将进行多个备择模型的验证性因子分析（CFA），并通过参照一些拟合指数（如 χ^2/df、CFI、IFI 和 RMSEA）来加以比较和判断。分析结果表明（见表 5 - 18），与其他模型相比，七因素模型 a（$\chi^2 = 1147.77$；$\chi^2/df = 1.69$；RMSEA = 0.05；IFI = 0.95；

CFI = 0.95；TLI = 0.95）拟合度较好，研究中涉及的各变量具有良好的区分效度。

表 5 – 18　品牌内化效能机理研究备择模型的区分效度比较

模型	df	χ^2	χ^2/df	CFI	TLI	IFI	RMSEA
1. 七因素模型 a	678	1147.77	1.69	0.95	0.95	0.95	0.05
2. 五因素模型 b	689	1598.15	2.320	0.91	0.90	0.91	0.07
3. 四因素模型 c	693	2013.10	2.91	0.86	0.85	0.86	0.08
4. 三因素模型 d	696	2373.41	3.41	0.82	0.81	0.83	0.09
5. 两因素模型 e	698	2833.38	40.59	0.78	0.76	0.78	0.10

注：a. 假设模型；b. 所有中介变量合一，品牌职内绩效与品牌口碑量合一；c. 所有中介变量合一，所有因变量合一；d. 所有中介变量和因变量合一；e. 所有调节变量、中介变量和因变量合一。

5.2.3　研究变量的描述性统计和相关性分析

5.2.3.1　描述性统计

在本章第 5.1 节，290 份样本中各变量的描述性统计已经做了详细的说明，这里仅列出这些变量的均值和标准差。从表 5 – 19 可以看出，社会组织品牌内化行动均值较高，超过 3.8，接近 4（即李克特 5 点法中的"比较同意"），此外，三类品牌支持行为/意向即品牌留职意向、品牌职内绩效和品牌口碑的均值都超过 5（即李克特 7 点法中的"有点同意"），其中品牌留职倾向的均值最低（值为 5.15），品牌职内绩效的均值最高（值为 5.64）。

表 5 – 19　品牌内化效能机理研究中各变量的描述性统计

	数量	最小值	最大值	均值	标准差
性别	290	0	1	0.39	0.49
年龄	290	1	5	2.60	1.12
学历	290	1	3	1.88	0.64

续表

	数量	最小值	最大值	均值	标准差
婚否	290	1	2	1.72	0.45
职位	290	1	3	2.17	0.79
单位工作年限	290	1	4	2.33	0.91
所在组织规模	290	1	3	1.88	0.71
品牌内化行动	290	1.00	5.00	3.88	0.69
品牌认同	290	2.00	5.00	3.90	0.64
品牌承诺	290	1.25	5.00	3.83	0.68
个人－组织匹配	290	1.00	7.00	5.13	1.16
品牌留职倾向	290	1.75	7.00	5.15	1.03
品牌职内绩效	290	2.00	7.00	5.64	0.84
品牌口碑	290	2.25	7.00	5.47	0.96

5.2.3.2　相关分析

考虑到社会组织从业人员性别、年龄、学历、职务、单位工作年限以及所在组织规模等控制变量的影响，本书对各变量及其相关关系进行了描述分析，从而获得变量间关系的初步信息。从表 5 - 20 可知，本研究中的自变量、中介变量和结果变量之间具有显著性的正相关关系。其中，品牌内化行动与品牌情感变量（即品牌认同和品牌承诺）之间存在显著正相关关系（$p < 0.01$），品牌支持情感变量与品牌支持行为变量（即品牌留职倾向、品牌职内绩效和品牌口碑）之间存在显著正相关关系（$p < 0.01$）。这些分析结论表明，社会组织从业人员品牌内化行动、品牌支持情感和品牌支持行为/意向间存在一定的相关性，这与前文的质性分析结果较为一致，为后文有关直接和中介效应的实证检验奠定了分析基础。

表5-20 品牌内化效能机理研究变量的person相关系数

	1	2	3	4	5	6	7	8	9	10	11	12	13	14
1. 性别	1													
2. 年龄	0.06	1												
3. 学历	-0.04	-0.11*	1											
4. 婚否	-0.02	0.55**	-0.05	1										
5. 职位	-0.12*	-0.25**	-0.09	-0.26**	1									
6. 单位工作年限	-0.07	0.37**	0.03	0.43**	-0.26**	1								
7. 所在组织规模	0.04	-0.08	0.08	-0.05	-0.04	0.06	1							
8. 品牌内化	0.00	-0.01	-0.09	-0.03	0.04	-0.04	0.15**	1						
9. 品牌认同	0.06	0.07	-0.07	0.06	-0.16**	-0.01	-0.01	0.33**	1					
10. 品牌承诺	-0.03	0.03	0.03	0.06	-0.05	-0.01	0.10	0.38**	0.69**	1				
11. 个人组织匹配	-0.03	0.07	-0.06	0.05	-0.02	-0.08	0.05	0.40**	0.67**	0.63**	1			
12. 品牌留职倾向	-0.00	0.07	-0.05	0.04	-0.03	-0.02	0.06	0.35**	0.55**	0.58**	0.57**	1		
13. 品牌职内绩效	-0.04	0.05	-0.04	0.07	-0.03	-0.09	0.03	0.43**	0.53**	0.51**	0.52**	0.50**	1	
14. 品牌口碑	-0.05	0.09	-0.02	0.05	-0.05	-0.01	0.15*	0.38**	0.59**	0.58**	0.57**	0.56**	0.69**	1

注：$N=290$；* 代表 $p<0.05$；** 代表 $p<0.01$。

5.2.4　研究变量在人口与组织学特征变量上的差异性分析

5.2.4.1　研究目的与方法

本研究模型涉及的主要变量有自变量（品牌内化行动）、中介变量（品牌支持情感）、因变量（品牌支持行为/意向）以及调节变量（个人－组织匹配），而人口学特征变量则主要指性别、年龄、学历、婚否、职位和单位工作年限这六个。一方面，本章 5.1 节对社会组织品牌内化行动的内容结构进行了研究并开发出了一个含有 15 个题项的测量量表。研究社会组织员工对品牌内化行动的个体感知在不同人口学特征变量上的差异，可以帮助我们更好地了解社会组织品牌内化行动的实施概况。另一方面，本书中的效能机理模型主要探讨品牌内化行动对社会组织员工品牌支持情感和支持行为的影响，因此，有必要考虑人口学特征变量在研究变量间关系中的影响，即需要分析这些人口学控制变量对内生潜变量（即中介变量和结果变量）的影响。基于此，本部分将开展品牌内化行动、品牌支持情感和品牌支持行为等变量在人口学特征上的差异性分析。此外，员工工作态度和工作行为可能会受到组织特征（如组织规模）的影响，因此，本研究也选取了组织规模和组织性质这两个组织学特征变量进行差异性分析。

在具体分析中，控制变量对内生潜变量影响的分析常有独立样本 T 检验和方差分析（ANOVA）两类。T 检验是通过使用 t 分布理论来推导差异发生的概率，以比较两个平均数的差异是否具有显著性。方差分析则主要用于检验各组样本间均值是否存在显著性差异。其中，样本间差异主要源自组间差异和组内差异。根据分析时考虑因素的数量，方差分析可以分为单因素分析和多因素分析两类。基于本研究中控制变量的属性，本研究将采用独立样本 T 检验和单因素方差分析来检验控制变量对内生潜变量的影响。在单因素方差分析中，方差齐性与否也决定着要采用不同分析方法来对均值进行两两比较。研究中，方差齐性时采用的方法为 LSD 法，方差非齐性时采用的方法为 Tamhane 法。

5.2.4.2 研究变量的差异性分析结果

一是性别上的差异性分析。本研究中，总样本根据男性和女性划分为两个独立样本，为此，我们将采用独立样本 t 检验进行均值差异显著性分析。表 5-21 显示，各变量在性别上均无显著性差异。

表 5-21 品牌内化效能机理研究变量在性别上的差异性分析

变量	性别	平均值	方差齐性检验		均值差异检验		显著性差异
			F 值	齐性	T 值	均值差	
品牌内化行动	男	3.89	0.17	0.68	0.96	0.00	否
	女	3.89			0.96	0.00	
品牌认同	男	3.95	1.19	0.28	0.28	0.08	否
	女	3.86			0.27	0.08	
品牌承诺	男	3.81	0.03	0.86	0.59	-0.04	否
	女	3.85			0.59	-0.04	
个人-组织匹配	男	5.09	0.19	0.65	0.63	-0.07	否
	女	5.16			0.63	-0.07	
品牌留职倾向	男	5.14	0.09	0.76	0.96	-0.01	否
	女	5.15			0.96	-0.01	
品牌职内绩效	男	5.60	0.11	0.74	0.52	-0.07	否
	女	5.66			0.52	-0.07	
品牌口碑	男	5.40	0.08	0.77	0.36	-0.11	否
	女	5.51			0.36	-0.107	

二是年龄上的差异性分析。本研究中，根据年龄大小总样本分为"25 岁或以下""26~35 岁""36~45 岁""46~55 岁"和"55 岁以上"五组。为此，我们将采用单因素方差分析进行多组均值差异的显著性分析。表 5-22 显示，各变量在年龄上均无显著性差异。

表 5-22 品牌内化效能机理研究变量在年龄上的差异性分析

变量	均值差的显著性分析			方差齐性分析		
	F 值	p 值	显著性	Levene 值	p 值	显著性
品牌内化行动	1.87	0.12	否	1.07	0.37	否
品牌认同	1.16	0.33	否	2.56	0.04	是

变量	均值差的显著性分析			方差齐性分析		
	F 值	p 值	显著性	Levene 值	p 值	显著性
品牌承诺	0.54	0.71	否	5.46	0.00	是
个人 - 组织匹配	0.63	0.64	否	0.30	0.88	否
品牌留职倾向	1.25	0.29	否	0.49	0.75	否
品牌职内绩效	0.64	0.63	否	0.75	0.56	否
品牌口碑	0.72	0.58	否	0.57	0.69	否

　　三是学历上的差异性分析。根据学历高低，总样本分为"大专及以下""本科"和"硕士及以上"这三组。本研究将采用单因素方差分析进行多组均值差异的显著性分析。表 5 - 23 显示，各变量在学历上均无显著性差异。

表 5 - 23　品牌内化效能机理研究变量在学历上的差异性分析

变量	均值差的显著性分析			方差齐性分析		
	F 值	p 值	显著性	Levene 值	p 值	显著性
品牌内化行动	1.08	0.34	否	1.80	0.17	否
品牌认同	1.08	0.34	否	0.18	0.84	否
品牌承诺	0.11	0.90	否	0.48	0.62	否
个人组织匹配	0.43	0.65	否	2.72	0.07	否
品牌留职倾向	0.54	0.58	否	1.84	0.16	否
品牌职内绩效	1.10	0.34	否	0.94	0.39	否
品牌口碑	0.04	0.96	否	1.57	0.21	否

　　四是婚姻上的差异性分析。本研究中，总样本根据未婚和已婚划分为两个独立样本，为此，我们采用独立样本 t 检验进行均值差异显著性分析。表 5 - 24显示，各变量在婚姻上均无显著性差异。

表 5 - 24　品牌内化效能机理研究变量在婚姻上的差异性分析

变量	婚姻	平均值	方差齐性检验		均值差异检验		显著性差异
			F 值	齐性	T 值	均值差	
品牌内化 行动	未婚	3.91	0.27	0.64	0.43	0.04	否
	已婚	3.87			0.44	0.04	

续表

变量	婚姻	平均值	方差齐性检验		均值差异检验		显著性差异
			F 值	齐性	T 值	均值差	
品牌认同	未婚	3.83	5.45	0.02	-1.06	-0.09	否
	已婚	3.92			-1.00	-0.09	
品牌承诺	未婚	3.77	13.85	0.00	-1.00	-0.09	否
	已婚	3.86			-0.88	-0.09	
个人－组织匹配	未婚	5.03	2.27	0.13	-0.91	-0.14	否
	已婚	5.17			-0.86	-0.14	
品牌留职倾向	未婚	5.08	0.16	0.69	-0.73	-0.10	否
	已婚	5.17			-0.71	-0.10	
品牌职内绩效	未婚	5.55	3.76	0.05	-1.12	-0.12	否
	已婚	5.67			-1.04	-0.12	
品牌口碑	未婚	5.38	3.03	0.08	-0.92	-0.12	否
	已婚	5.50			-0.86	-0.12	

五是职位上的差异性分析。本研究中，根据职位高低总样本分为"副秘书长""部门主管"和"一般工作人员"这三组。为此，我们将采用单因素方差分析进行多组均值差异的显著性分析。表 5－25 显示，品牌认同这一个变量在职位上具有显著性差异（$F = 3.62$，$p = 0.03 < 0.05$）。由于对品牌认同的方差齐次检验不显著（$p = 0.36 > 0.05$），因此，本研究采用 LSD 法对品牌认同的均值进行两两比较。

表 5－25　品牌内化效能机理研究变量在职位上的差异性分析

变量	均值差的显著性分析			方差齐性分析		
	F 值	p 值	显著性	Levene 值	p 值	显著性
品牌内化行动	0.49	0.62	否	1.28	0.28	否
品牌认同	3.62	0.03	是	1.04	0.36	否
品牌承诺	0.43	0.65	否	2.54	0.08	否
个人-组织匹配	2.60	0.08	否	0.49	0.61	否
品牌留职倾向	0.34	0.71	否	0.31	0.74	否
品牌职内绩效	0.41	0.66	否	0.09	0.92	否
品牌口碑	0.50	0.61	否	0.82	0.44	否

表 5-26 显示，在品牌认同变量在职位上的两两比较方面，"副秘书长"职级的群组显著高于一般工作人员（$p=0.01<0.05$），与部门主管无显著性差异（$p=0.10>0.05$）。总体上，研究结果表明品牌认同在职位上具有显著性差异。这种差异的原因可能在于：与一般员工相比较，副秘书长这类社会组织高级管理人员在日常工作中可以接受更多品牌知识的教育与理解机会，并且高层职位本身也赋予了个体更为重要的工作使命，因此，其更易与组织形成"命运共同体"并表现出较高水平的品牌认同度。

表 5-26　品牌认同在职级上的组间两两比较（LSD 法）

变量	（I）职位	（J）职位	均值差（I－J）	显著性
品牌认同	副秘书长	部门主管	0.16	0.10
		一般工作人员	0.026 *	0.01
	部门主管	副秘书长	－0.16	0.10
		一般工作人员	0.010	0.25
	一般工作人员	副秘书长	－0.26 *	0.01
		部门主管	－0.10	0.25

注：* 代表 $p<0.05$。

六是单位工作年限上的差异性分析。本研究中，根据员工的单位工作年限总样本分为"2 年及以上""3~5 年""6~10 年"和"11 年及以上"这四组。为此，我们将采用单因素方差分析进行多组均值差异的显著性分析。表 5-27 显示，各变量在员工单位工作年限上均无显著性差异。

表 5-27　品牌内化效能机理研究变量在工作年限上的差异性分析

变量	均值差的显著性分析			方差齐性分析		
	F 值	p 值	显著性	Levene 值	p 值	显著性
品牌内化行动	0.98	0.40	否	0.21	0.89	否
品牌认同	0.83	0.48	是	1.02	0.39	否
品牌承诺	2.17	0.09	否	0.84	0.47	否
个人－组织匹配	2.29	0.08	否	2.40	0.07	否
品牌留职倾向	2.01	0.11	否	1.42	0.24	否
品牌职内绩效	1.54	0.20	否	2.62	0.05	否
品牌口碑	0.01	1.00	否	1.71	0.17	否

七是组织规模上的差异性分析。本研究中，根据组织规模大小总样本分为"5 人及以下""6~10 人"和"10 人以上"这三组。为此，我们将采用单因

素方差分析进行多组均值差异的显著性分析。表 5 – 28 显示，品牌内化行动和品牌口碑这两个变量在组织规模上有显著性差异（品牌内化：$F = 3.54$，$p = 0.03$；品牌口碑：$F = 3.22$，$p = 0.04$）。由于对品牌内化行动的方差齐性检验不显著，因此，本研究采用 LSD 方法对品牌认同的均值进行两两比较分析；对品牌口碑的方差齐次检验显著，显著性为 0.04，小于 0.05，因此，本研究采用 Tamhane 法对品牌口碑的均值进行两两比较分析。

表 5 – 28 品牌内化效能机理研究变量在组织规模上的差异性分析

变量	均值差的显著性分析			方差齐性分析		
	F 值	p 值	显著性	Levene 值	p 值	显著性
品牌内化行动	3.54	0.03	否	0.64	0.53	否
品牌认同	0.034	0.97	是	2.36	0.10	否
品牌承诺	1.38	0.25	否	3.36	0.04	否
个人组织匹配	0.37	0.69	否	3.98	0.02	否
品牌留职倾向	0.48	0.62	否	0.97	0.38	否
品牌职内绩效	0.52	0.60	否	2.27	0.11	否
品牌口碑	3.22	0.04	否	3.21	0.04	否

表 5 – 29 显示，组织规模小（5 人及以下）的群组的品牌内化行动要显著低于组织规模大（10 人以上）这个群组（$p = 0.01$），与组织规模中（5 ~ 9 人）的群组的品牌内化行动无显著性差异。这表明品牌内化行动在组织规模上具有显著性差异。实践中，与小规模的机构相比较，大规模的社会组织品牌内化工作开展相对较好，这可能是由于组织管理系统更为完善、开展活动所需要的资源基础较好等。

表 5 – 29 品牌内化行动在组织规模上的组间两两比较（LSD 法）

变量	（I）组织规模	（J）组织规模	均值差（I－J）	显著性
品牌内化行动	10 人以上	6 ~ 10 人	− 0.13	0.15
		5 人及以下	− 0.31 *	0.01
	6 ~ 10 人	10 人以上	0.13	0.15
		5 人及以下	− 0.17	0.11
	5 人及以下	10 人以上	0.31 *	0.01
		6 ~ 10 人	0.17	0.11

注：* 代表 $p < 0.05$。

表 5 – 30 显示, 组织规模小（5 人及以下）的人员的品牌口碑要显著低于组织规模大（10 人以上）这个分组（$p = 0.008$）, 与组织规模中（6～10 人）的人员的品牌口碑无显著性差异。这表明品牌口碑在组织规模上具有显著性差异。通常, 与规模较小的社会组织相比较, 组织规模较大的社会组织往往具有较高的知名度, 这会赋予该组织员工一种职业荣耀感, 从而可能驱使该组织员工愿意向他人推荐组织品牌。

表 5 – 30　品牌口碑在组织规模上的组间两两比较（Tamhane 法）

变量	（I）组织规模	（J）组织规模	均值差（I – J）	显著性
品牌口碑	10 人以上	6～10 人	– 0.21	0.23
		5 人及以下	– 0.40*	0.03
	6～10 人	10 人以上	0.21	0.23
		5 人及以下	– 0.19	0.54
	5 人及以下	10 人以上	0.40*	0.03
		6～10 人	0.19	0.54

注：* 代表 $p < 0.05$。

八是组织类型上的差异性分析。本研究中, 根据组织类型不同总样本分为"社会团体""基金会"和"民办非企业单位"这三组。为此, 我们将采用单因素方差分析进行多组均值差异的显著性分析。表 5 – 31 显示, 组织类别对各个中介变量和结果变量的影响均无显著性差异。

表 5 – 31　品牌内化效能机理研究变量在组织类型上的差异性分析

变量	均值差的显著性分析			方差齐性分析		
	F 值	p 值	显著性	Levene 值	p 值	显著性
品牌内化行动	0.01	0.10	否	0.55	0.58	否
品牌认同	1.1214	0.33	否	3.28	0.04	是
品牌承诺	0.78	0.46	否	1.03	0.36	否
个人 – 组织匹配	0.13	0.88	否	1.52	0.22	否
品牌留职倾向	0.09	0.92	否	3.70	0.03	是
品牌职内绩效	0.77	0.47	否	3.76	0.03	是
品牌口碑	2.12	0.12	否	2.82	0.06	否

5.2.5 研究模型中直接效应的检验

为了降低研究中多重共性线的影响，本章对所有的自变量（包括人口变量）进行数据标准化处理。同时，本章还将对控制变量、自变量以及中介变量的方差膨胀因子（VIF）进行检验，以判别研究模型中各变量间是否存在突出的多重共线性问题。经检验，所有变量的方差膨胀因子均小于 3（最大值为 2.15），因此，本研究中各主要变量不存在明显的多重共线性问题。

5.2.5.1 自变量对中介变量和因变量的影响

表 5 - 32 的模型 M1 和模型 M2 显示，在控制性别、年龄等统计变量的情况下，品牌内化行动正向显著预测员工品牌认同和品牌承诺（品牌认同：$B = 0.35$，$SE = 0.06$，$p < 0.01$；品牌承诺：$B = 0.38$，$SE = 0.06$，$p < 0.01$）。因此，假设 H2（包括 H2a 和 H2b）得到验证。同时，表 5 - 32 的模型 M3、M4 和 M5 显示，在控制性别、年龄等变量后，品牌内化行动正向显著性预测员工品牌支持行为/意向（品牌留职意向：$B = 0.35$，$SE = 0.06$，$p < 0.01$；品牌职内绩效：$B = 0.43$，$SE = 0.05$，$p < 0.01$；品牌口碑：$B = 0.37$，$SE = 0.06$，$p < 0.01$）。因此，假设 H1（包括假设 H1a、H1b 和 H1c）得到验证。

表 5 - 32 品牌内化效能机理研究中自变量对中介（因）变量的回归分析

变量	品牌认同		品牌承诺		品牌留职倾向		品牌职内绩效		品牌口碑	
	M1		M2		M3		M4		M5	
	B	SE	B	SE	B	SE	B	SE	B	SE
控制变量（略）										
自变量										
品牌内化行动	0.35**	0.06	0.38**	0.06	0.35**	0.06	0.43**	0.05	0.37**	0.06
F 值		6.28**		6.47**		4.85**		9.36**		7.45**
R^2 值		0.15		0.16		0.13		0.21		0.18

注：$N = 290$；**代表 $p < 0.01$。

5.2.5.2　中介变量对因变量的影响

表 5 – 33 的模型 M1、M2 和 M3 显示，在控制性别、年龄等人口统计变量和品牌内化行动的情况下，品牌认同和品牌承诺分别正向显著预测品牌留职倾向（品牌认同：$B = 0.26$，$SE = 0.07$，$p < 0.01$；品牌承诺：$B = 0.35$，$SE = 0.07$，$p < 0.01$），正向显著预测品牌职内绩效（品牌认同：$B = 0.30$，$SE = 0.07$，$p < 0.01$；品牌承诺：$B = 0.20$，$SE = 0.07$，$p < 0.01$），正向显著预测品牌口碑（品牌认同：$B = 0.36$，$SE = 0.06$，$p < 0.01$；品牌承诺：$B = 0.27$，$SE = 0.06$，$p < 0.01$）。因此，假设 H3（包括 H3a、H3b 和 H3c）得到验证。

表 5 – 33　品牌内化效能机理研究中中介变量对因变量的回归分析

变量	品牌留职倾向 M1		品牌职内绩效 M2		品牌口碑 M3		品牌承诺 M4	
	B	SE	B	SE	B	SE	B	SE
控制变量（略）								
自变量								
品牌内化行动	0.13*	0.05	0.26**	0.05	0.14**	0.05	0.15	0.04
中介变量								
品牌认同	0.26**	0.07	0.30**	0.07	0.36**	0.06	0.65	0.05
品牌承诺	0.35**	0.07	0.20**	0.07	0.27**	0.06		
F 值		18.63		17.53		22.75		33.01
R^2 值		0.40		0.39		0.45		0.52

注：$N = 290$；*代表 $p < 0.05$；**代表 $p < 0.01$。

5.2.6　研究模型中中介效应的检验

5.2.6.1　中介效应检验的说明

以往，学者在检验中介效应时倾向于使用 Baron 和 Kenny（1986）的逐步检验法，即中介效应的验证要具有四个条件：①自变量对中介变量具有显著性影响；②自变量对因变量具有显著性影响；③中介变量对因变量具有显著性影响；④当加入中介变量时，自变量对因变量的影响变弱（部分中介）或不显著（完全中介）。尽管该方法较易于理解和操作，但其在中介效应验证时也有明显不足。例如，Baron 和 Kenny（1986）的逐步检验法认为，中介效应存在的基本前提是自变量对因变量（即主效应）的影响显著（即条件3）。然而，在自变量对因变量影响不显著的时候也普遍存在实质性中介效应或抑制模型的情况。换言之，中介效应存在与否并非一定要求主效应显著（Preacher & Hayes，2004）。因此，本研究将使用学者在检验中介效应时较为推崇的方法，即拔靴法（Bootstrapping）和系数乘积项法（Sobel，1982）来验证品牌内化行动效能机理研究模型的中介效应。

方法一：Bootstrapping 分析。Bootstrapping 分析是一种反复抽样的检验方法，即以研究样本作为抽样总体，反复地从抽样总体中抽取一定数量样本（如反复抽取 2000 次），以通过平均每次抽样得到的参数为最后估计结果（Efron & Tibshirani，1993；Mooney & Duval，1993）。Bootstrapping 法的工作原理是：当中介效应估计值 ab 的正态分布假设不成立时，作为实际整体分布的经验抽样分布将可用于参数估计；鉴于无须对中介效应 ab 分布进行限制，该方法既避免了 ab 检验违反正态分布假设的问题，又突破了传统中介效应检验中对大样本的限制性要求，可用于中小样本的检验（叶超，2016）。总体上，Bootstrapping 法具有较高的统计效力（MacKinnon 等，2002；Taylor 等，2008），是当前较为科学的中介检验方法（Preacher & Hayes，2008；Hayes 等，2011）。

方法二：系数乘积项法。该方法使用的基本原理是：检验自变量 X（如品牌内化行动）对中介变量 M（如品牌情感）的影响路径系数 a 和中介变量 M（品牌情感）对因变量 Y（如品牌支持行为）的影响路径系数 b 的乘积 ab 是否显著，即 H_0：$ab = 0$。系数乘积项法检验中常使用 Sobel（1982）提出的标准误差计算公式，因此，该方法又常被称为 Sobel 检验。Sobel 给出的标准误差公式如下：

$$S_{ab} = \sqrt{b^2 s_a^2 + a^2 s_b^2}$$

S_a^2 和 S_b^2 分别是系数 a、b 标准误差的平方。系数乘积项法的统计量即 Sobel Z 的数值是 ab/S_{ab}。如果 Sobel Z 值显著，则说明中介效应具有显著性。

在具体实施中，我们将借助于学者 Andrew Hayes 于 2013 年开发的基于

SPSS 软件的 Process 插件来进行中介效应的 Bootstrapping 分析和 Sobel 检验。

5.2.6.2　中介效应检验的结果

为检验品牌认同和品牌承诺在社会组织品牌内化效能机理模型中的中介效应，本书进行 Bootstrapping 分析和 Sobel 检验。其中，Bootstrapping 分析中抽取样本数量为 5000，置信区间的区间度为 95%，取样方法为偏差校正（Bias Corrected）的非参数百分位法。

Bootstrapping 分析结果表明（见表 5 – 34），在控制了人口与组织特征变量的基础上，品牌认同/承诺在品牌内化行动和品牌留职意向间的中介效应具有显著性（品牌认同：Estimate = 0.09，– 95% CI［0.04，0.16］；品牌承诺：Estimate = 0.13，– 95% CI［0.08，0.20］）；Sobel 检验也表明，品牌认同/承诺的中介效应显著（品牌认同：Sobel $Z = 3.314$，$p < 0.01$；品牌承诺：Sobel $Z = 4.127$，$p < 0.01$）。因此，假设 H4a 成立。并且，在以品牌认同/承诺为控制变量后，品牌内化对品牌留职意向的直接效应降低但仍然显著（Estimate = 0.13，95% CI［0.03，0.23］）。综上，品牌认同/承诺在品牌内化和品牌留职倾向间具有中介效应且为部分中介。

表 5 – 34　品牌内化模型中介效应的 **Bootstrapping** 分析和 **Sobel** 检验

因变量	自变量 = 品牌内化行动；中介变量 = 品牌认同				
品牌留职倾向	中介效应的 Bootstrapping 分析	Estimate	*SE*	LLCI	ULCI
	品牌内化行动→品牌认同→品牌留职倾向	0.09	0.03	0.04	0.16
	品牌内化行动→品牌承诺→品牌留职倾向	0.13	0.03	0.08	0.20
	总间接效应	0.22	0.04	0.15	0.30
	中介效应的 Sobel 检验	Estimate	*SE*	*Z*	*p*
	品牌内化行动→品牌认同→品牌留职倾向	0.09	0.03	3.31 * *	0.01
	品牌内化行动→品牌承诺→品牌留职倾向	0.13	0.03	4.13 * *	0.01
	直接效应的 Bootstrapping 分析	Estimate	*SE*	LLCI	ULCI
	品牌内化行动→品牌留职倾向（以品牌认同、品牌承诺为控制变量）	0.13	0.01	0.03	0.23

因变量	自变量 = 品牌内化行动；中介变量 = 品牌认同				
	中介效应的 Bootstrapping 分析	Estimate	*SE*	LLCI	ULCI
	品牌内化行动→品牌认同→品牌职内绩效	0.12	0.03	0.07	0.20
	品牌内化行动→品牌承诺→品牌职内绩效	0.10	0.03	0.05	0.17
	总间接效应	0.23	0.04	0.15	0.31
品牌职内绩效	中介效应的 Sobel 检验	Estimate	*SE*	*Z*	*p*
	品牌内化行动→品牌认同→品牌职内绩效	0.12	0.03	4.11**	0.01
	品牌内化行动→品牌承诺→品牌职内绩效	0.10	0.03	3.56**	0.00
	直接效应的 Bootstrapping 分析	Estimate	*SE*	LLCI	ULCI
	品牌内化→品牌职内绩效（以品牌认同、品牌承诺为控制变量）	0.14	0.05	0.05	0.24
	中介效应的 Bootstrapping 分析	Estimate	*SE*	LLCI	ULCI
	品牌内化行动→品牌认同→品牌口碑	0.10	0.03	0.05	0.18
	品牌内化行动→品牌承诺→品牌口碑	0.07	0.03	0.01	0.14
	总间接效应	0.18	0.04	0.11	0.26
品牌口碑	中介效应的 Sobel 检验	Estimate	*SE*	*Z*	*p*
	品牌内化行动→品牌认同→品牌口碑	0.10	0.03	3.60**	0.01
	品牌内化行动→品牌承诺→品牌口碑	0.07	0.03	2.65**	0.01
	直接效应的 Bootstrapping 分析	Estimate	*SE*	LLCI	ULCI
	品牌内化→品牌口碑（以品牌认同、品牌承诺为控制变量）	0.26	0.05	0.15	0.33

注：$N = 290$；**代表 $p < 0.01$；CI，置信区间（Confidence Interval）；Bootstrapping 样本规模 = 5000。

同样，Bootstrapping 分析结果表明（见表 5 - 34），在控制相关变量的基础上，品牌认同/承诺在品牌内化行动和品牌职内绩效间的中介效应具有显著性（品牌认同：Estimate = 0.12，- 95% CI [0.07，0.20]；品牌承诺：Estimate = 0.10，- 95% CI [0.05，0.17]）；Sobel 检验结果也显示，品牌认同/承诺的中介作用显著（品牌认同：Sobel $Z = 4.11$，$p < 0.01$；品牌承诺：

Sobel $Z = 3.56$，$p < 0.01$）。因此，假设 H4b 成立。并且，以品牌认同/承诺为控制变量，品牌内化对品牌职内绩效的直接效应降低但仍然显著（Estimate = 0.14，95% CI［0.05，0.24］）。综上，品牌认同/承诺在品牌内化行动和品牌职内绩效间具有中介效应且为部分中介。

此外，Bootstrapping 分析结果表明（见表 5 - 34），在控制相关变量基础上，品牌认同/承诺在品牌内化行动和品牌口碑间的中介效应具有显著性（品牌认同：Estimate = 0.10， - 95% CI［0.05，0.18］；品牌承诺：Estimate = 0.07， -95% CI［0.01，0.14］）；Sobel 检验结果也显示，品牌认同/承诺的中介作用显著（品牌认同：Sobel $Z = 3.60$，$p < 0.01$；品牌承诺：Sobel $Z = 2.65$，$p < 0.01$）。因此，假设 H4c 成立。并且，在以品牌认同/承诺为控制变量后，品牌内化行动对品牌口碑的直接效应降低但仍然显著（Estimate = 0.26，95% CI［0.15，0.36］）。综上，品牌认同/承诺在品牌内化行动和品牌口碑间具有中介效应且为部分中介。

5.2.7　研究模型中调节效应的检验

5.2.7.1　调节效应检验的说明

根据本研究效能机理相关研究假设，品牌内化行动对社会组织员工品牌支持行为/意向的影响表现为两条路径：一是直接影响路径，即品牌内化行动对品牌支持行为/意向的直接影响；二是间接影响路径，即品牌内化行动通过中介变量（即品牌支持情感：品牌认同和品牌承诺）对品牌支持行为/意向的间接影响。在研究模型中，个人 - 组织匹配调节着自变量（品牌内化行动）对因变量（品牌支持行为）的间接影响路径的第一阶段，即品牌内化行动和中介变量（品牌支持态度）间关系。因此，本研究的假设模型可以称为第一阶段调节的中介模型（A First - Stage Modered Mediation Model）（Edwards & Lambert，2007）。其中，图 5 - 5 和图 5 - 6 分别显示了社会组织品牌内化效能机理模型的概念模型和统计模型。

其中，X 为自变量（即品牌内化行动），M 为中介变量（即品牌支持情

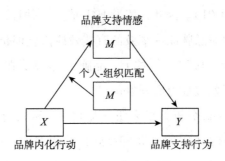

图 5 – 5　一阶段调节的概念模型

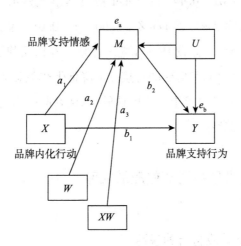

图 5 – 6　一阶段调节的统计模型

感：品牌认同和品牌承诺），W 为调节变量（即个人 – 组织匹配），Y 为因变量（即品牌支持行为/意向：品牌留职倾向、品牌职内绩效和品牌口碑）。此外，U 为控制变量。在具体研究中，我们将使用 Edwards 和 Lambert（2007）的调节和中介相结合的路径分析框架来检验本章所提出的假设模型。

　　在一阶段调节的中介模型中，本书假设个人 – 组织匹配调节品牌内化行动对品牌认同（或品牌承诺）的影响。在路径分析方法框架下，本章所提出的调节的中介模型主要涉及两个公式（为简化公式，控制变量 U 在公式中省略），即

$$M = a_0 + a_1X + a_2W + a_3XW + e_a \tag{1}$$

$$Y = b_0 + b_1X + b_2M + e_b \tag{2}$$

根据 Edwards 和 Lambert（2007）两位学者的建议，当公式（1）代入公式（2）时，我们将获得如下公式（3）：

$$Y = b_0 + b_1 X + b_2 (a_0 + a_1 X + a_2 W + a_3 XW + e_a) + e_b$$
$$= b_0 + a_0 b_2 + (b_1 + a_1 b_2) X + a_2 b_2 W + a_3 b_2 XW + b_2 e_a + e_b$$
$$= b_0 + a_0 b_2 + a_2 b_2 W + (b_1 + a_1 b_2 + a_3 b_2 W) X + b_2 e_a + e_b$$

同时，我们对公式（3）进行变化，可得公式（4）：

$$Y = [b_0 + (a_0 + a_2 W) b_2] + [b_1 + (a_1 + a_3 W) b_2] X + b_2 e_a + e_b$$

公式（4）表示，在一阶段调节的中介模型中，自变量 X 通过中介变量对因变量 Y 的间接影响路径的调节，具体在公式上表现为 $(a_1 + a_3 W) b_2$。

为检验自变量 X（即品牌内化行动）通过中介变量 M（即品牌支持态度）对结果变量（即品牌支持行为/意向）的间接影响 $(a_1 + a_3 W) b_2$ 是否随着调节变量 W（即个人 – 组织匹配）高低水平而变化，本章采取条件间接效应（Conditional Indirect Effects）分析法（Preacher 等，2007）。目前，学界中较推崇的方法是由 Edward 和 Lambert（2007）提出的 Bootstrapping 分析，即调节变量 W（如个人 – 组织匹配）取值不同时，通过模型的中介效应是否存在显著性差异来进行判断。例如，取 W 的平均值上、下一个标准差的值，分别记为 W_H 和 W_L，如果 $(a_1 + a_3 W_H) b$ 与 $(a_1 + a_3 W_L) b$ 差异显著，则中介效应受到调节变量 W 的调节。

5.2.7.2　调节效应的检验结果

本节采用层级回归方法检验个人 – 组织匹配在效能机理模型中的调节作用。同时，使用 Bootstrapping 分析来进一步检验品牌内化行动对品牌支持行为/意向的间接影响是否会随着调节变量即个人 – 组织匹配水平的高低而发生变化。

（1）个人 – 组织匹配在品牌内化行动与品牌支持情感间的调节作用

表 5 – 35 的模型 M1 和 M2 检验了个人 – 组织匹配对品牌内化行动与品牌认同的调节作用。在模型 M1 的基础上增加交互项，模型 M2 的整体解释力具有增量意义（$\Delta R^2 = 0.02$，$p < 0.01$），并且，品牌内化行动和个人 – 组织匹配的交互作用对品牌认同具有正向显著影响（$B = 0.11$，$p < 0.01$），这表明个人 –

组织匹配调节且强化品牌内化对品牌认同的影响。同样，模型 M3 和 M4 检验了个人－组织匹配对品牌内化与品牌承诺的调节作用。在模型 M3 的基础上增加交互项，模型 M4 的整体解释力具有增量意义（$\Delta R^2 = 0.01$，$p < 0.01$），并且，品牌内化行动和个人－组织匹配的交互作用对品牌认同具有正向显著影响（$B = 0.09$，$p < 0.05$），这表明个人－组织匹配调节且强化品牌内化行动对品牌承诺的影响。因此，假设 5a 和 5b 得到验证。

表 5 - 35　品牌内化模型中个人－组织匹配的调节效应

变量	品牌认同				品牌承诺			
	M1		M2		M3		M4	
	B	SE	B	SE	B	SE	B	SE
控制变量（略）								
自变量								
品牌内化	0.10*	0.05	0.13**	0.05	0.15**	0.05	0.18**	0.05
调节变量								
POF	0.63**	0.05	0.64**	0.05	0.58**	0.05	0.59**	0.04
交互项								
品牌内化行动×POF			0.11**	0.04			0.09*	0.04
F 值		28.90		27.35		23.75		21.80
R^2 值		0.48		0.50		0.43		0.40
ΔR^2 值				0.02				0.01

注：$N = 290$；*代表 $p < 0.05$；**代表 $p < 0.01$；POF = 个人－组织匹配维度（Person – Organization Fit）。

（2）被调节的中介效应

效能机理模型中被调节的中介效应将采用 SPSS 22.0 软件的 Process 插件。具体实施中本研究将品牌认同/承诺作为中介变量同时纳入研究模型之中并选择 model 7。研究结果表明（见表 5 - 36 的模型 M1），与低个人－组织匹配度相比较，高个人－组织匹配度下品牌内化行动对品牌留职倾向的间接影响（品牌认同和品牌承诺为并列中介）较弱。在低个人－组织匹配度的情况下，品牌内化行动通过品牌认同（或品牌承诺）对品牌支持行为的间接影响不具有显著性且较低（品牌认同：Estimate = 0.006，95% CI [-0.03，0.05]；品牌承诺：Estimate = 0.032，95% CI [-0.02，0.09]）；在高个人－组织匹配度的情况下，品牌内化行动通过品牌认同（或品牌承诺）对品牌留职意向的间接影响有显著性且较强（品牌认同：Estimate = 0.06，95% CI ［0.03，0.12］；品牌承诺：Estimate = 0.09，95% CI ［0.04，0.16］）。

表 5 – 36 　不同个人 – 组织匹配水平下品牌内化行动对品牌支持行为/意向的间接影响

模型	路径	调节变量	Estimate	SE	95% CI
模型 M1 （品牌内化行动→ 品牌留职倾向）	M11：品牌内化行动 →品牌认同→品牌留 职倾向	POF – 低	0.01	0.02	− 0.03, 0.05
		POF – 中	0.04 *	0.02	0.01, 0.08
		POF – 高	0.06 * *	0.02	0.03, 0.12
	M12：品牌内化行动 →品牌承诺→品牌留 职倾向	POF – 低	0.03	0.03	− 0.02, 0.09
		POF – 中	0.06 *	0.02	0.02, 0.12
		POF – 高	0.09 * *	0.03	0.04, 0.16
模型 M2 （品牌内化行动→ 品牌职内绩效）	M21：品牌内化行动 →品牌认同→品牌职 内绩效	POF – 低	0.01	0.02	− 0.03, 0.06
		POF – 中	0.04 *	0.02	0.01, 0.09
		POF – 高	0.07 * *	0.03	0.03, 0.13
	M22：品牌内化行动 →品牌承诺→品牌职 内绩效	POF – 低	0.02	0.02	− 0.01, 0.07
		POF – 中	0.04 *	0.02	0.01, 0.08
		POF – 高	0.05 * *	0.03	0.01, 0.12
模型 M3 （品牌内化行动→ 品牌口碑）	M31：品牌内化行动 →品牌认同→品牌 口碑	POF – 低	0.01	0.03	− 0.04, 0.06
		POF – 中	0.05 *	0.02	0.01, 0.10
		POF – 高	0.09 * *	0.03	0.04, 0.15
	M32：品牌内化行动 →品牌承诺→品牌 口碑	POF – 低	0.03	0.02	− 0.01, 0.08
		POF – 中	0.05 *	0.02	0.02, 0.10
		POF – 高	0.07 * *	0.03	0.03, 0.14

注：$N = 290$；抽取样本数量：5000；取样方法：偏差校正（Bias corrected）的非参数百分位法；* $p < 0.05$；* * $p < 0.01$；POF = 个人 – 组织匹配维度（Person – Organization Fit）。

同样，研究结果表明（见表 5 – 36 的模型 M2）：在低个人 – 组织匹配度的情况下，品牌内化行动通过品牌认同/承诺对品牌职内绩效的间接影响不具有显著性且较低（品牌认同：Estimate = 0.01，95% CI ［− 0.03，0.06］；品牌承诺：Estimate = 0.02，95% CI ［− 0.01，0.07］）；在高个人 – 组织匹配度的情况下，品牌内化通过品牌认同/承诺对品牌职内绩效的间接影响有显著性且较强（品牌认同：Estimate = 0.07，95% CI ［0.03，0.13］；品牌承诺：Esti-

mate = 0.05，95% CI ［0.01，0.12］）。此外，研究结果也表明（见表 5 - 36
的模型 M3）：在低个人 - 组织匹配度的情况下，品牌内化行动通过品牌认同/
承诺对品牌口碑的间接影响不具有显著性且较低（品牌认同：Estimate = 0.01，
95% CI ［ - 0.04，0.06］；品牌承诺：Estimate = 0.03，95% CI ［ - 0.01，
0.08］）；在高个人 - 组织匹配度的情况下，品牌内化通过品牌认同/承诺对品
牌口碑的间接影响有显著性且较强（品牌认同：Estimate = 0.09，95% CI
［0.04，0.15］；品牌承诺：Estimate = 0.07，95% CI ［0.03，0.14］）。综上，
假设 H6（包括 H6a、H6b 和 H6c）得到验证。

5.3 社会组织品牌内化量化研究结果汇总

在前文质性研究的基础上，本章主要通过统计分析，对前文的相关假设做
了实证分析与检验，这些研究结果简要总结如下：

第一，通过探索性和验证性因素分析等量化研究方法，开发和检验了我国
社会组织品牌内化行动的测量工具。具体来说，本章在第 4 章的扎根理论、多
案例分析和文献研究的基础上，形成了我国社会组织品牌内化行动的初始量表
（包括 15 个测量条目）；然后，借助于统计分析软件，基于 290 份有效样本数
据，分别采用了探索性因素分析（样本量 N = 110）和验证性因素分析（样本
量 N = 180）等量化研究方法，开发并检验了三维结构的社会组织品牌内化行
动测量工具，确认了本书第 4 章所提出的社会组织品牌内化行动的概念结构。
其中，社会组织品牌内化行动的三个构念分别为学习行动（5 个题项）、品牌
沟通（5 个题项）和领导垂范（5 个题项）。

第二，通过使用独立样本 T 检验和单因素方差分析，本研究对品牌内化研
究模型中各变量进行了人口学（性别、年龄、学历、婚否、职位和单位年限）
与组织学（组织规模和组织类别）特征变量层面的差异分析。本研究发现：
研究变量在性别、学历、年龄、婚姻、单位工作年限及组织类别上均无显著性
差异；个别变量在相关人口学和组织学特征变量上存有显著差异：①品牌认同

在职位上具有显著差异，即"副秘书长"职级的品牌认同显著高于一般工作人员；②品牌内化行动在组织规模上具有显著性差异，即人员规模大的组织品牌内化工作的评分显著高于人员规模小的组织；③品牌口碑在组织规模上具有显著性差异，即来自人员规模大的组织员工的品牌口碑评价显著高于人员规模小的组织员工。

第三，本章主要是对4.3节的研究假设进行了实证检验。通过回归分析和结构方程模型等量化研究方法，本章检验了社会组织品牌内化效能机理，即品牌内化行动对社会组织员工品牌情感和品牌行为的影响机理。在具体研究方法方面，本研究使用了 SPSS 22.0 软件开展了回归分析并检验了社会组织品牌内化效能机理的直接效应，使用 Amos 插件中的 Bootstrapping 分析及 Sobel 检验法对社会组织品牌内化效能机理的中介和调节效应进行检验。实证分析表明：品牌内化行动对社会组织员工的品牌支持情感和支持行为均具有显著性的正向影响，社会组织员工品牌支持情感在品牌内化行动和品牌支持行为间起部分中介作用；个人－组织匹配调节且正向强化品牌内化行动对社会组织员工品牌情感（品牌承诺和品牌认同度）的直接影响，以及对品牌支持行为/意向（品牌留职倾向、品牌职内绩效和品牌口碑）的间接影响。表5-37汇总显示了具体假设检验结果情况。

表5-37 品牌内化实证研究假设检验结果汇总

编号	假设描述	检验结果
	自变量对因变量的影响	
H1	品牌内化行动正向显著影响社会组织员工品牌支持行为/意向	支持
H1a	品牌内化行动正向显著影响社会组织员工品牌留职倾向	支持
H1b	品牌内化行动正向显著影响社会组织员工品牌职内绩效	支持
H1c	品牌内化行动正向显著影响社会组织员工品牌口碑	支持
	自变量对中介变量的影响	
H2	品牌内化行动正向显著影响社会组织员工品牌情感	支持
H2a	品牌内化行动正向显著影响社会组织员工品牌认同	支持
H2b	品牌内化行动正向显著影响社会组织员工品牌承诺	支持
	中介变量对因变量的影响	
H3	品牌支持情感正向显著影响社会组织员工品牌支持行为/意向	支持

编号	假设描述	检验结果
H3a	品牌态度（品牌认同/承诺）正向显著影响社会组织员工品牌留职倾向	支持
H3b	品牌态度（品牌认同/承诺）正向显著影响社会组织员工品牌职内绩效	支持
H3c	品牌态度（品牌认同/承诺）正向显著影响社会组织员工品牌口碑	支持
	中介效应	
H4	品牌支持情感在品牌内化行动与社会组织员工品牌支持行为/意向间起中介作用	部分支持
H4a	品牌认同/承诺在品牌内化行动与社会组织员工品牌留职倾向间起中介作用	部分支持
H4b	品牌认同/承诺在品牌内化行动与社会组织员工品牌职内绩效间起中介作用	部分支持
H4c	品牌认同/承诺在品牌内化行动与社会组织员工品牌口碑间起中介作用	部分支持
	调节效应	
H5	个人–组织匹配调节品牌内化行动与品牌支持情感间关系并且起强化作用	支持
H5a	个人–组织匹配调节品牌内化行动与品牌认同间关系并且起强化作用	支持
H5b	个人–组织匹配调节品牌内化行动与品牌承诺间关系并且起强化作用	支持
	调节的中介	
H6	个人–组织匹配越强，品牌内化行动通过品牌支持情感（品牌认同/承诺）来影响社会组织员工品牌支持行为/意向的作用越强	支持
H6a	个人–组织匹配越强，品牌内化行动通过品牌支持情感（品牌认同/承诺）来影响社会组织员工品牌留职倾向的作用越强	支持
H6b	个人–组织匹配越强，品牌内化行动通过品牌支持情感（品牌认同/承诺）来影响社会组织员工品牌职内绩效的作用越强	支持
H6c	个人–组织匹配越强，品牌内化行动通过品牌支持情感（品牌认同/承诺）来影响社会组织员工品牌口碑的作用越强	支持

假设检验结果表明，品牌内化行动不仅对品牌支持行为/意向具有直接影响，其还会通过不同层面的品牌情感间接地作用于品牌支持行为/意向。同时，作为一种个体特质变量，个人–组织匹配在品牌内化行动对社会组织员工的影响过程中具有调节作用。相对于以往研究，本书所取得的主要研究进展包括：

第一，本书使用调查数据并通过定量研究方法对研究模型中各变量测量工具的信度和效度予以检验，在此基础上进行了探索性因素和验证性因素分析，对前文基于扎根理论所开发的社会组织品牌内化行动的构念进行验证，此举对深化社会组织品牌内化行动内涵的本土理论研究与测量量表研究具有积极的贡献。

　　第二，本书对品牌内化研究模型中各变量进行了人口学与组织学特征变量的差异分析，这将有利于我们更好地了解当前我国社会组织品牌内化工作的开展概况以及社会组织从业者品牌态度和品牌行为的基本表现情况。

　　第三，基于"过程 – 结果"分析框架以及"情感 – 行为/行为意向"两分法的关系建构，本章实证性地探讨了社会组织品牌内化效能机理。通过实证分析，本研究较好地诠释了品牌内化行动对社会组织的重要价值以及品牌内化行动如何促使社会组织员工产生正向的品牌支持情感/行为及意向这一重要议题。

　　第四，本章揭示了品牌内化行动对社会组织员工品牌支持行为的效能机理，此举旨在打开品牌内化行动对社会组织员工工作态度和行为影响的"黑箱"。其中，本研究发现，品牌内化行动直接或间接地通过品牌情感来影响社会组织员工的品牌支持行为或行为意向，并且个人 – 组织匹配在其中起到调节且强化作用，这弥补了当前国内学界有关社会组织品牌内化实证研究的空白。

第6章

❧❧❧❧❧

社会组织品牌外化体系建构与
效能机理的质性研究

6.1 社会组织品牌外化体系与
效能机理的扎根理论研究❶

本节通过深度访谈方法收集相关资料，并借助于扎根理论，对我国社会组织品牌外化的理论分析框架进行了探索性研究。研究结果显示：对于我国社会组织而言，品牌外化行动（即品牌外化过程）由品牌定位、识别和沟通三个主范畴构成，并对组织品牌资产（即品牌外化结果）具有正向显著影响；组织资源支持和市场化运作是社会组织品牌外化工作有效实施的两个重要组织基础。

6.1.1 研究缘由

作为一个源于营利性领域的概念，品牌外化是组织品牌化的一个外向构

---

❶ 本节是在课题的阶段性成果［张冉. 基于扎根理论的我国社会组织品牌外化理论模型研究［J］. 管理学报，2019（4）］基础上修订而成的。

面，主要指通过市场化的品牌塑造和传播策略来向外界传递出与品牌价值相关的信息，创造差别以使自己与众不同，从而促进组织品牌资产的形成和积累。对于企业来说，品牌外化工作优劣与否已经被学者和实践人士视为衡量组织竞争力和影响力的一个重要标志。非营利性机构需要向外呈现出一种不断加强的"商业模样"，尽管他们不以谋利为驱动（Armstrong，1992）。作为一个价值观驱动的非营利实体，社会组织也需要进行"模样再造"，实施品牌外化策略。这是因为品牌是产生和维持社会组织竞争优势的最为关键资源之一，在组织识别、信任促进、资源获取和管理优化等多个方面发挥着重要的功用（张冉，2013b）。因此，社会组织不仅不应排斥品牌外化策略，更应将其视为组织战略性事项之一。然而，对于社会组织来说，品牌外化体系由哪些要素构成，其是否有益于组织？对此，国内学界尚无针对性研究。为此，本节拟通过扎根理论的质性研究方法，从内容构成和效应层面进行社会组织品牌外化体系建构的理论探索，以期望给我国社会组织管理理论研究和工作实践提供相关启示。

在学界，品牌外化是一个相对于品牌内化的品牌管理概念。从品牌化的受众与行动过程角度看，品牌内化面向组织内部员工，目的在于让员工理解和认同组织品牌，而品牌外化是面向组织外部受众（如受益者）而实施的品牌塑造与沟通活动；从结果表现来看，品牌内化最终表现为员工对品牌的情感和行为，而品牌外化表现为组织所具有的知名度、美誉度等品牌资产。总体上，品牌内化与外化是任何一类组织进行品牌管理的基本内容，并且在组织品牌管理过程中需要注重品牌内化和外化间的平衡（De Chernatony 等，2003）。当前，有关非营利部门中品牌传播与管理的内容与影响研究十分稀缺，尽管市场营销理念被运用到该部门已经 40 多年，但与企业领域的大量研究相比较，非营利品牌外化的研究明显缺少，尤其是以我国社会组织为研究对象的品牌外化研究更是缺乏，国内少量研究也主要围绕社会组织品牌外化的价值和构建策略而展开，有关品牌外化内容构成和影响机理等议题的研究几乎为空白。随着我国非营利事业的发展，实践中已经逐渐涌现出一些优秀的社会组织，这些组织在打造组织品牌方面做出了有益的探索。为此，我们使用了扎根理论进行探索性研究，提炼与归纳出符合中国情境的社会组织品牌外化的理论模型，以拓展和深化我国社会组织品牌理论的相关研究。本书第 3 章对社会组织品牌外化内涵、构建模型、价值及困境等方面做了一些有益探索，为本章的深入研究奠定了一定基础。

6.1.2 研究设计与发现

6.1.2.1 扎根理论方法的介绍

与前文 4.1 节的社会组织品牌内化体系理论模型建构一样，本节关于社会组织品牌外化体系理论模型研究也主要采用扎根理论研究方法。当前我国有关社会组织品牌外化的研究十分缺乏，因此，社会组织品牌外化体系构成及效能机理较难通过当前研究获得理论解释，直接进行定量研究的可能性较小。为此，我们将采取扎根理论这种质性方法来探索社会组织品牌外化的内涵构成及其效能机理。根据 Strauss 和 Corbin（1994）的观点，本研究将遵循开放性编码、关联性编码、选择性编码和理论饱和度检验所构成的一个程序化操作方式。该研究方法的具体介绍请参见 4.1 节。

6.1.2.2 数据来源

本次研究选取了在三个不同城市民政部门注册的六家社会组织的专职工作人员为访谈对象（见表 6-1）。访谈对象的选择主要有两方面考虑：一方面是样本组织的考虑。扎根理论要求样本选择具有典型性。当前，我国社会组织分为三大类，即基金会、社会团体和民办非企业单位，而本次选取的六家社会组织类型涵盖了上述三大类型。其中，基金会包括私募基金会 A 和公募基金会 B，社会团体中则有经济类社团 C 和学术类社团 D，这两类是我国最为典型且发展较成熟的社会团体，民办非企业单位则选取了在我国民办非企业单位数量中占比最大、活跃程度最高的教育类机构（E 和 F）。并且，六家组织成立时间均超过 5 年，品牌运作实践较为丰富，可以帮助研究人员获取较为全面、深入的社会组织品牌外化信息。另一方面是访谈对象的考虑。一般而言，信息的全面性和可获性是扎根理论研究中访谈对象选择时需要考虑的重要因素。本研究访谈对象在组织中担任的职位具有较强的多元性，既有组织负责人（如秘书长），也有品牌管理专业人员（如品牌传播主管）。并且，所有被访人员均在当前机构工龄超过 3 年，以确保其对机构品牌外化实践及效应情况持有较为全面、深刻的认识。总体上，研究人员可通过访谈较全面、准确地获取这些组织品牌外化的具体实践。

表 6-1　品牌外化（扎根理论）案例机构基本情况

组织名称	组织类别	所在领域	被访人员
A 文化	基金会	文化教育	品牌主管 1 名，项目主管 1 名
B 社区	基金会	社区服务	（副）秘书长 2 名，品牌主管 1 名
C 协会	社会团体	商业经济	秘书长 1 名，副秘书长 1 名
D 学会	社会团体	学术研究	秘书长 1 名，副秘书长 1 名
E 青年	民办非企业单位	青年教育	秘书长 1 名，副秘书长 1 名
F 儿童	民办非企业单位	儿童教育	秘书长 1 名，品牌主管 1 名

本次研究资料的收集主要采用了一对一的深度访谈法。实施过程中，研究人员提前预约所有受访人员，根据事先拟定的访谈提纲实施访谈并现场录音。在具体访谈过程中，研究人员将根据受访人员回答情况实施针对性或拓展性的追问，进行信息的深入挖掘并鼓励受访人员讲述有关所在组织品牌外化的故事或事例。六家组织的访谈时长逾 600 分钟，并在一周内完成访谈录音的文字整理。此外，研究人员从受访者那里获取了社会组织工作总结、年报、品牌管理计划、内部刊物、重要活动报道等资料，以进一步确认和补充访谈内容。最终，研究人员共整理了近 10 万字的文字记录，并随机选取其中 2/3 的文字记录进行分析，剩下的内容进行理论饱和度检验。

6.1.2.3　研究发现

（1）开放性编码。作为范畴化的首要步骤，开放性编码是一个将访谈文本进行概念化和范畴化的过程。具体而言，研究人员将访谈文本进行逐字逐句的分析和整理，删除信息量较少的文本或无效文本，对含有有效信息的文本实施开放式编码并进行标签化，最终形成概念并发现范畴。值得注意的是，研究人员应尽可能使用访谈对象的原话，以减少研究者主观影响。经开放性编码，我们共获得 13 个概念。限于篇幅，本节摘取了能代表 13 个概念的 32 条描述性文本（见表6－2）。

表6－2　品牌外化（扎根理论）原始访谈记录举例与概念

原始访谈记录举例	概念
（B）由于是基于其社区的特色，因此社区基金会本身就应该各不相同；社区的差异决定我们基金会会有天然的差异。我们的口号就是"社区因你而不同"； （D）上海各类化工化学专业领域的学会很多，多得不得了，但是我们跟他们不一样，我们定位比较高，是上海市层面的化工学会。但你是没有历史的，我们是有历史的。我们的服务定位是比较明确的，主要是服务上海化学化工领域的科研工作者； （E）我们就是想要做公益教育领域最专业的志愿者培养机构，这是我们机构的定位，因此我们只会专注在公益教育领域，专注在青年志愿者的培养	M1 品牌定位确立
（C）有些协会定位不明确，在政府和企业间不断摇摆，但我们定位比较明确，工作中主体服务对象是会员。组织运作从一开始就是市场化，虽然成立时由绿化局牵头，但我们行政事务一直是以会员服务为主； （D）我们行动过程和活动中是一直围绕学会章程的宗旨和使命在做的，一直没有变。在平常工作中，始终围绕这个宗旨，只有这样定位明确，才能更好地凝聚和服务会员； （E）今年上海的×会的志愿者，某政府部门很希望我们负责，但我们感觉其调性与我们不是很匹配，没有接。我们对机构和志愿活动的选择是有要求的，要求其调性和我们的定位匹配	M2 品牌故事呈现
（A）我们是做传统文化的，理事的理念是"做好事，留好心"，因此一开始不想对外传播。真正的对外传播是从2017年开始的，我们现在的秘书长到位了，他本人是媒体出身，对这块非常重视，传播部人员也慢慢充实起来； （F）品牌定位每一年会做一些讨论，由全员参与；我们各个业务小组每年制订下一年工作计划的时候，也会对品牌定位进行相应的讨论	M3 品牌战略审视
（A）我们找了专门的广告公司进行合作，设计了一系列的VI；关于主色调都有一个规范，以前使用可能不规范；VI还有一系列的应用，比如说在信封纸、机构文化衫、名片、茶杯上等； （C）Logo最早是由我们园林设计院设计的，当时做了一些社会征集活动； （E）diggers项目专注于自我正能量发展，为"掘"系列，志愿者职业发展的为"匠"系列。"掘"系列是绿色，"匠"系列是红色，颜色会区分开，形成不同的子品牌符号和视觉形象	M4 品牌符号开发

原始访谈记录举例	概念
（B）我们的 Logo 是银杏。银杏本身代表长寿繁荣的象征。这意味着我们不是几年就能做得很有成效的。我们的愿景是，一直能够陪伴洋泾社区。街道也希望我们能一直做下去，做成百年老店，这与银杏的寓意比较契合； （F）个人品牌这个角度，创始人张某本人身上就可以挖出许多故事，她本人就是一个品牌符号。她个人可以比较形象地传达出我们组织所持有的理念以及形象	M5 品牌价值投射
（A）我们申请了一套商标保护，对我们基金会的名称，包括中文、英文名称和 Logo 进行了保护，其中有很多种类。我们下面有很多品牌项目，对于一些品牌项目、子品牌项目的品牌保护，基金会目前也正在申请； （B）我们机构的 Logo 和资助项目即一日捐的 Logo 是请广告公司专门为我们设计的，并且进行了商标注册	M6 品牌身份保护
（D）如果我们的教授是代表学校出去的，当然是以学校的名义，但如果是受学会安排和邀请去参加相关活动的，那么他必须要体现学会的身份； （F）对外的宣传用语，我们都是一套资料出去的。工作中可能会有一些具体的适应性的改造，但是我们大方向是一致的； （E）以前成员出去会使用项目品牌身份，但大家现在也比较有意识使用赋启青年这个机构品牌名称，外面合作方、服务对象等也慢慢地知道了我们机构而不仅仅是我们的项目	M7 沟通信息协调
（D）我们有自己的官方网站、微信、微博和公众号，每个月我们还会通过电子简报来向政府、合作方、捐赠方去宣传我们。纸质的我们都是通过大型活动，包括来访、出去交流，进行一些发放； （F）我们主要用的还是新媒体渠道，如邮件、微信等。传统媒体反馈率和互动率不太高，我们没有太主动去利用；去年公益日在北京一列地铁上打了一系列广告，这是针对公众募款，通过二维码把他们引流到我们项目上面	M8 沟通渠道整合
（A）如果一个项目有新的宣传品，对外宣传凡是涉及基金会的 Logo 和一些资料，都经我们传播部审看过。对外的新闻把关都在我们这里，我们会看一下，如果有一些不太好的词汇，会给他们一些建议； （B）在宣传时，如有接受采访，不管是纸媒还是电视媒体，我们至少过几天就去搜索一下，看看他们报道是怎么样的，是否有偏差，现在基本上都跟我们的核心思想和理念相符； （D）我们规定，专委会所有以学会名义的对外广告都要发过来，我们要审查一下。这种宣传我们很重视	M9 沟通品质管控

续表

原始访谈记录举例	概念
（B）有关募款、捐赠，我们基金会通过一些资源和网络，但也有一些企业主动和我们联系……所以我们社区基金会也算有一定名气，别人也会推荐，包括市区、街道的都会对接到我们这边来； （C）我们协会在行业的品牌知名度还是不错的，包括全国以及兄弟行业协会都知道我们上海的协会； （D）在化工化学领域的奖项中，北面有何德榜，南方就是我们的庄长恭奖。这种评奖，一方面把科技英才推出来，另一方面也是宣传我们自己	M10 品牌知名度
（B）社区居委会对我们基金会现在推荐和对接过去的公益项目质量还是比较认可的，居民的满意度也比较高； （D）我们组织的高中生化学化工竞赛也是我们组织品牌宣传的一个重要点，也是市教委认可的五大竞赛，学生的家长也非常认可	M11 品质认可度
（A）我们机构的公信力很不错。每年的中基慈善透明指数，都是满分一百分； （F）在弱势儿童艺术教育这一块，我们现在的口碑可以排到行业第一，如果再宽泛一点，是弱势儿童的公益教育，我们在行业中可以排到前五，应该是肯定的	M12 品牌美誉度
（B）参与我们活动的家长，比如说像少年智的家长，即使她的孩子不一定每年都会参加我们的活动，她也会跟其他的家长说这个活动很好，我们现在很多的家长粉丝帮助我们进行推荐和宣传； （D）从事化学化工的学者参加学会的首选就是我们学会，这主要是她的名气和地位在那里。我很自信，你可以问这个领域的专家，他们基本上都参加了我们学会	M13 品牌忠诚度

（2）关联编码。基于开放式编码，本研究获得了 13 个相对独立的概念，然而，对这 13 个概念的关系尚未进行探讨。为此，本研究进行关联编码。关联编码，也称为主轴编码，其主要工作是对基于开放编码所获得的概念建立相关联系并形成若干范畴。最终，13 个概念被整合为 5 个子范畴以及 2 个主范畴（见表 6-3）。

表 6 - 3　品牌外化（扎根理论）概念的关联编码

核心范畴	主范畴	子范畴	概念
品牌外化体系	品牌外化行动（品牌外化过程）	品牌定位	品牌定位确立（M1） 品牌故事呈现（M2） 品牌战略审视（M3）
		品牌识别	品牌符号开发（M4） 品牌价值投射（M5） 品牌身份保护（M6）
		品牌沟通	沟通信息协调（M7） 沟通渠道整合（M8） 沟通品质管控（M9）
	品牌资产（品牌外化结果）	浅层品牌资产	品牌知名度（M10） 品质认可度（M11）
		深层品牌资产	品牌美誉度（M12） 品牌忠诚度（M13）

（3）选择性编码。这主要是指从范畴中发现"核心范畴"的过程，即选择一个或多个能够统领其他范畴、具有较强概括能力的核心范畴，并在此基础上形成理论框架。本书的核心范畴是社会组织品牌外化体系，围绕核心范畴的故事线，我们获得了品牌外化的"过程—结果"理论框架：品牌外化行动和品牌资产分别是社会组织品牌外化体系的过程端和结果端，品牌外化行动将影响品牌资产形成；品牌外化行动由品牌定位、品牌识别和品牌沟通组成，而品牌资产表现在浅层品牌资产和深层品牌资产两方面。

（4）理论饱和度检验。根据扎根理论研究的规范化程序，为确保所构建理论模型的高效度，本研究实施了饱和度检验。基于"理论饱和原则"，本研究对预留的1/3信息文本（约4万字）进行饱和度检验，结果研究人员未发现新的重要（主）范畴和关系。因此，本书所探索的社会组织品牌外化整体模型在理论上达到饱和。

6.1.3　研究结果与分析

6.1.3.1　社会组织品牌外化体系理论模型及其内容要素

基于扎根理论研究，本书挖掘出社会组织品牌外化体系模型的两大主范畴，具体如下：

（1）品牌外化行动。这主要是指社会组织品牌外化体系中的实施过程，即在目标市场中确定一个明确、独特的品牌形象并进行组织品牌整体设计和传播的一系列活动，其目的在于向组织外部利益相关者（如捐赠者和受益者等）传达组织品牌重要信息，从而与这些外部利益相关者建立起持久且紧密的关系，最终促进组织品牌资产的建设。基于扎根理论，社会组织品牌外化行动主要包括三大元素。

第一，品牌定位。即确立社会组织明确且独特的品牌形象，以使组织品牌在利益相关者心中占领一个有利的位置。品牌定位可以帮助组织实现"攻占心智"（艾·里斯和杰·特劳特，2002），使组织外部利益相关者从心中感受到组织品牌的独特性优势，有助于组织与外部利益相关者建立长期且稳固的关系。换言之，品牌定位可以找出组织（品牌）产品所提供的利益中最值得目标受众记忆的东西。具体实践中，品牌定位可以体现在组织形象、目标市场和功效等多个方面。例如，F机构的品牌定位是一家由"80后""90后"组成的非营利性机构，而这恰好与该机构以儿童为目标市场以及年轻、创新和适应外界变化的品牌个性相匹配；A机构提出做"不做浮冰做冰山""百年基金会"等口号也是该机构品牌定位的一种呈现。通常，品牌定位是社会组织品牌行动中的首要活动，与社会组织所倡导的使命和组织宗旨密不可分。

第二，品牌识别。即在品牌定位的指导下进行组织品牌符号化（如标识、名称和口号等）并对其保护的活动。一般而言，品牌识别（如口号）能够简洁、明快地传达组织品牌定位的内涵，并使品牌定位倡导的独特利益陈述易于被受众所理解和记忆（Stanley，2007）。经扎根理论研究，品牌识别可由品牌符号开发、品牌身份保护和品牌价值投射这三个部分构成。其中，品牌符号开发要求社会组织能够建构一套系统化、个性化的品牌识别符号，以更好地呈现出利益相关者所认同的品牌独特性，包括视觉识别（如标识）和言语识别（如口号）。本研究表明，六家社会组织均建构了较具独特性且能够呈现出品牌定位内涵的组织标志（Logo）。例如，F 机构负责人提及：在众多公益机构的 Logo 中发现和识别我们组织的 Logo 是十分容易的，一是因为多数公益机构 Logo 以方形为主，而我们组织的 Logo 是长条形状的，二是因为其他公益机构 Logo 往往现代感较为缺乏，而我们的 Logo 比较符合当前年轻人偏好的效果。品牌身份保护，则要求社会组织从所有和使用层面对品牌进行保护。总体上，我国多数社会组织品牌保护意识较为薄弱，一些商业机构打着公益机构的名义实施商业性的营销活动。本研究表明，六家社会组织品牌保护相对较好，并且均进行了品牌商标的注册。例如，C 协会与会员企业合作举办行业足球赛，为此专门签订相关协议，以对 C 协会的品牌标识（如名称和 Logo 等）的使用进行了相应的规制。品牌识别是品牌之形，而品牌价值是品牌之魂。作为价值观驱动型的非营利性机构，品牌识别体系需要清晰、有效地呈现出社会组织的品牌价值信息，如宗旨和使命等。

第三，品牌沟通。这主要指将组织品牌相关信息（包括品牌符号）与外部受众沟通的一系列活动。前文扎根理论研究表明，社会组织品牌沟通表现在信息协调、品质管控和渠道整合这三个方面。其中，信息协调和品质管控主要是品牌沟通的内容管理，渠道整合则是品牌沟通的形式设计。一是信息协调，即品牌对外沟通内容的协调性。一方面，机构与项目间的纵向协调。实践中，我国社会组织常以项目形式开展市场化运作，因此，项目品牌对机构品牌将存在"挤出"效应。E 机构负责人指出，一些组织成员常倾向于以项目身份开展对外活动，这使得该机构知名度弱于项目，并导致一些组织成员组织品牌的归属感较低。与 E 机构不同，D 学会强制性规定：学会专委会举办的所有活动都要有学会的标识，如 Logo。另一方面，部门、项目间的横向协同。这要求社会组织各部门、项目组开展对外沟通时信息内容要保持一致性，避免"讯出多门"下的信息矛盾。二是品质管控，即社会组织需要对品牌沟通内容的真实性进行审查与控制。信息协调主要强调所沟通信息的内容优化，而品质控制强调所沟通信息的内容纠偏。社会组织信息具有较强的敏感性和外部溢出效应。

不合时宜甚至失真的信息往往会给社会组织声誉带来较大的负面影响。现实中，受自身利益驱动，一些媒体也有可能做出与社会组织品牌运作事实偏离的报道（如下文 F 机构访谈对象所言）。

> （F）也存在个别内容媒体可能会使用一些吸引眼球的词语，但这并不是我们所希望表达的内容。有媒体报道我们服务于底层孩子，但是我们绝不可能出现这样一种描述，我们感觉"底层孩子"有一些歧视的含义，当时看了之后有一点担忧。

因此，除了加强事前的沟通品质把控，社会组织也需要加强事中、事后品牌信息的审核与管理。例如，社会组织应定期地核查已公开传播的品牌信息，及时与报道不当的媒体沟通并更正相关信息，对于已给组织声誉带来较严重负面影响的失真报道，组织还应追责并实施公共关系以消除对组织的不利影响。

三是渠道整合。社会组织应该积极利用多种传播渠道来实施品牌沟通。本研究表明，六家社会组织都可以较好地利用电视、报纸等传统媒体以及微信、公众号等新媒体来进行组织品牌的对外推广。与传统媒体相比，新媒体使得组织品牌对外沟通的人际互动性更强、覆盖面更广并且便于操作。因此，本研究中多家社会组织（如下文的 F 机构）在品牌对外沟通过程中均强调了新媒体的使用。

> （F）现在这个时代，要利用线上线下相结合，多利用一些新媒体，因为自媒体的资源和渠道永远掌握在自己手上。

（2）品牌资产。在学界，品牌资产可以基于两个视角来理解，一是市场与财务的视角，这主要强调组织的现金流、市场份额等；二是顾客感知的视角，旨在聚焦于基于品牌名称的顾客心智模式（张峰，2011）。鉴于社会组织的社会性和非营利性，本研究中社会组织的品牌资产主要从顾客感知的视角予以考虑，即从外部顾客角度去考量品牌给社会组织带来的附加感知效应和利益，而六家机构的访谈材料也主要呈现了这种顾客感知下的品牌资产。当前，学界有关品牌资产的种类众多，包括品牌知名度、品牌联想度和忠诚度等。限于篇幅，本研究在扎根理论分析中主要提取了四类最常见的品牌资产，并通过关联分析将这四类品牌资产归于浅层和深层品牌资产。一方面，浅层品牌资产。这主要包括品牌知名度和品质认可度。品牌知名度是社会组织品牌被社会公众知晓和了解的程度。B 机构是上海市第一家具有公募资格的社区基金会，该机构负责人提及：不少机构来找我们合作，就是看到了我们在社区的连接度、知名度和影响力。与品牌知名度不同，品质认可度主要强调外部利益相关者对组织（品牌）产品质量的整体印象。E 机构负责人提及：公益界有个知名的公益筹款活动即"一个鸡蛋的暴走"，正是因为主办方（上海联劝公益基金会）对我们志愿者服务质量的认可，活动终点站的志愿服务由我们独家提供。总体上，服务品质的高低是社会组织可持续性发展的重要基石，关系着社会组织的整体形象及社会认同，在我国第三部门竞争日益激烈的背景下社会组织服务品牌品质的提升尤为重要。另一方面，深层品牌资产。这主要包括品牌忠诚度和品牌美誉度。品牌忠诚度主要指组织客户忠实于组织（品牌）产品的倾向或将其作为首选的意向（Yoo & Donthu，2001）。例如，作为一家自下而上生成的社会组织，F 机构三次获得北京市总工会颁授的"购买社会组织服务优秀项目"称号。当然，社会组织供给的产品多具有间接性的特征，即产品的购买者有时并非是消费者。因此，在第三部门中品牌忠诚的感知主体较为广泛，包括服务购买者（如政府部门）、捐赠者、服务对象等。例如，如果捐赠者对某一公益机构持有高品牌忠诚度，其会倾向于将该机构作为公益捐赠的首选对象。在实践中，品牌忠诚也可表现为社会组织利益相关者向他人进行的人际推荐，如 B 机构服务对象（即儿童）的家长向其他家长推荐和宣传 B 机构及其服务项目。品牌美誉度，主要是指组织声誉的美好程度，具体表现为外部受众对组织的信任和赞美程度。例如，2015 年 A 机构获得了"金桔奖"第三名，该奖项是我国唯一一个由民间公益组织直接评选的奖项，代表着民间公益机构的最高评价。当然，作为一个以公益促进为使命的机构，与政府和企业相比，社会组织往往被赋予更高的声誉。总体上，品牌美誉度是社会组织品牌资产的高级形式，是社会组织最为稀有、最有价值及难以模仿的无形资产。

6.1.3.2　社会组织品牌外化体系（效能机理）理论框架

围绕"社会组织品牌外化"这一核心范畴，本研究用"故事线"梳理出社会组织品牌外化体系及其效能机理实现的理论框架，具体如下：

一方面，品牌外化行动有利于提升社会组织的品牌资产。由于信息不对称，外部利益相关者往往无法清晰掌握社会组织品牌相关信息，而品牌外化行动本身代表着社会组织品牌与外部的有益互动，将提供外部利益相关者了解组织品牌的重要途径，在社会组织品牌资产的形成过程中扮演着重要的角色。基于态度可接近性理论，个体对某一组织品牌越熟悉，其脑海中产生的联想也就越广泛，该组织品牌的信息也就越容易从该个体的记忆中被提取，从而对其品牌评价产生影响（朱翊敏和周延风，2013）。因此，品牌外化行动所引致的与外界的积极互动将有利于社会组织品牌被外部利益相关者所知晓和熟悉，从而扩大品牌知名度，并且如果该品牌价值符合这些利益相关者（如服务对象）的需求，也将会给他们带来心理层面上的正向情绪，从而提升他们对品牌的忠诚度和美誉度。一个优秀的品牌识别体系本身不仅有利于消费者识别、记忆该品牌，而且通过卓越的设计，也可让消费者在消费过程中感到该品牌更多的附加价值（姜浩等，2006）。换言之，品牌外化行动有利于促进社会组织品牌与外部利益相关者（包括购买者、服务对象）取得更多的联系，从而提高外部利益相关者的品牌忠诚度。总体上，品牌行动将有利于提升社会组织的品牌资产，这也获得了本研究的证据支持。例如，下文 A 机构访谈材料表明，品牌外化行动的缺失不利于社会组织品牌知名度的提升，而 D、E 机构的访谈材料也证实品牌外化行动（如品牌定位与品牌沟通）在社会组织品牌资产（如品牌美誉度、忠诚度）的积累中发挥着积极的作用。

（A）刚成立前几年，熟悉我们的人评价总体不错，但也有人评价一般，认为不知道在做什么，个别人只知道我们钱比较多。前三年品牌刚打出去的时候必须有人专门做品牌这个事情，因没人来做，所以当时形象有点"野生"。

（D）有些协会定位不太明确，在政府和企业间摇摆。一开始由绿化局牵头，但我们定位还是主要面向会员服务。有时为政府做些事情，但更会注意保护行业和企业利益，这样我们就可以获得会员的信任和支持，在行业中公信力也就建立起来了。

（E）联劝"一个鸡蛋的暴走"，我们会把这当成一个品牌传播活动，参加的企业都是我们潜在的资助方，也有很多公益组织在。联劝找到我们后，就不断有机构找我们去做大型活动。

另一方面，市场化运作与组织资源支持是社会组织实施品牌外化行动的品牌基。品牌基，主要指社会组织品牌外化行动的实施基础。市场化运作，又称为市场导向，是一个较宽泛的学术范畴（胡杨成和蔡宁，2009；张冉，2018b），既涉及组织内部成员专业化和部门间协调，又涉及组织外部信息收集和需求响应。限于篇幅，本研究主要提炼了服务供给与网络嵌入作为社会组织市场化运作的主要内容呈现。品牌外化行动有利于提升社会组织品牌资产，然而，正性品牌资产的形成（如品牌美誉度）取决于社会组织能否兑现其品牌对外承诺，即能否提供满足市场主体需求的产品和服务。实践中，我国一些体制内社会组织市场化运作程度较弱，组织行动多基于政府部门意志而非满足市场主要需求，从而难以形成并积累组织品牌资产。与企业相比较，社会组织是一个价值观驱动型机构，其拥有的外部利益相关者更为多元，因此，社会组织市场化是以组织宗旨为准绳下对外部市场主体需求的一种积极响应，换言之，社会组织所提供的产品或服务需要满足外部利益相关者的需求。本研究发现，案例中的多个社会组织受访对象（如下文的 C 和 D 机构）均表示，组织产品与服务能够契合客户（如会员单位）的需求，是社会组织品牌外化行动开展和品牌资产形成的重要基础。

（C）我们协会是社会组织，因此，任何品牌传播都需要一个载体，即优质的服务，离开这个，再好的传播都是没用的。我们的对外传播服务还是主要依托于满足会员需求。

（D）作为非营利的机构，除了品牌传播，更重要的是要学会脚踏实地，实实在在地做好学会工作，要看学会的工作内涵是否符合会员需求，这样才会使学会品牌得以长久和持续。

此外，市场化运作也是一种社会网络嵌入的组织运作，这要求社会组织不断卷入社会网络之中并在这个网络中建立和发展各种网络关系。对于社会组织而言，品牌外化行动是一种面向社会多元主体的信息传递，因此，品牌外化行动的有效实施要求社会组织借助多元化的品牌沟通渠道，而充分且广泛的社会网络嵌入将为社会组织品牌外化行动提供有益的关系支持。于是，社会网络的积极嵌入也将是社会组织实施品牌外化行动、建设品牌资产的重要基础。当然，在我国社会情境下，政府部门也是社会组织重要外部利益相关者之一，给我国社会组织提供了多类发展性资源，如政策、公共服务购买等，因此，体制化的行政关系嵌入也应是我国社会组织社会网络嵌入的重要内容，这将为我国社会组织品牌外化行动提供富有价值的组织资源。例如，下文 B 和 C 机构通过建构不同类型的社会网络关系来进行组织品牌建设。

（B）社区基金会和其他基金会可能有些不同，有利的方面是我们跟政府的关系比较密切。因此，政府给我们开放了很多资源，如很多活动，街道的领导会到场，大型活动，市、区领导也会来参加并报道。

（C）今年协会和企业合作搞了一个足球赛，这是一个行业内的推广。我们找了一家企业冠名，一家企业赞助，跟企业合作，利用它们的资金。球赛上企业推广它们的品牌，我们也把协会名称标识做成围栏广告。

品牌外化行动是以组织资源的承诺或支持为前提的。品牌是一类有价值但高成本的资产，为了在社会公众心目中维护组织品牌认知度并强化它的地位，社会组织需要持续地进行人力与财务方面的开销（张冉，2013a）。扎根理论研究表明，当前我国社会组织进行品牌外化行动时，组织提供的资源承诺与支持主要体现在人力和金融资源两方面。与企业相比较，社会组织人员规模较小，资金较为匮乏，并且出于薪酬、职业稳定性等原因，人才招募能力相对较弱，这在一定程度上限制了社会组织品牌外化行动的专业实施。当前，我国社会组织品牌外化活动的非专业性较为明显，不少社会组织的品牌设计、对外沟通等事项多由组织办公行政人员或项目管理人员兼做，缺乏专业、专职的品牌管理人才；并且，品牌建设（如组织形象设计、品牌传播等）常需要组织较多且持续性的资金投入，我国多数社会组织难以负担。我国第三部门品牌外化行动中专业人才缺乏和资金匮乏的资源限制现象也得到了几位访谈对象（如下文的 C、E 和 F 机构）的提及与认同，正所谓"巧妇难为无米之炊"。

（C）有活动会请媒体来报道，包括《劳动报》《城市导报》。有时它们也会主动找我们。但这些都是有费用的，很多时候并不是不想宣传，这些都是需要有经费支撑的。

（E）有关品牌传播这方面，公益组织还是有相关意识，但落地实施的最大难点在于没有资金和专业人员、专业知识来支撑这类事情。

（F）对公益组织来说，大部分人员都安排在项目上，在品牌传播这一块人员相对比较少；公益机构面临一个普遍的情况，就是缺乏专业做品牌传播的人士以及精力。

6.1.4 研究总结

6.1.4.1 研究结论

通过扎根理论研究，本书构建了中国社会组织品牌外化体系的理论分析模型，核心范畴即社会组织品牌外化体系由品牌外化行动和品牌资产这两个主范畴构成，并且，品牌外化行动的实施和品牌资产的形成需要以市场化运作和组织资源支持为基础，从而表现为"基础－过程－结果"的一个社会组织品牌外化体系理论框架（见图6－1）。一方面，社会组织品牌外化体系的"过程－结果"两元模型。在学界，品牌外化可分为过程论和结果论两类。基于过程论的品牌外化是一种向外界进行品牌信息传播的过程，基于结果论的品牌外化被视为品牌资产这种品牌价值的资产化呈现。笔者认为，社会组织品牌外化（体系）既非一个过程也非一个结果，而是一个"过程"和"结果"结合的系统：品牌外化行动为社会组织品牌外化体系中的实施过程和前端，由品牌定位、品牌识别和品牌沟通三个模块组成，而品牌资产是社会组织品牌外化体系中的实施结果和后端，表现为浅层品牌资产（如品牌知名度和品质认可度）和深层品牌资产（如品牌忠诚度和品牌美誉度）两方面。另一方面，社会组织品牌外化体系的"内－外"品牌基体系。即社会组织开展品牌外化行动和建设品牌资产的基础。其中，外部基主要表现为外向型的市场化运作（如品质服务和网络嵌入），内部基则主要表现为内向型的组织资源承诺（如人力和金融资源）。

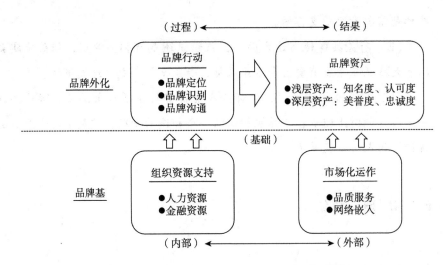

图6-1 我国社会组织品牌外化体系的理论模型

6.1.4.2 研究讨论

本研究主要理论贡献有两点。一方面，本研究以社会组织为研究对象展开品牌外化的研究，探索出了我国社会组织品牌外化行动的三维模型，这将有利于拓展学界有关社会组织品牌外部管理的理论研究。本研究发现：与一些学者（Hankinson，2000；黄光等，2016）构建的非营利性机构品牌化模型相似，本研究探索出的社会组织品牌外化行动模型是一个系统性的行动体系，涉及品牌标识与传播等多个方面。然而不同的是，本研究所建构的社会组织品牌外化行动三维模型是一个由内而外、从理念到行动的层次化模型。其中，品牌定位主要体现为社会组织自身理念（如使命、宗旨）的契合，品牌沟通主要是社会组织面向外部的沟通行动策略，而品牌识别是嫁接组织自身理念和外部沟通行动的桥梁。总体上，这种层次化模型能够较准确地反映出社会组织的主要特性。例如，社会组织是一个价值观驱动型机构，强调品牌价值观（如使命）在组织品牌化过程中的地位，这将通过品牌定位这个范畴得以呈现；从沟通内容和形式角度来看，品牌沟通分为信息协调、品质控制和渠道整合三个方面，这可以较为全面地诠释我国社会组织品牌对外沟通的实践情况。另一方面，本研究建构了社会组织品牌外化体系"基础-过程-结果"的整体性分析框架，即品牌外化行动与品牌资产间"过程 – 结果"的先后逻辑关系以及品牌外化行动实施所需的"内 – 外"品牌基，这将弥补国内学界关于社会组织品牌外化整体架构研究的不足。当前，国内个别研究就非营利品牌化行动本身进行了探索，但有关非营利品牌化行动的效能机理研究几乎为空白，并且未将品牌外化行动实施所需具备的组织基础条件整合到我国社会组织品牌外化的研究视域之中，研究显得较为碎片化。基于扎根理论所建构的"基础 – 过程 – 结果"的品牌外化体系模型，能够全面、清晰地阐释出我国社会组织品牌外化的内涵以及作用关系，为我国社会组织品牌外化的深化研究提供了一个较好的理论分析框架。

同时，本节有如下管理启示，第一，品牌外化行动直接影响着社会组织品牌资产的建设与形成。作为组织的一项无形资产，品牌资产决定着组织竞争优势的形成，如捐赠者的信任、服务对象的忠诚等。为此，社会组织应将品牌外化行动事项置于组织战略性层面上进行审视和考虑，不能将品牌外化视为一种"商业化"策略而予以排斥。第二，社会组织品牌外化行动并非是一个简单的对外宣传过程，而是需要社会组织在品牌定位、品牌识别和品牌沟通三个层面进行层次性的构建。为此，社会组织需要确立清晰、能够呈现组织价值观的品牌定位并在具体实践中予以坚守，建立一个富有个性、多元化的品牌识别体系，并合理利用各种渠道、协调性地开展对外品牌沟通，从而实现组织品牌资产的形成和积累。第三，社会组织品牌外化行动的实施和品牌资产的形成，取决于组织市场化运作程度和组织给予的资源承诺。为此，社会组织既需要积极、主动地嵌入社会中建立多元化的社会关系，提供优质并符合市场需求的非营利服务，同时需要在品牌外化过程中能够持续、充分地获得在人和财两方面的组织资源支持。这里我们要强调的是，品牌外化行动仅是社会组织品牌资产提升的一个管理性策略，社会组织能否成为知名、受到公众广泛赞美的非营利品牌，更取决于其能否提供契合市场化需求的产品和服务。此外，本研究仅为一类质性研究，研究结果信度可能存在不足，因此，后文将实施多种方法（如案例分析、定量分析等）来进一步论证本节的研究结果。

6.2　社会组织品牌外化体系与效能机理的多案例分析

6.2.1　研究缘由

6.1 节通过扎根理论研究的程序化操作方式构建了我国社会组织品牌外化内涵构成与效能机理模型。如前文所说，扎根理论这种质性研究方法的科学性与合理性在学界具有一定争议，能否使用该模型来描述其他社会组织品牌外化内涵构成及效能机理的具体情况，这需要我们做进一步的探索。因此，为了进一步检验和充实社会组织品牌外化模型，按照 4.2 节的操作方式，我们选取三家有代表性的社会组织来进行模型的多案例检验，以进一步增强模型的说服力。

6.2.2　研究设计

6.2.2.1　案例研究法的说明

与 4.2 节类似，本部分将开展多案例研究。案例研究法的实施包括四步，即基础准备、理论预设、案例获得及案例分析与结果。其中，基础准备（见第 2 章和第 3 章）和理论预设工作（见 6.1 节）已经完成，本部分主要进行案例分析，操作流程介绍详见 4.2 节。

6.2.2.2　案例选取

本节进行的多案例研究主要是选取了在东部地区民政部门注册的三家不同类型社会组织（即民办非企业单位、基金会和社会团体）。当然，为了保证案例检验的独立性，所选取的三家机构与扎根理论研究的样本机构不同。三个案例的分析主要是对社会组织品牌外化内涵构成和效能机理模型的进一步检验，以判断各组织实际情况是否与已有模型的各维度相吻合。根据受访者匿名性的要求，本书有关下列三家组织信息有所简略（见表 6-4）。

表 6-4　品牌外化（多案例分析）机构简要情况

组织名称	成立年份	组织类别	活动范围简介
X 机构	2011	民办非企业单位	该机构创立了全国首家线上慈善商店，致力于帮助残障伙伴可持续就业与社会融入、物资的环保循环利用和慈善文化传播。该机构将"电子商务"和"慈善商店"进行结合，打造了一个创新的公益模式
Y 机构	1994	基金会（公募）	主要职能是组织开展和资助有益于青少年健康成长的各项活动，推动青少年教、科、文、卫等方面事业的发展。该基金会依托于国内某著名的助学慈善项目，在全国范围内开展了许多很有知名度的活动
Z 机构	1949	社会团体（文艺类）	主要业务包括开展各项相关艺术成果展示与科研活动、开展相关艺术领域人才的培训等，一些具体活动有举办艺术作品展演、组织艺术水平等级考试等。作为一家体制内的社会组织，该机构在人事和财务方面隶属于该地区的上级业务主管单位并受其指导

6.2.2.3　数据分析方法

本研究主要采取数据编码方法来对所获得的资料进行整理。先由 1 名研究人员进行资料整理，然后由 1 名研究人员独立进行编码。编码过程中，研究人员以 6.1 节初步建构的品牌外化体系模型为参考依据，以避免研究的主观性。具体步骤如下：首先，按照资料来源进行数据一级编码：对三家社会组织的资料使用不同编号（如 A 基金编号为 A），并同时对访谈条目进行编号；其次，将品牌行动（品牌外化策略）和品牌资产这两个构念进行二级编码（见表 6-5）；最后，根据品牌行动和品牌资产的子构念进行三级编码。

表 6-5　品牌外化（多案例分析）构念及关键词举例

构念	子构念	关键词举例	编码
品牌行动（品牌外化过程）	品牌定位	理念、定位、存在	a
	品牌识别	Logo、标签、形象	b
	品牌沟通	传递、渠道、微信	c
品牌资产（品牌外化结果）	浅层品牌资产	知晓、认可、熟悉	m
	深层品牌资产	声誉、愿意、偏爱	n

6.2.3 研究分析

本章 6.1 节的扎根理论研究初步探索的社会组织品牌外化体系框架由品牌外化行动和品牌资产两部分构成，并且品牌外化行动与品牌资产之间是影响和被影响的关系。为此，本研究主要通过多案例分析就上述研究结果进行重测。其中，本部分重点对三家社会组织品牌外化行动的构成内涵进行分析。

6.2.3.1 品牌外化行动的表现

第一，品牌定位的案例体现。组织的品牌定位是指确立其明确而独特的品牌形象，即通过明确组织的宗旨来确立其品牌的定位，通过讲述组织的品牌故事来体现其品牌，以及通过组织的领导和成员对品牌定位的不断讨论来明确其使命与未来发展前景。从"品牌定位"这一角度来看，X 机构表现较好。在访谈过程中发现，X 机构组织定位明确，有体现其品牌价值的宣传片和独家品牌故事，且在组织发展过程中领导与员工一起对机构的品牌定位进行定期的讨论，以确定机构未来的发展方向并促进组织品牌定位的"与时俱进"。相比较而言，Y 机构建立自身品牌价值主张并有着相对明确的品牌定位，但不足的是品牌定位略为宽泛，如表现为组织活动内容较广，与同行或竞争者品牌的差异化不足；总体上，Y 机构的品牌化工作能够反映品牌定位的取向，但在一些具体项目上稍微有所偏离。此外，Y 机构内部人员对今后组织发展取向和品牌定位的讨论较少，该组织的品牌故事揭示了其当初成立的背景，但随着社会环境与服务对象需求等变化，品牌定位与品牌故事存在一些不相容的情况。Z 机构是一家社会团体，其品牌定位相对比较明确，有独特的核心价值主张，主要是联系和服务所在地区的艺术家和艺术工作者。当然，受访者也表明，近两年 Z 机构及其负责人也意识到机构的品牌定位方面有待优化，并认为 Z 机构不仅应成为一个以会员服务为根本目标的互益性社团，也需要促进行业和社会利益的增进、服务于公众，"新文艺群体"也是 Z 机构未来的重点服务对象。从总体上可以看出，Y 机构和 Z 机构都具有相对明确的品牌定位，但在组织属性上都属于体制内机构，在过去一段时期内未能与时俱进，品牌定位较为固化。为此，定期讨论和审视组织品牌定位的现状和问题，对于一家社会组织品牌的成长很有必要。三家机构品牌定位的资料举例见表 6-6。

表 6-6　品牌外化（多案例分析）-品牌定位的资料举例

机构	典型资料举例
X 中心	（Xa）我们组织整体是以助残为方向，不遗余力地解决残障人士的就业问题，我们的公益理念是：为了与我们相同的人，也为了与我们不同的人，而每一个不同，都有价值； （Xa）我们倡导的是"知行合一"的品牌理念，这个不是说做虚的，摆在那里的，是真的做成服务社区的多元化的慈善超市，这个得先找对的街道合作，并不是说所有的街道都可以； （Xa）一线和二线城市是我们的重要发展地区；计划可以构建一个在线平台、线下购物和小型社区慈善商店相结合的发展模式； （Xa）我们有一个"我们为什么工作"的品牌故事和视频宣传片，通过这个小短片说明了残障人士对于能参与工作实现自身价值的渴望……这也是我们组织想做的以及它存在的意义
Y 基金会	（Ya）我们的总体定位比较大，如"为全国各省市的贫困地区、革命老区、对口帮扶地区提供资助"。组织总体的宗旨是倾向于教育……在各种项目的实施过程中，比如涉及审计资金等小问题时可能稍微会偏离，但总体而言与品牌定位和组织宗旨没有很大的偏离； （Ya）现在本组织最大的问题是接下来会做成什么样子，如何进行创新，接下来可能会做青少年引领的项目，但还没有定论； （Ya）我们曾经有一个品牌故事，它揭示了当初"希望工程"成立的背景，但是跟现在有所区别
Z 协会	（Za）作为一个体制内的机构，就是希望你能够围绕党的中心大局工作，它的理念其实就像是小政协，凝聚会员；为人民、为政府服务的时候，可以叫来这些艺术家，主要是为了搭建活动的平台； （Za）我们很多协会原先的传统定位就是服务好艺术家，联系好艺术家，后来也没有花更多的时间和精力去考虑以后的发展； （Za）我们是参公的单位，有时政府指令性比较强。我们现在逐步重视体制外的群体，我们上级单位也意识到这个问题的存在，现在和以后要把这个作为重点工作来推进

　　第二，品牌识别的案例体现。组织的品牌识别是指在组织品牌的定位明确的基础上，将品牌形象符号化，并对其符号化的名称、标识、口号、象征物等

进行保护的过程，其主要内容包括品牌符号的开发、品牌身份的保护和品牌价值的投射。在研究中发现，X机构在这方面做得较好，该组织有自己明确的标识和宣传口号，创造了多元化的品牌符号，一些品牌符号（如Logo）也较为通俗易懂且具有个性化的含义。并且，该机构在打造出组织经典的慈善项目的同时，也对它进行了相应的品牌保护。此外，X机构在某街道开办的慈善超市使用了黄色色调，实现温馨与时尚的结合。值得一提的是，该机构还聘用社区特殊人群当慈善超市店员，帮助他们融入社区，这不仅有助于机构形成一种移动式的品牌识别元素，也更好地呈现了机构品牌所倡导的价值主张。作为一家公募基金会，Y机构在有形的品牌识别开发上做了一定的努力，但这些品牌识别元素在实际中实施的手段和效果较为有限。Y机构虽有自己的Logo，但使用和曝光率较低。并且，品牌标识的形式相对单一，品牌符号的展现形式也较少，更多是通过官方渠道来呈现。在品牌保护方面，Y机构本身以及一些知名项目的品牌保护较好，但一般子项目却有所不足，如表现为机构项目众多但并未对项目品牌进行设计与注册。相比较而言，Z机构在其品牌识别方面做了一些努力，有着自己的Logo，针对个别重大项目也专门设计了相应的项目品牌符号；不足的是，该机构品牌标识形式较为单一，缺少文字、视频等多种形式的品牌符号，品牌标识尚未申请知识产权的注册与保护，品牌标识主要在大型活动上使用较多，在其他非项目性事务上使用较少，社会曝光率较低。三家机构品牌识别的资料举例见表6-7。

表6-7　品牌外化（多案例分析）-品牌识别的资料举例

机构	典型资料举例
X中心	（Xb）我们组织的Logo就是buy for two，意思是一个人买的东西其实价值是赋予两个人的，因为其中销售商品所得是捐赠给残障人士的。我们网站域名就是4与2这两个数字； （Xb）我们组织有自己的标签，上面写着"每一次购买都是一次帮助"，我们组织的系统、网站等宣传渠道上也会介绍我们的宗旨；我们对外召开宣讲会的时候，也会详细介绍组织的价值理念等； （Xb）原来×市所有慈善超市的Logo都是一样的，但是我们跟他们（民政部门）努力解释，上面是慈善超市的Logo，下面是buy for two，因为我们希望慈善超市不是被贴上标签的，不是让人觉得我必须是家里很穷才能进去……所以我们希望加入一点其他元素

续表

机构	典型资料举例
Y 基金会	（Yb）我们组织有自己的 Logo，但是平时运用比较少，也不曾定制带有基金会 Logo 的文化衫、名片、茶杯等，而且组织内部交流发送的都是个人邮件，缺失组织的 OA 邮件系统等； （Yb）我们基金会打造比较经典的品牌投射有"大眼睛姑娘"。在 20 世纪 90 年代，基金会有很多比较有特色的项目，如"百万母亲"等，去年也有一个"百万团青年"的项目，但是影响力等都没有前几年好，可能是我们的模式和项目都比较老； （Yb）我们基金会有商标保护，然后"希望工程"这个项目的品牌是有所保护的，管理比较严格，比如我们基金会需要使用"希望工程"的 Logo 都是需要事先被授权的……我觉得地方的基金会也可以自己打造一个独立的品牌来进行品牌保护，但是实施起来比较难
Z 协会	（Zb）在有形的品牌标识这一块建设很弱，我们上级文联连自己的 Logo 都没有，中国文联有一个大的 Logo，我们文联之前想去设计一个，但目前还没有； （Zb）我们在有些活动当中，可能偶尔会用到品牌标识，比如说文艺志愿者可能有一些 Logo，但也很少； （Zb）我们的项目主要都是根据上级要求来进行的，比如为区政府等举办相关的活动，我们也都是为了完成任务，不会特地去进行品牌形象和符号的打造并推动创新等

第三，品牌沟通的案例呈现。品牌沟通指组织将组织价值信息（如使命、宗旨以及 Logo、宣传语等）品牌识别符号向外界进行沟通并对其加以管理的过程。通常，社会组织品牌对外沟通过程要求：组织不同成员对外传递出的品牌信息具有较强的协同性，积极整合多元化的传播渠道来进行品牌沟通，以及对品牌传播的内容和信息的品质进行控制。总体上，X 机构在品牌对外沟通方面做得较好。例如，X 机构努力使自己建构的品牌标识（如 Logo、颜色）具有一定的个性化并能够呈现组织品牌价值，组织成员对外宣传和行动时也均能协调性地表达出一致的品牌价值及形式（如理念与口号的陈述），并采用线上和线下等多元化的传播途径（如公共媒体采访与报道、软文传播）来实现组织品牌信息的传递与形象的宣传。值得一提的是，人际沟通也是 X 机构品牌沟通的一大亮点。例如，X 机构创始人多次受邀赴各地分享自己公益创业的经验，将组织理念进行广泛的传播；再例如，在（慈善

超市）面对面服务顾客时，X 机构的员工都会主动传播组织的理念与使命。相比较，Y 机构和 Z 机构对外品牌沟通表现中规中矩。总体上，两家机构不同成员在外活动时能够呈现出与品牌价值相一致的信息，会主动表达个体的品牌身份归属，并且依托于体制内优势通过一些官方媒体开展了组织及其品牌的对外宣传。当然，两家机构受访者均表明，机构品牌对外沟通内容和形式均有所不足，未来需进一步优化。例如，Z 机构有时比较注重活动组织本身，但却没有及时通过采取针对性措施对组织品牌及相关服务进行有意识的宣传。并且，Y 机构和 Z 机构均属于体制内社会组织，机构运作模式较为传统，组织品牌管理意识有待优化，如比较依赖传统媒体或体制内媒体（如公办报纸）进行宣传，对各种新媒体的运用却相对较少，这虽然在一定程度上保证了组织及品牌信息的对外传播的真实可靠，品牌沟通信息品质管控较好，但却限制了组织品牌传播的范围，不利于组织品牌影响力的积累。当然，两家机构近两年在品牌对外沟通上有所改进。例如，Z 协会在品牌沟通中加大了新媒体和融媒体的使用。三家机构品牌沟通的资料举例见表 6 - 8。

表6 - 8　品牌外化（多案例分析）- 品牌沟通的资料举例

机构	典型资料举例
X 中心	(Xc) 我们组织的公益理念、组织宗旨、章程规范、规章制度等，都会在店里张贴，在网页上进行公开，也会把这些文件发在我们的工作群里，然后让大家在朋友圈转发，以便向外传递组织文化； (Xc) 我们信息在传递时是很明确的，大家都是同一个声音。我们也会经常给员工提供一些外出培训的机会，他们都是代表组织去参与的，他们的言行代表的都是组织形象； (Xc) 经常会有政府相关的兄弟单位、街道领导来参观，我们组织要陪同并给予相关的介绍，这样既可以使更多的人接受我们的想法；同时也有更多的人帮我们宣传，因为他们的声音比别的声音发声的能力更大； (Xc) 我们最初基本的联系方式是 QQ 和 QQ 群，现在主要是通过微信和微信群……此外，我们还有自己的微信公众号、官方网站、新浪微博、土豆视频墙、淘宝网店等渠道，进行相关品牌信息的传递

机构	典型资料举例
Y 基金会	（Yc）我们的特色是青少年的思想引领，并会以此为主要方向来面向青少年进行相应的思想宣传，这本身与我们基金会的宗旨是相匹配的，这方面我们对外宣传做得蛮好； （Yc）在组织活动时并没有采取一些相应的宣传措施，比如志愿者发放统一带有机构 Logo 的文化衫等，但我们也考虑会做一些显示基金会身份的徽章，用于参加活动时佩戴； （Yc）我们机构在沟通渠道上采用的方式比较少，前年才新建立了我们自己的微信公众号，基金会公开的网站建立存在很大的问题……而且我们基金会也没有自己的微博，对于其他传统媒体方面，我们主要依赖青年报社； （Yc）我们一般是自己写好新闻稿发给媒体，然后媒体编辑好再发给我们审核。因为我们主要采用的媒体途径是公办的青年报，信赖度比较高，所以一般我们通过媒体传达的信息都是比较真实的。此外，我们很少与市场化的民办媒体合作，它们一般是转载我们的稿子而非自创
Z 协会	（Zc）前几年就只有党建平台和团委的平台，现在各方面限制太死……一般就学习公文、开开会等。大家很少有机会走出去考察和参与实地调研活动，也没机会对外进行相关宣传。我们这两年对外品牌宣传做好些，宣传形式也比较多样； （Zc）有的兄弟文艺社团对外宣传偏于走形式，比如×协会搞个活动，花个几百块钱搞个豆腐块文章，发个新闻，这个事情就过去了，并没有整体地从策划到宣传来准备一个大的新媒体中心，也没通过纸质媒体、微信与微博之类来宣传； （Zc）我们以前主要通过传统媒体来宣传，但我们现在也意识到需要把新媒体、融媒体等融入对外沟通工作中去，并且实际工作中借助于新媒体沟通的量也越来越大； （Zc）有的协会对外传播的主动性比较弱，除非是很清楚的途径，比如我们知道的市委宣传部会通过他们进行宣传，至于别的途径就不会花心思去钻研，体制内的组织有时这方面的动力不是很足

6.2.3.2　品牌资产的案例呈现

在社会组织品牌外化体系里，品牌资产是一个结果性元素，是社会组织品牌外化行动的一个影响结果。对于社会组织而言，品牌资产是外部受众（如消费者、捐赠者和公众）关于社会组织品牌的知识，是组织实施有关品牌的所有营销活动给外部受众造成的心理事实。在本研究中，作为品牌外化的结果表达，品牌资产主要分为浅层和深层品牌资产两类。

一方面，浅层品牌资产的案例呈现。浅层品牌资产主要体现在量和质两个层面，分别是品牌知名度和品质认可度，即组织品牌被社会公众知晓的程度和利益相关者对组织提供产品或服务质量的整体印象。作为一家在线的公益组织，借助于互联网的便利性，X机构自成立后品牌资产得以快速提升，目前其已在所在地区开设了多家慈善超市，不仅在所服务社区具有较高的知名度，而且被社会和同行视为中国第一家慈善商店，在慈善领域和社会上具有较高的知晓度。与此同时，X机构在社区所开设的慈善超市无论在组织运作模式还是在服务理念层面上，都获得了外部利益相关者（如政府部门、顾客）的认可，组织品牌具有较高的社会认可度，如多次接待基层政府部门和同行的实地考察和学习。与X机构相比较，Y机构和Z机构在浅层品牌资产方面的表现有所分化。Y机构和Z机构均成立较早，组织历史超过20年，在我国社会组织发展兴起的20世纪90年代已具有一定的社会知名度和认可度。然而，近些年两家机构的浅层品牌资产有所下降。由于均是体制内机构且成立时间较早，两家机构在体制内以及同行（公益慈善界）中仍然具有较高的知晓度，但作为重要的利益相关者即社会公众却对两家机构了解程度不高，对组织品牌及相关服务认可度也有所下降。例如，Y机构受访者提及，一些青年群众对Y机构的了解还是停留在"希望工程"。三家机构浅层品牌资产的资料举例见表6-9。

表6-9　品牌外化（多案例分析）-浅层品牌资产的资料举例

机构	典型资料举例
X中心	（Xm）我们之前都是在淘宝上卖东西，两个店面一个做到皇冠，另一个做到五个蓝钻，都是评价做得非常高的店； （Xm）……我们本来做的就是线上公益，所以会借助互联网的各种传播途径，实现即时性和高效率的品牌文化和组织信息传播，增加了内部员工和外部人员对组织的了解程度，提高组织知名度，反之也会吸引更多的员工，帮助更多公益机构开设出自己的慈善商店； （Xm）我们线下实体店的主要顾客是附近的居民、上班的白领，我们会在工作中随机了解信息。网络商店会有客服来收集顾客的反馈信息和评价，我们的网络销售系统设置了满意度打分，就像淘宝的购物评价一样，目前收到的反馈都挺不错
Y基金会	（Ym）实际上我们基金会运作也蛮规范的，管控也比较到位，但他们（外部公众）对我们工作正面的方面往往无法知晓。我们目前还没有进入透明度榜单，但我们正在努力进去； （Ym）实际上我们基金会的知名度没有××工程办公室高，但其实希望工程项目的实施主体是我们Y基金会，所以我们以后应该多多加强对Y基金会的品牌宣传； （Ym）这两年我们基金会社会知名度有所下降，近几年持续性的对外宣传比较少，这的确是一个问题

机构	典型资料举例
Z 协会	（Zm）总体上这两年，资金进来后都算财政资金了，支出比较麻烦，所以协会的积极性下降，社会影响力也就减小了； （Zm）我们在业界具有一定的知晓度，专业人士都比较熟悉、认可，但公众领域他们对我们协会是什么样的机构、在做什么就不太熟悉了。在专业领域，我们的知名度还是存在的； （Zm）相比以前，我们知名度和影响力有些弱了。以前我们是"一枝独秀"，著名的文艺工作者都是我们成员，在我们这挂靠，但现在市场主体多元，体制外的艺术团体也比较多，有些专业人员可能也不太认可我们的服务，不会向我们靠拢

另一方面，深层品牌资产的表现。通常，深层品牌资产主要体现在两方面，即品牌忠诚度和品牌美誉度。品牌忠诚度主要表现为社会组织利益相关者（如服务对象、捐赠者）倾向于将该品牌产品作为首选或向他人主动推荐，而品牌美誉度主要是指组织品牌受到社会公众信任与赞美的程度。总体上，X 机构在品牌忠诚度和品牌美誉度上都表现较好。X 机构所运营的慈善超市主要在社区销售产品并将所得收入捐赠给弱势群体，机构所销售产品全都是由爱心人士和企业主动捐赠的。其中，有超过 100 家的企业长期为 X 机构免费提供货品，如阿迪达斯、阿里巴巴、京东和拼多多等多家中外知名企业都把 X 机构视为可信赖的公益合作伙伴。X 机构负责人的一句话"我跟企业说谢谢，他们不接受，却反过来要谢谢我"，正是对该机构所具有的高品牌忠诚度和美誉度的形象化诠释。此外，X 机构品牌和产品品质也获得了公众的偏爱和赞美。相关媒体报道：该机构于 2019 年在某街道开设的慈善超市"扶贫援建""爱心衣物"商品脱销，不少社区居民已将去 X 机构开办的慈善超市购物视为一种生活习惯。可以说，X 机构已成为中国慈善界的一颗新星，慈善超市领域的领头羊和标杆。与 X 机构相比较，Y 机构近些年品牌忠诚度和品牌美誉度有所下降。例如，Y 机构总体在大项目上的审核很严格，但有时因一些细节的忽视而导致捐方流失。值得一提的是，由"郭美美"事件带来的负面品牌影响，我国官办基金会整体的品牌美誉度下降，Y 机构也因此受到了关联性声誉溢出效应的影响，社会美誉度总体表现一般。同样，Z 机构近些年也面临着深层品牌资产建设的困境，知名度和影响力大不如前。例如，Z 机构受访者表达，一些

专业人士不太认可协会品牌及相关服务并因此选择加入那些市场化运作较强的文艺机构。受传统社会组织双重管理体制影响，在组织成立之后的较长发展时期内，Y机构和Z机构在其活动领域内具有较强的垄断性和影响力。然而，近些年随着我国政社分开步伐的加快以及公益市场主体数量的不断增进，两家机构在项目开发和服务品质上与市场有所脱节，这导致了一定客户（如捐赠者与服务对象）的流失，深层品牌资产价值（如赞美度）的增进上也不如一些公益新势力（如X机构）那样迅猛。三家机构深层品牌资产的资料举例见表6-10。

表6-10 品牌外化（多案例分析）-深层品牌资产的资料举例

机构	典型资料举例
X中心	（Xn）我们组织的志愿者来源有很多渠道，有学生、社区阿姨等，基本上每天都有志愿者可以安排到班次里面。因为我们在品牌上的宣传还不错，很多志愿者都愿意来，并且也有长期合作的； （Xn）经常会有政府相关的兄弟单位、街道领导来参观。别的街道来我们这里参观了，回去之后可能会说，你们这个很好啊，可以跟我们合作，然后多开一个店； （Xn）我们本来的那个店是在一个小区里面，二三十平方米的地方，我叫我们设计师做了一个非常好的提案给他（街道领导），他觉得非常好，应该放到更好的地方，然后我们就到街面上来了。他现在调职调到了JN街道，给我们找到了更大的地方，让我们去做
Y基金会	（Yn）从去年开始建立了微信公众号来发布信息和宣传，在基金会公开指数列出来后，我们发现组织在社会口碑方面有缺陷，所以开始讨论口碑的问题，想慢慢地补回来； （Yn）前几年"郭美美"事件发生后，我们的社会声誉没有得到实质性的改善，这两年我们也开始重视这一块工作了； （Yn）我感到我们捐方可能有时更相信某个项目，而不是组织（基金会）； （Yn）在大项目上，服务对象对我们的评价没什么大问题，但是在一些小的项目上，会因为不确定因素太多，可能导致一定捐方的流失。在一些大的项目，比如小学等建设类的项目上，我们的要求和审核很严格； （Yn）这边负责大项目的会有一些原有合作伙伴会推荐新的合作方给我们，但这部分比重不大。我们在受助方的口碑还不错，他们有时也愿意在他人面前推荐、称赞我们基金会的服务
Z协会	（Zn）我们的服务对象有时会是一些官方的机构，为了完成政绩和任务要求，会让我们来举办活动，但不是因为他们主动愿意将服务委托给我们或偏爱我们，有时是出于一些政治原因； （Zn）从我们服务的一些受众来看，更倾向于专业领域，普适性的少一些，会有些分化情况，专业人士可能蛮喜爱，但有时公众可能不太喜欢我们的（品牌）节目

6.2.3.3　品牌外化行动与品牌资产间关系的案例呈现

本章第 6.1 节扎根理论研究表明，社会组织品牌外化体系是一个"过程"和"结果"结合的系统。具体而言，品牌外化行动的实施将会带来社会组织品牌资产（包括浅层资产和深层资产）的增加。为此，本研究针对三个案例的分析也呈现了这一逻辑规律（资料举例见表 6 – 11）。X 机构通过采用体制内和体制外的品牌沟通，如政府"背书"、市场化项目、居民和同行推荐等，组织的知名度和影响力得到较大的提升。并且，X 机构倡导"以助人的心态来购买物品"的品牌价值理念（如"buy for two"）获得了社会的认可，并因此吸引相关利益群体，如企业的捐赠、公众的购买、政府部门的模式推广等，体现了品牌定位对组织深层品牌资产的正向影响。品牌外化行动与品牌资产间的影响与被影响关系在 Y 机构和 Z 机构也得到了一定的呈现。例如，Y 机构受访者表达组织因品牌对外宣传力度不足而导致组织知名度有所降低；并且，Y 机构与核心利益相关者互动沟通较少，如有时未及时与登记管理机关沟通而错过了组织奖项的申报，错失了品牌宣传的一个重要抓手。同样，Z 机构受访者也指出，协会品牌资产面临着"信息淹没"的情况，认为需要加大品牌沟通以提升组织知名度，并指出组织品牌定位（如服务对象的定位）的优化在公众认可度和赞美度提升中的重要价值。

表 6 – 11　品牌外化行动与品牌资产间关系的资料举例

机构	变量间关系	典型资料举例
X 中心	品牌外化行动→品牌知名度	我觉得组织的宣传和曝光程度可以增加公众对组织的了解程度，这样充分了解之后，组织的知名度也会上升，也会吸引员工
	品牌外化行动→品牌忠诚度/品质认可度	每次我们志愿者见面都会有培训，还有就是每次志愿者活动结束之后，会告诉他们成绩，即创造了什么，让他们意识到自己所做事情的价值。年底我们还会搞志愿者线下活动，全体一起见个面，这样有助于增强志愿者对我们的认可度和忠诚度
	品牌外化行动→品质认可度	有很多知名的公益项目我们都有参与，如"高原小学洗澡室""幸福家园西部绿化"等，使组织的曝光度增加，与外界也有了更多的互动和交流，这增强了我们的社会认可度

机构	变量间关系	典型资料举例
X 中心	品牌外化行动→品牌美誉度	组织的美誉度总体来说还是很好的。主要是因为我们财务是对社会公开的，与合作方、受助群体的交流也比较多，谁都可以来看我们的财务情况
Y 基金会	品牌外化行动→品牌知名度	我们基金会的知名度没有原来好了，我觉得很大一部分原因是在品牌宣传上不足。基于信息安全的考虑，我们一般都会跟公办的青年报合作，但是与新媒体的合作较少。而现在的"80 后""90 后"多依赖于新媒体传播，所以我们以后应该多多加强对青少年品牌基金会的宣传
	品牌外化行动→品牌美誉度	各种官办基金会的美誉度下降是从"郭美美"事件后开始的，因为是基金会的工作人员，所以给所有的基金会带来品牌的负面影响
		我们上海这边碰到的最主要的问题是信息通过学生反馈给捐方，而学生会受到家庭等不可控因素影响，比如长时间不联系、父母误传信息等问题导致我们品牌的美誉度会有所下降
	品牌外化行动→品质认可度	项目捐方管理者和发起人都认为我们还是可靠的，信用度蛮高的，包括我们规范性的行为，他们都是很认可的。但是，他们总体感觉我们管得有些严了，当然这都是出于对双方的保护，包括慈善法也有相应规定……
Z 协会	品牌外化行动→品牌忠诚度	我们的服务对象有时是一些官方的机构，服务的目的是完成政绩和任务要求，会让我们来举办活动，这不是因为他们对我们的服务更为偏好，而是出于一些其他原因
	品牌外化行动→品牌美誉度	有时是为一些节点或主题做的活动，我们也意识到最终要面向大众，落在服务社会和大众方面，我们今后的活动还是要倾向于大众所喜爱的……我们未来也需要促进行业发展、满足公众需求，这可能也会促进公众赞美和信任
	品牌外化行动→品牌知名度	现在社会上的相关团体比较多，我们的信息有可能被淹没，并且有时我们与公众互动不太够，公众也无法了解我们协会情况，这也对我们的知名度有所影响

为了使社会组织品牌外化的效能机理得到更好的支持，本研究还使用一定的客观事实来表明品牌外化行动对社会组织品牌资产的影响逻辑。通常，组织奖项是社会组织品牌资产重要的客观性评价依据。本研究发现，在三家机构

中，品牌外化行动表现较好的社会组织往往也拥有多项组织奖项，受到社会的广泛认可和赞誉。与 Y 机构与 Z 机构相比较，X 机构实施了较好的品牌外化行动，获得了多项社会影响力和认可度高的奖项或称号，如 2011 年"芯世界"公益创新奖 10 强、2012 年中国最佳公益实践奖、所在地 2017 年度十大青年公益项目、2017 年团中央"全国青年社会组织公益创投大赛"百强、第八届上海市慈善之星的称号，并被社会和同行誉为我国第一家公益商店"善淘网"的实体店铺。相比较，Y 机构与 Z 机构在品牌资产的客观呈现（即奖项）上有所欠缺。例如，Y 基金会获得的称号如"市先进社会组织""全国先进民间组织"等均为七八年前所颁授，近五年未曾获得过较具社会影响力和认可度的奖项，这也与前文 Y 机构受访者提及的所在机构的品牌资产（如知名度和美誉度等）相比以前有所下降的情况相符合，而 Z 机构近些年也未获得相关高认可度的奖项，截至目前 Y 机构也尚未申请社会团体等级评估。上述客观资料也进一步表明，对于社会组织而言，品牌外化行动与品牌资产之间存在较强的正向相关性，这在一定程度上对品牌外化行动与品牌资产的影响逻辑给予了一定的客观性支持。

6.2.4　研究总结

本节所选取的三个案例分别属于社会组织的三大类型，即民办非企业单位、基金会和社会团体，并且这三家机构在组织属性上具有一定区别，如 X 机构是组织历史不长（10 年以内）的一家体制外社会组织，Y 机构和 Z 机构均属于体制内社会组织，组织历史较长（均超过 20 年）。总体上，案例类型具有代表性，案例分析结果符合社会组织品牌外化体系模型进行多案例重测性研究的期望。第一，社会组织品牌外化行动构成的三个子范畴能够在三个案例中得到再现，但在不同案例中品牌外化行动所呈现出的表现力有所不同。例如，X 机构在品牌外化行动的三个子范畴方面都表现比较优异，而 Y 和 Z 机构在个别副范畴（如领导垂范）表现不错，但总体上有待进一步加强。第二，社会组织品牌外化体系的结果元素即品牌资产可以从浅层品牌资产和深层品牌资产两个层面予以呈现，两类品牌资产的子范畴在三个案例中也得到了再次确认。例如，X 机构在品牌知名度、认可度、忠诚度和美誉度这四类品牌资产上均获得了较高水平的呈现，而 Y 和 Z 两家机构主要在特定目标受众（如政府部门、特定人群）中具有较高的影响力，社会层面（如群众）心目中品牌资产水平有待提升。第三，三个典型案例的组织运作与发展信息表明，科学、适宜的品牌外化行动（如品牌定位、品牌沟通等）对社会组织浅层品牌资产和深层品牌资产的建设均具有正向的促进作用，这对前文扎根理论研究所得出的品牌外化行动与品牌资产间的"过程 – 结果"的两分法关系给予了进一步的确认。当然，本研究属于一类质性研究，与前文扎根理论研究一样都是基于案例和访谈资料的探索，后文我们将在研究假设的基础上通过定量研究来进一步对社会组织品牌外化行动构成内涵及其效能机理进行验证。

6.3　社会组织品牌外化效能机理的研究模型与假设

6.3.1　研究模型

前文通过扎根理论和多案例研究这两类质性研究方法对社会组织品牌外化体系及效能机理做了初步探索并得出：对于社会组织而言，作为品牌外化体系的过程性元素即品牌外化行动由品牌定位、品牌标识和品牌沟通所构成，并且品牌外化行动将会带来社会组织浅层品牌资产与深层品牌资产的提升。与社会组织品牌内化研究相同，在质性研究基础上，我们还将对社会组织品牌外化的行动建构与效能机理开展量化研究。如同本书第 4 章一样，研究假设是实施定量研究前的一项前置性研究，为此，本节将对社会组织品牌外化效能机理进行相关研究假设。

在前文的扎根理论和多案例研究中，社会组织品牌资产分为浅层和深层品牌资产，其中浅层品牌资产主要包括品牌知名度和品质认可度，而深层品牌资产主要包括品牌忠诚度和品牌美誉度。在企业研究领域，品牌知名度、美誉度和忠诚度是一组内涵差异明显的品牌资产概念，基本能够代表组织品牌资产的不同层次，是学者在研究企业品牌资产时最常考虑的变量。根据本书第 3 章的3.3 节有关社会组织品牌资产的概念界定，品牌知名度主要是指某一社会组织品牌被社会公众知晓的程度，品牌美誉度主要是指目标受众对某一社会组织品牌信任与好感程度，而品牌忠诚度是指目标受众对某一社会组织品牌产品或服务持续和重复性的购买行为或态度上的偏好。在本节研究假设中，有关品牌资产的概念理解也主要以 3.3 节的界定为主，其内涵在本章前两节的质性研究中也得到了较为准确的体现。

　　为了精简模型，本书在社会组织品牌外化效能机理的关系假设中，仅考虑品牌知名度、美誉度和忠诚度三个因变量，未将品质认可度纳入研究假设模型之中。同时，企业领域的相关研究表明，品牌知名度是消费者对产品知觉质量和选择决策的重要影响因素（Wall 等，1991）。为了丰富研究模型，本书还将探索品牌知名度这类浅层品牌资产与品牌忠诚度和品牌美誉度这两类品牌深层资产的关系。此外，本章的 6.1 节和 6.2 节研究表明，社会组织品牌外化行动由品牌定位、品牌识别与品牌沟通三个子概念构成，三个概念内涵具有典型的差别，如品牌定位是一项偏内化的品牌价值管理事项，而品牌沟通是偏外化的品牌价值管理事项。为此，本研究将分别探索品牌外化行动三个子策略对品牌资产的影响关系并进行研究假设。为此，本研究初步构建的研究模型如图 6 - 2 所示。

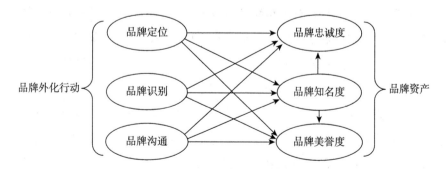

图 6 - 2　社会组织品牌外化影响的研究模型

6.3.2 研究假设

6.3.2.1 社会组织品牌定位与品牌资产间的关系

品牌定位理论创始人艾·里斯、杰·特劳特（1991）指出，品牌定位是对潜在顾客心智上所下的功夫。对于社会组织而言，品牌定位可找出组织（品牌）产品或服务所提供的利益中最值得目标受众记忆的东西，如使命、宗旨和服务对象定位等。社会组织是一个价值观驱动型的非营利性机构，以品牌价值（如使命、宗旨等）为核心内容的品牌定位对于其组织品牌资产的形成尤为重要。当前，我国社会组织数量快速增长与社会资源有限性之间的矛盾日益凸显，非营利领域竞争程度也因此不断加剧，在此背景下社会组织在众多非营利同行中的"品牌淹没"现象十分明显，如表现为品牌不被公众所知晓。如何在众多非营利性品牌中脱颖而出、赢得外部受众（如捐赠者、服务对象）的优先选择是当前我国非营利性机构在品牌资产建设中亟须面对的议题。品牌定位提供了组织品牌在外部受众心中获取独特位置的一种有效手段，而这种独特位置不仅有助于表达出组织品牌的优势，也有助于明确该品牌与其他竞争品牌间的关系（凯文·莱恩·凯勒，2014）。通过明晰、个性化的品牌陈述，品牌定位能够帮助社会组织获取外部利益相关者的某种"心智资源"（如偏好、信任），在其心中占有独特位置并将有助于组织品牌资产的提升。具体而言，成功的品牌定位可以使得社会组织"与众不同"，明确其具有的异质性特征与优势性资源，这将有利于组织在外部受众心目中构建出一种坚实的正向认知并表现为易于外部受众所联想和记忆、知晓和赞美（品牌知名度与美誉度）、获取外部受众的优先选择（品牌忠诚度）。同时，非营利部门常具有品牌溢出性特征，即社会组织品牌资产会受到其他同行负面事件的溢出影响。通过差异化、个性化的品牌价值陈述，品牌定位将能够帮助社会组织建立外界负面信息的溢出作用，防范外部受众对组织品牌负面认知（品牌美誉度）的形成，从而实现组织品牌资产的保护。客户的某种心智资源一旦被某品牌所占据，这将会对该品牌竞争者的信息形成有效的屏蔽，从而固化该品牌的市场地位（迈克尔·波特和杰克·特劳特，2005）。

自我－品牌联结理论也可进一步地诠释品牌定位与品牌资产间的关系。美国学者 Escalas 于 2004 年首次提出"自我－品牌联结"的概念，用于描述消费者将与品牌相关知识建构到自我概念之中并用于表达自我的程度。根据自我－品牌联结理论，消费者总是偏好选择与当前自我概念相一致的品牌，并将该品牌与个体心理相关联以实现自我确认和强化。自我－品牌联结是品牌态度与品牌行为的前因变量（Moore & Homer，2008；Priester 等，2004）。因此，对于社会组织来说，成功的品牌定位意味着组织能够向外界明晰地传达出一种差异且独特的品牌价值主张，这不仅使得组织获得并保持与同行或竞争品牌的差异化，易于被外部受众识别（品牌知名度），同时当品牌主张的陈述内容与某些外部受众（如捐赠者、服务对象）的自我概念相一致时，还能够吸引这些认同组织品牌主张的外部受众，提升和强化他们的自我－品牌联结，促使品牌与他们建构起更多、更紧密的关系，从而唤起外部受众对组织品牌的情感（如信任、信心）以及正向品牌行为（如品牌口碑、重复购买等）的实施（品牌忠诚度与美誉度）。此外，根据自我－品牌联结理论，自我－品牌联结能够影响品牌外部受众对负面品牌信息的处理。一般而言，高自我－品牌联结度的消费者对品牌负面信息会更为宽容，更倾向于维持其原本的品牌态度，这是因为接受与该品牌相关的负面信息会间接威胁到其自我概念（Swaminathan 等，2007）。因此，契合外部利益相关者自我概念的品牌定位，将利于社会组织品牌规避外界负面信息的侵扰，使得组织品牌资产（如忠诚度和美誉度）得以保护。综上，本研究假设：

H1：品牌定位正向显著性影响社会组织品牌资产。

H1a：品牌定位正向显著性影响社会组织品牌知名度。

H1b：品牌定位正向显著性影响社会组织品牌忠诚度。

H1c：品牌定位正向显著性影响社会组织品牌美誉度。

6.3.2.2　社会组织品牌识别与品牌资产间的关系

品牌识别，是社会组织基于组织品牌定位而对组织品牌形象进行符号化（如标识、象征物等）并加以保护的过程。社会组织品牌识别与品牌资产间关系可以通过以下三个方面进行理解。第一，成功的品牌识别将有利于增进社会组织外部受众对品牌的熟悉度，带来社会组织品牌资产的提升。营销大师菲利普·科特勒（2008）指出，品牌符号是企业"画出来的面容"。优质的品牌识别系统不仅使得外部受众感受到社会组织品牌符号的外显性艺术，也能强化外部公众对社会组织品牌符号的记忆并为与其他品牌区分提供认知依据。例如，社会组织可以设计简单、易理解的品牌识别符号，这是因为大脑对于复杂的图形具有天生的抗拒，而简单、易识别的图形易于通过大脑的信息筛选并被记忆。因此，对于社会组织而言，成功的品牌符号开发使得组织品牌容易被区分和识别，促进品牌熟悉度的提升，品牌知名度也因此获得提升。第二，一个成功的品牌识别体系不仅有利于消费者识别、记忆该品牌，卓越设计的本身也可让消费者在消费过程中感受到该品牌更多的附加价值（姜浩等，2006），从而助推社会组织品牌资产的提升。符号化消费行为是当代人思想表达的重要途径。一个好的视觉能满足图形和功能上的要求，其呈现的不仅是一个名称，更是一个联结客户与品牌的持久形象（菲利普·科特勒，2008）。因此，一个成功的非营利品牌识别体系（如富有独特性）能反映品牌价值（如使命），将有助于满足外部受众（如志愿者、捐赠者）自我表达的需要，建立外部受众与组织品牌的更多联系，从而有助于组织获得外部受众对品牌的认可、赞美以及优先选择，最终带来组织品牌忠诚度和美誉度的提升。例如，素养教育领域知名基金会"真爱梦想"于 2014 年年底推出新的 Logo，强化了"红飞机"的图形力量，寓意真爱之友与梦想中心老师和孩子们一同翱翔在梦想的天空中，飞向一个自信、从容、有尊严的未来。这种富有个性且契合组织使命的品牌视觉符号易于引起公众共鸣，并吸引更多的合作伙伴、志愿者等参与到"真爱梦想"的教育事业之中。第三，作为品牌识别体系的重要建设内容之一，品牌身份保护是从所有和使用层面对社会组织品牌识别元素进行的保护，可以防范外界对组织品牌的侵害，有益于组织品牌资产的维持和积累。在我国非营利事业快速发展以及公益－私益合作日益增强的背景下，社会组织品牌被侵权的现象屡见不鲜，一些商业机构借用非营利品牌实施商业获利行为，因此，品牌身份保护对于社会组织品牌资产的持续性建设非常重要。非营利部门是一个带有"道德属性"的行业，多数社会组织需要依赖外部支持（如社会捐赠）来进行组织运作。通过有效的品牌身份保护体系，社会组织不仅可以在保护性空间内更广泛地运用组织品牌标识如与企业开展合作，使得更多社会受众知晓组织品牌（品牌知名度），同时防止其品牌被侵权、维护组织外部形象（品牌美誉度），并因此进一步强化组织与外部利益相关者（如捐赠者、志愿者）的联结（品牌忠诚度），最终实现组织品牌资产的维持与增进。综上，本研究假设：

H2：品牌识别正向显著性影响社会组织品牌资产。

H2a：品牌识别正向显著性影响社会组织品牌知名度。

H2b：品牌识别正向显著性影响社会组织品牌忠诚度。

H2c：品牌识别正向显著性影响社会组织品牌美誉度。

6.3.2.3　社会组织品牌沟通与品牌资产间的关系

品牌沟通，是社会组织将其组织品牌（包括识别符号）及相关信息面向组织外部受众传递并加以管理的一系列活动。作为一种外向性的品牌信息宣传与交流手段，品牌沟通是社会组织影响外部受众的重要途径，在社会组织品牌资产形成过程中具有重要且积极的作用。一方面，社会组织品牌沟通通过多种品牌传播渠道的整合，准确、及时地将组织品牌信息（如宗旨、使命和服务标准等）传达给外部利益相关者（如捐赠者、服务对象等），其根本价值在于让这些外部利益相关者了解和熟悉组织品牌及其产品或服务，这将有利于提高和强化外部利益相关者对组织品牌的认识和记忆，促进社会组织品牌知名度的提升。通常，品牌沟通将基于数量与质量两个层面来影响外界受众对社会组织品牌所持有的态度，如知晓度和认可度。其中，数量主要体现为多个沟通方式的使用与大量信息的发布，而质量体现沟通内容的一致性与适宜性，如能够表达组织价值观、内容真实且及时。社会组织在数量与质量层面上对外品牌沟通工作的不断投入，将增加外部受众获取更多组织品牌信息的渠道和机会，从而提供给外部受众参与到组织品牌联想与记忆的活动机会也就越多，最终带来品牌知名度的提升。例如，互联网沟通是当前新媒体时代社会组织品牌沟通的重要方式之一，而网络上与品牌有关的网页数量常作为消费者判断该品牌效应价值高低的依据之一（Wernerfelt，1995）。另一方面，品牌沟通将通过影响外部受众对非营利品牌的整体感知来帮助社会组织在外部受众心目中树立正面、积极的品牌形象，带来组织品牌美誉度和忠诚度的提升。Panda（2004）指出，与同类相似品牌（产品）相比，品牌传播有利于客户对该品牌（产品）留下积极的印象。社会组织通过积极性的外部传播，将使得外部受众在众多公益品牌中对该组织品牌持有较深的回忆，进而有利于促进外部受众与该品牌实施有益的互动（如公益捐赠或服务购买行为）。换言之，品牌沟通不仅有利于社会组织品牌被外界所熟悉（品牌知名度），也将有利于在社会组织产品与外部利益相关者（如服务对象、捐赠者）间构建更多的联结；并且，如果该品牌价值符合这些外部利益相关者的需求，品牌沟通将会使他们在心理层面上对品牌持有正向情绪，从而促进他们的重复购买和获得口碑（品牌忠诚度与美誉度）。相关实证研究表明，顾客对某个产品与服务的购买意愿会受到多个因素的影响，而品牌传播（即品牌沟通）将利于产品与消费者建立更多的联结，从而有利于提升消费者品牌的忠诚度（Duncan & Moriarty，1998）。同样，Grace 和 O'cass（2005）的实证研究也表明，品牌沟通对顾客的满意度具有直接影响，会影响消费者对服务品牌的选择。综上，本研究假设：

H3：品牌沟通正向显著性影响社会组织品牌资产。

H3a：品牌沟通正向显著性影响社会组织品牌知名度。

H3b：品牌沟通正向显著性影响社会组织品牌忠诚度。

H3c：品牌沟通正向显著性影响社会组织品牌美誉度。

6.3.2.4 社会组织品牌知名度与品牌忠诚度、美誉度间的关系

这主要指品牌知名度这类浅层品牌资产对品牌忠诚度和品牌美誉度这两类深层品牌资产的影响关系。一方面，从态度可接近性理论的视角来看，个体对某组织品牌的熟悉度越高，其脑海中的联想就越广泛，该组织品牌信息就越易从其记忆中被提取，从而便对品牌评价产生影响（Hardesty 等，2002）。尽管有关非营利性机构不同层次品牌资产间关系的阐述较为缺乏，但来自营利领域的研究能够为我们提供一些线索。Monore（1990）指出，组织外部线索（如品牌名称）会对外部受众的知觉质量有着直接影响，品牌知名度越高，消费者对于该品牌产品的知觉质量越高。同样，Wall 等（1991）也认为，消费者往往对于知名品牌持有较高的知觉质量。因此，当一家社会组织品牌具有较高

的知名度即被外界公众所熟悉和知晓时，外界公众则更倾向于对该组织品牌持有较高水平的知觉质量，并因此给予更多的积极评价（如赞美、信任），从而带来组织品牌美誉度的提升。另一方面，品牌知名度也是影响外界主体对社会组织品牌产品选择和购买时的决策的重要因素。态度可接近理论表明，个体对某事物态度越强烈（如对某品牌更为熟悉），其从记忆中提取该事物相关信息所耗费的精力和时间越少，后续决策也越简单（Fazio 等，1989）。换言之，知名度意味着外界主体收集某一社会组织品牌信息时间将会缩短，这有效减少了外部受众对社会组织品牌产品与服务的搜索成本，并且组织品牌被广泛知晓的信息还能成为外界主体判断组织品牌所提供产品和服务品质的启发线索并降低其购买风险。这意味着组织品牌知晓度高低在社会组织外部受众（如政府部门、捐赠者和服务对象等）执行购买决策时会被给予较重的权重，外部受众对某一非营利品牌越熟悉，其对该品牌持有的忠诚度也越高。Lafferty 等（2010）通过实证研究后发现，消费者对公益慈善机构的熟悉程度对消费者的响应具有正向的积极影响。此外，Keller（1993）也指出，在选择产品时消费者常首先想到知名品牌的产品并倾向于优先购买这些熟悉、有名的品牌产品。因此，如果某一社会组织品牌被外界所熟悉和知晓（品牌知名度），外界公众将倾向于提取和联想该社会组织品牌的正向信息，从而给予该社会组织品牌更多的认可和赞美（品牌美誉度），并具有更强的品牌选择和推荐意向（品牌忠诚度）。综上，本研究假设：

H4：浅层品牌资产正向显著性影响社会组织深层品牌资产。

H4a：品牌知名度正向显著性影响社会组织品牌忠诚度。

H4b：品牌知名度正向显著性影响社会组织品牌美誉度。

6.3.2.5　社会组织品牌知名度的中介效应

社会组织品牌外化行动的三要素即品牌定位、品牌识别和品牌沟通对品牌资产可能有显著性的正向影响（见假设 1、2 和 3），浅层品牌资产（品牌知名度）对深层品牌资产（品牌忠诚度和美誉度）可能有显著性的正向影响（见假设 4）。这意味着社会组织可以通过系统化的品牌外化行动来提升组织品牌的外界知晓度，让组织品牌被更多的外部受众所熟悉，而这将有助于组织品牌

获得外部受众更多的赞美、信赖，并带来他们对组织品牌产品和服务优先选择
和持续性的购买。换言之，品牌知名度这类浅层品牌资产可能会在社会组织品
牌外化行动和深层品牌资产（即品牌美誉度与忠诚度）间起中介作用。综上，
本研究假设：

H5：浅层品牌资产在社会组织品牌外化行动和深层品牌资产间起中介
作用。

H5a：品牌知名度在社会组织品牌外化行动和品牌忠诚度间起中介作用。

H5b：品牌知名度在社会组织品牌外化行动和品牌美誉度间起中介作用。

第7章

社会组织品牌外化行动维度
与效能机理的量化研究

7.1 社会组织品牌外化行动维度的量化开发

7.1.1 问卷编制与研究设计

7.1.1.1 问卷编制

如本书第5章所述,一个新量表的开发方法有演绎研究法和归纳研究法两种(Hinkin,1995)。本节主要目的是进行社会组织品牌外化行动量表的开发。本书第6章已经通过质性研究初步探索出了社会组织品牌外化行动的三个子构念(即品牌定位、品牌识别和品牌沟通)。因此,与5.1节相同,本节有关社会组织品牌外化行动测量量表的开发主要依循演绎研究法的实施路径,即在构念获得初步探析的基础上进行量表收集和开发,然后通过实证来检验和确认先前探析的量表。其中,具体量表初步测项的设定程序也包括量表借鉴、访谈增补、专家修正和实践优化等流程。其中,通过访谈增补,本研究编制了一个含有22个题项的社会组织品牌外化行动的测量问卷;在专家修正环节中,3个题项被删除并最终形成了一个含有 19 个题项的社会组织品牌外化测量问卷。经过上述四个步骤，本研究初步形成了一个包括 19 个题项的社会组织品牌外化行动的测量量表 BE_1（见表 7 - 1）。

表 7 - 1   社会组织品牌外化行动量表 BE_1

编号	测量题项
Q1	组织的品牌定位说明非常详细
Q2	组织注意形成并保持与同行或竞争者品牌的差异化
Q3	组织会定期举行会议讨论品牌定位的现状和问题
Q4	组织的品牌故事（如成长史、活动、事件）反映了组织的品牌定位
Q5	组织品牌的市场定位明确、清晰
Q6	组织品牌拥有独特的核心价值主张
Q7	组织建立了基于多种沟通形式的多样化的品牌符号（如 Logo、名称、口号等）
Q8	我们的品牌符号寓意深刻且易于理解和记忆
Q9	品牌符号是一项重要的组织资源，组织给予了重点开发和保护
Q10	组织的品牌符号设计具有个性化、与众不同
Q11	组织各类品牌符号能够表达出协调、相一致的品牌价值
Q12	组织所建立的品牌符号很好地反映了组织所持有的价值观
Q13	组织能够利用并整合多种方式来向外界开展品牌传播活动
Q14	组织投入很多精力和资源来对外塑造良好的公众形象
Q15	组织员工与外界互动中很好地展现了组织品牌元素（如带有组织名称的标识）
Q16	组织对外的品牌沟通是基于组织价值观和使命来实施的
Q17	组织能将品牌信息及时传达给受众并关注他们对品牌的理解和反馈
Q18	组织定期向合作者、受益者、公众等利益相关者发送各类组织宣传资料
Q19	品牌外部传播过程中，组织能够向利益相关者传送出一致性的品牌信息

7.1.1.2 研究样本

本研究问卷收集的时间为 2018 年 3 月至 2018 年 12 月。社会组织品牌外化的研究问卷是一个组织管理与运作层面的调查，因此，一家社会组织只能填写一份描述该组织品牌外化实施具体情况的问卷，这给实证研究获得一定数量有效样本带来了一定难度。总体上，与社会组织品牌内化调查样本获取渠道类似，社会组织品牌外化研究样本的获取主要有以下三类渠道：一是相关社会组织业务主管部门（如上海市相关区团委、常州市相关区团委和无锡工商联等）的渠道；二是相关政府、高校（如上海市浦东新区社会团体管理局、相关街镇、长沙民政技术职业学院等）举办社会组织人员培训渠道；三是定向地向相关社会组织发放问卷。当然，对问卷填写人的要求为在所在社会组织工作超过1年以上，以保证对其所在组织品牌外化活动情况有较为清晰的了解和认识。由于本次调查获得了社会组织相关部门（如民政局、团委、工商联）的支持，研究问卷收集较为顺利。在具体实施中，研究人员面向320家社会组织发放了调研问卷（每家社会组织填写一份），回收311份问卷，在删除23份无效问卷后，最终获得有效问卷288份，问卷有效率为92.6%，符合抽样原则。

在本研究中，288个样本均为在我国民政部门登记注册的社会组织，覆盖我国社会组织的三大类别。其中，社会团体有195家，占样本总数的67.7%；基金会数量相对较少（22家），占样本总数的7.6%；民办非企业单位有71家，占样本总数的24.7%。此外，195家社会团体涉及经济类社团（如行业协会商会）、学术性社团（如学会、研究会）、专业性社团和公益性社团四大类别；基金会类型也包括公募和私募两类。总体上，样本中社会团体和民办非企业单位数量较多，结构特征和数量分布较为符合我国社会组织整体情况。

从组织人员规模来看，6~10人的机构数量最多（133家），占样本总数的46.2%；11人及以上规模的社会组织数量最少（52家），占样本总数的18.1%。从成立年限来看，5年及以下的社会组织数量最多（97家），占样本总数的33.7%；16~20年的组织数量最少（32家），占样本总数的11.1%。具体见表7-2。

表7-2　品牌外化研究总样本的组织特征统计分析（$N=288$）

变量	数量	百分比	变量	数量	百分比
组织类别			组织规模		
社会团体	195	67.7%	5人及以下	103	35.8%
基金会	22	7.6%	6~10人	133	46.2%
民办非企业单位	71	24.7%	11人及以上	52	18.1%
组织成立年限			行政化治理程度		
5年及以下	97	33.7%	非常大	22	7.6%

续表

变量	数量	百分比	变量	数量	百分比
6~10 年	61	21.2%	较大	68	23.6%
11~15 年	34	11.8%	较小	87	30.2%
16~20 年	32	11.1%	非常小	111	38.5%
20 年以上	64	22.2%			
组织生成导向					
自上而下	94	32.6%			
自下而上	194	67.4%			

在收集组织性质、规模和成立年限等组织基本信息的同时，考虑到中国社会组织发展的本土特征如与政府部门间的关系，本研究还对组织生成导向（即社会组织是否主要由政府发起或政府部门转制而成立）和组织行政化治理程度（即政府部门在社会组织内部治理如财务、人事和决策等方面的决定权大小）进行了调查。经调查，在组织生成导向方面，288 家中有 94 家由政府发起或政府部门转制而成立，即组织以自上而下生成为主，占样本总数的 32.6%，194 家不是由政府发起或政府部门转制而成立的，即组织以自下而上生成为主，占样本总数的 67.4%。在组织行政化治理程度方面，288 家中有 90 家认为政府部门在组织内部治理方面的决定权较大或非常大，数量占比 31.2%，198 家认为政府部门在组织内部治理方面的决定权较小或非常小，数量占比 68.7%。总体上，样本中自下而上生成的组织数量较多，政府部门对组织内部治理影响程度较小的社会组织占多数，这种情况基本上符合当前我国社会组织的政社关系特征。

此外，我国社会组织发展各地相对不平衡，如发达地区东部沿海的社会组织要比欠发达地区西部省份的社会组织发展得好。为此，考虑到地域的代表性情况，本次样本的收集对象不仅包括上海、北京等一线城市的社会组织，也包括杭州、长沙、无锡、常州等二、三线城市的社会组织，组织注册地既有东部沿海地区，也有中西部地区。

7.1.1.3 数据统计分析的安排

在量表的开发过程中，研究中需要存在两个独立的样本，以对待开发的量表进行交叉性证实（Anderson & Gerbin，1980）。与第5章相同，本研究将288份有效样本随机性地分为两组独立的样本（1）和（2），其中，样本（1）进行探索性因素分析，样本（2）进行验证性因素分析。根据前文有关因素分析的样本数量要求，即探索性因素分析中样本数量为测项数量的5倍以上，验证性因素分析中样本数量为测项数量的10倍以上。为此，288份有效样本中，用于探索性因素分析的独立样本组（1）共114份研究样本，用验证性因素分析的独立样本组（2）共174份研究样本。具体操作步骤是，第一，探索性因素分析，包括样本信度分析，以对结构探索性的数据质量进行评估；主成分分析，以探索出社会组织品牌外化行动的具体维度。第二，验证性因素分析，包括量表的结构方程模型分析；量表的质量分析如组合信度、平均方差抽取量等。研究中使用的统计分析软件为SPSS 22.0（包括Amos插件）。

在研究工具方面，确定用于探索性和验证性因素分析的社会组织品牌外化行动问卷（19个题项）采用李克特5点量表。其中，"1"代表非常不同意，"2"代表比较不同意，"3"代表一般，"4"代表比较同意，"5"代表非常同意。

7.1.2　社会组织品牌外化行动量表的探索性因素分析

社会组织品牌外化行动初始结构维度的三个构念是经过质性研究而获得的（见本书第6章的6.1节和6.2节）。根据混合研究方法的操作范式，本节将通过科学的定量分析方法即探索性因素分析来挖掘出真正、准确的社会组织品牌外化潜在构成因子及各个因子间的相关程度。

7.1.2.1　样本说明

探索性因素分析的样本容量有两个基本要求：一是样本数量至少在100以上；二是样本数量至少为变量数的5倍以上（Gorsuch，1983）。本研究中社会组织品牌外化行动初始问卷题项共19个，样本数量为114个，样本数为变量数的6倍。因此，本研究中用于探索社会组织品牌外化维度的样本量（$N = 114$）符合探索性因素分析的要求。其中，对用于探索性因素分析的114个样本的组织特征情况见表 7-3。

表 7-3　品牌外化行动探索性因素分析样本的组织特征统计（N=114）

变量特征	频数	百分比	变量特征	频数	百分比
组织类别			组织规模		
社会团体	60	52.6%	5 人及以下	51	44.7%
基金会	9	7.9%	6~10 人	49	43.0%
民办非企业单位	45	39.5%	11 人及以上	14	12.3%
组织成立年限			行政化治理程度		
5 年及以下	53	46.5%	非常大	6	5.3%
6~10 年	23	20.2%	较大	34	29.8%
11~15 年	14	12.3%	较小	36	31.6%
16~20 年	14	12.3%	非常小	38	33.3%
20 年以上	10	8.8%			
组织生成导向					
自上而下	83	72.8%			
自下而上	31	27.2%			

7.1.2.2　正式因素探索前的数据质量检验

通常，在正式进行探索性因素分析前，需要对量表进行质量检验（包括题项的初步筛选），以为后面正式的探索性因素分析提供数据分析的质量基础。

（1）质量检验方法的说明

与 5.1 节相同，社会组织品牌外化行动初始测量量表 BE_1 的质量检验主要采取两个方法：一是使用 Cronbach's α 值进行量表内部一致性检验；二是使用 CITC 值来净化测量量表的题项。根据 Churchill（1979）的建议，如果 CITC 指数值低于 0.40 并且删除该项后 Cronbach's α 值会增加，则该题项建议被删除。

（2）量表质量分析的结果

依照前面所确定的质量分析方法，本节对社会组织品牌外化行动量表 BE_1 进行 Cronbach's α 内部一致性分析和 CITC 分析，以确定有效的测量题项。

首先，采用 Cronbach's α 值对量表 BE_1（N=19）进行内部一致性检验。其次，经信度分析，量表 BE_1（N=19）的 Cronbach's α 值为 0.950，远高于

0.70 这一可接受的最小临界值。根据表 7 - 4 中 Cronbach's α 值的要求，本研究所开发的社会组织品牌外化量表 BE_1（$N = 19$）的信度非常理想。此外，根据 CITC 值要求，CITC 值低于 0.40 的相关题项将被删除。分析结果显示（见表 7 - 4），量表 BE_1（$N = 19$）所有测量题项的 CITC 值较为理想，处于 0.535（Q3）~ 0.781（Q16）之间，且任何一个题项的删除均不会增加整个量表的 Cronbach's α 值，这在一定程度上反映了本研究问卷收集的数据质量较高。

表 7 - 4 社会组织品牌外化行动量表 BE_1 的 CITC 分析结果

题项	题项已删除的刻度均值	题项已删除的刻度方差	校正的 CITC	题项已删除的 Cronbach's α 值
Q1	71.82	108.907	0.597	0.949
Q2	71.96	107.627	0.611	0.949
Q3	72.08	107.613	0.535	0.950
Q4	71.89	106.396	0.714	0.947
Q5	71.76	108.023	0.666	0.948
Q6	71.86	107.662	0.655	0.948
Q7	72.17	105.043	0.718	0.947
Q8	71.95	105.749	0.680	0.947
Q9	72.12	105.755	0.719	0.947
Q10	72.06	106.430	0.681	0.947
Q11	71.90	106.584	0.731	0.947
Q12	71.92	105.542	0.776	0.946
Q13	71.96	106.193	0.703	0.947
Q14	71.95	106.174	0.645	0.948
Q15	71.90	105.999	0.759	0.946
Q16	71.85	104.978	0.781	0.946
Q17	71.91	105.337	0.759	0.946
Q18	71.91	107.019	0.650	0.948
Q19	71.89	106.007	0.740	0.946

7.1.2.3 因素的探索性分析及结果

（1）探索性因素分析中项目的筛选要求

本节关于探索性因素分析的项目筛选与 5.1 节相同，主要从 KMO 值、特征根和因子载荷这三个方面来考量。其中，KMO 值的要求建立在 0.8 以上，探索性因素分析需要保留特征值大于 1 的项目，因子载荷小于 0.5 时应予以删除并且不能存在多重负荷的情况（即同时在两个或以上共同因子上的因子载荷均超过 0.4）。具体解释请参考 5.1 节。

（2）探索性因素分析的结果

①初次探索性因素分析

首先，进行样本数据的 KMO 值和 Bartlett 球形检验。检验结果表明，量表 BE_1 的 KMO 测度值为 0.912，大于 0.8；近似卡方（Approx. Chi – Square）χ^2 为 1684.513，自由度（df）为 171，总体因素分析效果检验显著性 $p < 0.001$，这表示量表 BE_1（$N = 19$）的因素分析效果非常好。因此，量表 BE_1（$N = 19$）的数据比较适合开展探索性因素分析。然后，本研究采用主成分分析和具有 Kaiser 标准化的正交旋转法来对社会组织内化量表 BE_1（$N = 19$）进行探索性因素分析。经分析，本研究获得了特征值大于 1 的因子共有 3 个，特征值分别为 10.121、1.638 和 1.309，3 个因子共解释了方差总变异的 68.779%（见表 7 – 5），这说明社会组织品牌外化测量量表 BE_1（$N = 19$）的结构效度良好。

表 7 – 5　社会组织品牌外化行动量表 BE_1（$N = 19$）的方差变异解释

成分	初始特征值			提取平方和载入			旋转平方和载入		
	合计	方差（%）	累积（%）	合计	方差（%）	累积（%）	合计	方差（%）	累积（%）
1	10.121	53.271	53.271	10.121	53.271	53.271	4.808	25.307	25.307
2	1.638	8.621	61.892	1.638	8.621	61.892	4.490	23.631	48.938
3	1.309	6.887	68.779	1.309	6.887	68.779	3.770	19.841	68.779

表 7 – 6 显示，量表 BE_1（$N = 19$）的 19 个题项中，有一个题项即 Q5 在三个共同因子上的因子载荷均小于 0.5，并且该题项存在多重负荷，同时载荷于因子 1 和因子 3，因子载荷分别为 0.414 和 0.477（均大于 0.4）。此外，还有两个题项即 Q11 和 Q14 尽管存在因子载荷大于 0.5 的情况，但也存在多重负荷的现象。一般来说，项目不能出现多重负荷情况，即不能同时在两个或以上因子上的因子载荷高于 0.4。基于此，Q5、Q11 和 Q14 这三个题项将被删除。

表 7 - 6　社会组织品牌外化行动量表 BE_1（$N = 19$）的因子载荷

题项	因子		
	1	2	3
Q1	0. 311	0. 094	0. 743
Q2	0. 199	0. 159	0. 826
Q3	0. 210	0. 150	0. 683
Q4	0. 279	0. 385	0. 662
Q5	0. 414	0. 348	0. 477
Q6	0. 262	0. 302	0. 672
Q7	0. 275	0. 736	0. 297
Q8	0. 240	0. 863	0. 130
Q9	0. 273	0. 801	0. 222
Q10	0. 241	0. 858	0. 135
Q11	0. 350	0. 552	0. 434
Q12	0. 363	0. 712	0. 325
Q13	0. 720	0. 306	0. 214
Q14	0. 548	0. 422	0. 182
Q15	0. 778	0. 319	0. 236
Q16	0. 810	0. 263	0. 305
Q17	0. 806	0. 239	0. 289
Q18	0. 679	0. 215	0. 267
Q19	0. 774	0. 219	0. 322

基于逐一删除的原则，我们最终得到了新的社会组织品牌外化行动测量量表 BE_2（$N = 16$）。

②预测问卷的再次探索性因素分析

先后删除题项 Q5、Q11 和 Q14 后，我们对量表 BE_2 再次进行探索性因素分析。检验结果表明，量表 BE_2（$N = 16$）的 KMO 值为 0. 909，超过 0. 8；近似卡方为 1400. 642，自由度为 120，总体因素分析效果检验显著性为 $p <$ 0. 001，这表示量表 BE_2（$N = 16$）的因素分析效果非常好。因此，量表 BE_2

（$N=16$）的数据比较适合进行探索性因素分析。

同样，探索性因素分析中采用了主成分分析和具有 Kaiser 标准化的正交旋转法。分析结果显示（见表7-7），本研究获得了特征值大于1的因子共有3个，共解释方差总变异的 72.055%，比量表 BE_1 的解释方差总变异的68.779% 提升了3.276个百分点，这说明量表修正有效。并且，基于 Harman单因子检验同源方差（Podsakoff & Organ，1986），本研究的第一个主因子的因子载荷量为26.855%，因此，本研究不存在一个因子解释大部分变异的同源方差的情况，所开发的量表符合要求。

表7-7　社会组织品牌外化行动量表 BE_2（$N=16$）一阶因素分析方差变异解释

成分	初始特征值			提取平方和载入			旋转平方和载入		
	合计	方差（%）	累积（%）	合计	方差（%）	累积（%）	合计	方差（%）	累积（%）
1	8.634	53.961	53.961	8.634	53.961	53.961	4.297	26.855	26.855
2	1.621	10.130	64.091	1.621	10.130	64.091	3.941	24.633	51.488
3	1.274	7.964	72.055	1.274	7.964	72.055	3.291	20.567	72.055

同时，结合碎石图（见图7-1），我们发现拐点出现于第3个因子处，这说明提取3个因子比较合适。

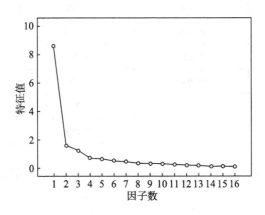

图7-1　社会组织品牌外化行动量表 BE_2 的碎石图

此外，量表 BE_2 的16个题项均未出现严重的交叉载荷，即无同时在任意两个因子上的因子载荷大于0.4，所有因子载荷介于0.663（Q18）~0.871（Q10）之间（见表7-8），超过因子分析载荷量的基本要求，即0.5。

表 7 - 8　社会组织品牌外化行动量表 BE_2（$N = 16$）的因子载荷

题项	因子		
	1	2	3
Q1	0.338	0.090	0.699
Q2	0.210	0.162	0.835
Q3	0.205	0.143	0.719
Q4	0.280	0.384	0.673
Q6	0.264	0.314	0.676
Q7	0.284	0.739	0.293
Q8	0.233	0.869	0.134
Q9	0.262	0.799	0.238
Q10	0.237	0.871	0.138
Q12	0.395	0.711	0.280
Q13	0.692	0.314	0.230
Q15	0.776	0.322	0.218
Q16	0.833	0.260	0.276
Q17	0.823	0.254	0.276
Q18	0.663	0.231	0.288
Q19	0.799	0.218	0.290

最终，本研究获得了由 3 个因子、16 个题项构成的社会组织品牌外化行动测量量表 BE_2。通常，本研究参照理论模型及项目的负荷值，并结合项目的隐含意义及社会组织品牌外化行动的内涵来对结构命名。总体上，本次经过探索性因素分析获得的三个因子与前文通过扎根理论研究所开发社会组织品牌外化行动的三个维度的内涵较为一致，为此，我们将沿用扎根理论研究（见 6.1 节）所提炼的社会组织品牌外化行动中三个范畴的名称，具体如下：

因子 1——品牌沟通（Brand Communication，BC）：该因子主要涉及组织对外进行品牌沟通与宣传时所采取的相关措施。该因子共 6 个项目（Q13，Q15，Q16，Q17，Q18，Q19），因子载荷为 0.663 ~ 0.833，解释总变异的 26.855%。同时，按照顺序，对这六个题项重新命名，即 BC1，BC2，BC3，BC4，BC5，BC6。

因子 2——品牌识别（Brand Identification，BI）：该因子主要涉及组织对品牌符号进行开发和保护的相关活动。该因子共 5 个项目（即 Q7，Q8，Q9，Q10，Q12），因子载荷为 0.711～0.871，解释总变异的 24.633%。同时，按照顺序，对这五个题项重新命名，即 BI1，BI2，BI3，BI4，BI5。

因子 3——品牌定位（Brand Position，BP）：该因子主要涉及组织品牌价值观、使命等方面的确定。该因子共 5 个项目（即 Q1，Q2，Q3，Q4，Q6），因子载荷为 0.673～0.835，解释总变异的 20.567%。同时，按照顺序，对这五个题项重新命名，即 BP1，BP2，BP3，BP4，BP5。

7.1.3　社会组织品牌外化行动量表的验证性因素分析

7.1.3.1　研究目的与研究设计

（1）研究目的

本研究前一阶段的探索性因素分析只是初步探索了社会组织品牌外化行动的三因素量表，但这还不能完全地确定社会组织品牌外化行动的内容结构和量表的有效性。为此，我们需要使用验证性因素分析对基于探索性因素分析中得到的品牌外化行动量表做进一步的确认和验证。

（2）研究样本

根据 Thompson（2000）的建议，模型（量表）的验证性因素要求样本数量为观测变量数目的 10～15 倍。本研究中社会组织品牌外化行动问卷的题项共 16 个，样本数量为 174 个，样本数为变量数的近 11 倍。用于验证性因素分析的 174 个样本的组织特征情况见表 7 - 9。

表 7 - 9　品牌外化验证性因素分析样本的组织特征统计（$N = 174$）

变量	数量	百分比	变量	数量	百分比
组织类别			组织规模		
社会团体	135	77.6%	5 人及以下	52	29.9%
基金会	13	7.5%	6～10 人	84	48.3%
民办非企业单位	26	14.9%	11 人及以上	38	21.8%

变量	数量	百分比	变量	数量	百分比
组织成立年限			行政化治理程度		
5 年及以下	44	25.3%	非常大	16	9.2%
6~10 年	38	21.8%	较大	34	19.5%
11~15 年	20	11.5%	较小	51	29.3%
16~20 年	18	10.3%	非常小	73	42.0%
20 年以上	54	31.0%			
组织生成导向					
自上而下	111	63.8%			
自下而上	63	36.2%			

（3）研究方法

在具体实施中，本研究采用 SPSS 22.0 软件的 Amos 插件对社会组织品牌外化行动测量量表 BE_2（$N=16$）进行验证性因素分析。其中，主要通过模型拟合度来确定模型的有效性。验证性因素分析过程中的模型拟合度的评价指标也包括绝对拟合指数和相对拟合指数这两类。

7.1.3.2　因素的一阶验证性分析结果

首先，本研究建构了一个三因子的一阶社会组织品牌外化行动模型 M0。经 SPSS 22.0 软件分析，社会组织品牌外化行动模型 M0 的 χ^2 和 χ^2/df 值分别为 161.229 和 1.605，小于 2；模型 M0 的绝对拟合指数 RMSEA 为 0.059，小于 0.08；相对拟合指数均大于 0.9。因此，社会组织品牌外化行动模型 M0 的拟合指数均符合要求，该模型初步可以被接受。

然而，在最终确定社会组织品牌外化行动模型 M0 是否有效前，还需要对该模型 16 个项目的因子载荷值进行分析和判断。结构方程模型中项目因子载荷的临界值没有统一的标准。通常，结构方程模型中因子载荷小于 0.45 的项目一般可以被删除（侯杰泰等，2004）。经过结构方程模型分析，本研究发现（见图 7-2），社会组织品牌外化行动测量模型 M1 的 16 个项目的标准化因子载荷程度均在 0.7 以上，处于 0.753（即题项 BP1）和 0.888（即题项 BI5）之间，多数项目的标准化因子载荷较高，这说明因子代表性和抽象性较强。

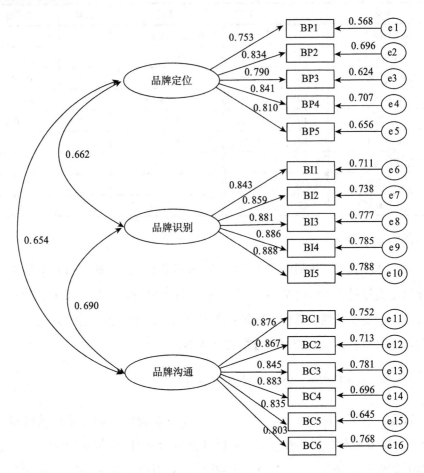

图7-2 社会组织品牌外化行动测量模型 M0（$N=16$）标准化估计值模型图

此外，本研究还需要对社会组织品牌外化行动模型 M0 的三个因子之间的相关性程度及其显著性进行分析，以确定是否进一步进行二阶验证性因素分析。一般而言，因子间显著相关，表明这些因子将是某一构念的重要构成。因子间相关系数过高，如大于 0.70，表明一阶因子将会受到一个更高阶的潜在特质的影响，需要考虑二阶验证性因素分析。

从表 7-10 可知，三个因子间的协方差估计值均达到 $p < 0.001$ 显著水平，表示社会组织品牌外化三个因子间的相关性均达到显著。同时，图 7-2 显示，本研究中三个因子之间相关系数均小于 0.70，处于 0.654~0.690 之间，并且

均在 $p < 0.01$ 的水平上显著。鉴于因子间的相关性为中等程度，未超过 0.7，本研究可以不需要进一步开展二阶验证性因素分析（吴明隆，2010），仅进行一阶验证性因素分析。

表 7 – 10   社会组织品牌外化行动模型 M0 的因素间的协方差估计值

因素关系	Estimate	SE	CR	p
品牌定位↔品牌识别	0.440	0.065	6.769	<0.001
品牌定位↔品牌沟通	0.468	0.070	6.679	<0.001
品牌沟通↔品牌识别	0.477	0.067	7.073	<0.001

7.1.3.3   竞争性模型的比较

前文的研究结果表明，观测数据支持了社会组织品牌外化行动的三因素结构模型，并且，该结构是一个一阶因素模型，无须再另外构建一个二阶因素模型。然而，我们还需要考虑是否存在其他更优的一阶模型。为此，本研究采用结构方程模型研究方法将社会组织品牌外化行动三因素模型与其他可能存在的一阶模型（如二因素模型和单因素模型）进行比较，以确定所开发的三因素模型是否为最佳的匹配模型。

（1）单因素模型

前文关于社会组织品牌外化行动内容结构的探索性因素分析的研究结果表明，品牌外化行动的三个因子之间存在显著性相关关系，单因素结构将有可能存在。因此，本研究提出社会组织品牌外化单因素模型 N1 的假设。

（2）二因素模型

在构建二因素备择模型过程中，基于三个因子之间均具有中等程度并显著的相关性，本研究需要考虑因素间两两组合的关系，为此，本研究拟构建三个一阶的二因素模型，见表 7 – 11。

表 7 – 11   社会组织品牌外化行动竞争性测量模型的拟合指数

模型指标	χ^2	p	χ^2/df	RMSEA	CFI	IFI	NFI
三因素模型 M0	161.229	0.000	1.605	0.059	0.974	0.974	0.933
二因素模型 P1	402.126	0.000	3.904	0.160	0.780	0.783	0.729
二因素模型 P2	455.627	0.000	4.424	0.141	0.852	0.853	0.818

模型指标	χ^2	p	χ^2/df	RMSEA	CFI	IFI	NFI
二因素模型 P3	433.381	0.000	4.208	0.136	0.861	0.862	0.827
单因素模型 N1	780.510	0.000	7.505	0.194	0.716	0.718	0.688

注：P1，品牌识别 + 品牌沟通；P2，品牌定位 + 品牌识别；P3，品牌定位 + 品牌沟通；N1，品牌定位 + 品牌识别 + 品牌沟通。

在多个备择模型的比较中，本研究主要通过参照一些拟合指数（如 χ^2/df、CFI、IFI 和 RMSEA 等）来加以比较和判断。分析结果表明（见表 7 – 11）：相比较三个二因素的备择模型，即模型 P1、P2 和 P3，以及一个单因素模型，即 N1，三因素模型 M0（$\chi^2 = 161.229$；$\chi^2/df = 1.605$；RMSEA = 0.059；CFI = 0.974；IFI = 0.974；NFI = 0.933）拟合度较好并且也是唯一符合模型拟合度主要指标的模型（即 $\chi^2/df < 3$，RMSEA < 0.10；CFI/IFI/NFI > 0.90）。因此，一阶的三因素模型 M0 的各项指标均优于其他四个一阶的竞争模型。由此，本研究认为，一阶的三因素模型 M0 是比较理想的社会组织品牌外化行动内容结构模型。

7.1.3.4 量表的质量检验

本部分将对前文所开发的社会组织品牌外化行动的三维模型进行质量检验，主要包括信度分析和效度分析两个方面。

（1）量表的信度分析

本研究主要从内部一致性检验和组合信度分析来加以实施，并结合净化程度来进行量表整体信度水平。

第一，内部一致性检验。这主要是检验量表中所有测量题项的同质性。前文已指出，如果量表 Cronbach's α 值大于 0.8，表明量表具有较高的可信度。内部一致性分析结果表明（见表 7 – 12），社会组织品牌外化行动量表 BE_2 的三个子因素（分量表）的 Cronbach's α 值分别为 0.901（品牌定位，$N = 5$）、0.940（品牌识别，$N = 5$）和 0.941（品牌沟通，$N = 6$），三因素品牌外化的整体量表 BE_2（$N = 16$）的 Cronbach's α 值为 0.950，均高于 0.70 这一可接受的最小临界值，说明本研究新开发的社会组织品牌外化行动的三因素测量量表

BE_2的内部一致性较高，具有较好的可靠性。

表 7 - 12　社会组织品牌外化行动测量量表 BE_2 的质量检验

因素	测量题项	标准化因子载荷	Cronbach's α 值	平均变异抽取值 AVE	组合信度 CR
品牌定位	BP1	0.753	0.901	0.650	0.902
	BP2	0.834			
	BP3	0.790			
	BP4	0.841			
	BP5	0.810			
品牌识别	BI1	0.843	0.940	0.760	0.940
	BI2	0.859			
	BI3	0.881			
	BI4	0.886			
	BI5	0.888			
品牌沟通	BC1	0.876	0.941	0.726	0.941
	BC2	0.867			
	BC3	0.845			
	BC4	0.883			
	BC5	0.835			
	BC6	0.803			

第二，组合信度（CR）分析。这主要是衡量每个潜变量（即因素）中所有题项是否能够一致性地解释该因素的程度。前文已说明，组合信度 CR 值可通过因子载荷和测量误差进行计算。并且，潜变量的组合信度 CR 值在 0.60 以上，表示模型的内在质量理想（吴明隆，2007）。具体公式参见本书第 5 章。计算结果表明（见表 7 - 12），三个潜变量（因素）的组合信度 CR 值分别为 0.902、0.940 和 0.941，均大于 0.60，说明新开发的社会组织品牌外化行动测量量表 BE_2 中三个潜变量所包含的测量题项之间的相关性较强，题项间的内部一致性较好。

（2）量表的效度分析

这部分主要从量表收敛效度和区别效度两个方面进行衡量。一方面，收敛效度。收敛效度用于衡量潜变量的某个指标与其他指标之间相互关联的程度。

如前文 5.1 节，量表收敛效度衡量将使用变异抽取值（AVE）。一般而言，AVE 高于 0.50 时，表明该潜变量的收敛能力较为理想。AVE 值可以通过因子载荷和测量误差来进行计算，具体公式见本书第 5 章。计算结果表明（见表 7-12），社会组织品牌外化行动的三个潜变量（因素）的 AVE 为 0.650 ~ 0.760，均大于 0.60，说明社会组织品牌外化三个潜变量的收敛效度较为理想，测量题项反映其对应潜变量的能力较强，也就是说，所有题项能够较好地收敛于相对应的潜变量。另一方面，区别效度。区别效度将使用各变量的 AVE 算术平方根与各潜变量之间的相关系数来评价。其中，AVE 算术平方根要大于潜变量间相关系数绝对值（或 AVE 大于潜变量间相关系数的平方），表明变量间的内部相关性要大于外部相关性，即潜变量之间是有区别的，因此，潜变量的区别效度较高（Fornell & Larcker，1981）。经过计算，三个潜变量的 AVE 的算术平方根分别为 0.806、0.872、0.852。同时，三个潜变量间的 person 相关系数见表 7-13。很明显，三个潜变量的相关系数小于 AVE 的算术平方根。因此，本书三个潜变量具有较好的区别效度。

表 7-13　社会组织品牌外化行动模型 BE₂ 的 person 相关系数与 AVE 的算术平方根

	1	2	3
1. 品牌定位	(0.806)		
2. 品牌识别	0.602**	(0.872)	
3. 品牌沟通	0.614**	0.645**	(0.852)

注：** 代表 $p < 0.01$。

7.2　社会组织品牌外化效能机理的量化研究

本书第 6 章主要通过质性研究对社会组织品牌外化的效能机理做了初步的探索。在 7.1 节所开发的社会组织品牌外化行动测量量表的基础上，本节将基于所获得的有效样本开展量化的实证研究，以最终确定品牌外化行动给社会组织（主要指组织品牌资产）带来的正向影响。

7.2.1 研究样本与研究工具

7.2.1.1 研究样本

通常，实证研究中样本量最低下限为 200 个。为了保证样本量的合理性，本研究使用探索性因素分析（样本量 = 114）和验证性因素分析（样本量 = 174）的总样本（样本量 = 288）来进行品牌外化效能机理的实证分析。其中，包括组织类别、规模和成立年份等样本特征，具体可参见本章的表 7 - 2。

7.2.1.2 研究工具

效能机理的研究共涉及品牌定位、品牌识别、品牌沟通、品牌知名度、品牌忠诚度和品牌美誉度这六个变量。其中，品牌定位、品牌识别和品牌沟通这三个社会组织品牌外化行动的子量表为本研究新开发的量表；品牌知名度、品牌忠诚度和品牌美誉度则主要参考国内外已有成熟量表作为其测量工具，以保证研究工具的有效性和科学性。如第 6 章的图 6 - 2 所示，上述六个变量中，品牌定位、品牌识别和品牌沟通为自变量，品牌知名度为中介变量，品牌忠诚度和品牌美誉度为因变量。

同时，研究工具的测量方面，品牌外化行动变量（即品牌定位、品牌识别和品牌沟通）与品牌资产变量（品牌知名度、品牌忠诚度和品牌美誉度）分别采用不同等级量表，以在一定程度上降低同源偏差。其中，作为自变量的品牌外化行动变量采用李克特 5 点法来进行测量，而作为中介变量或因变量的品牌资产变量则采用李克特 7 点法来进行测量。

（1）品牌外化行动量表

本章 7.1 节研究表明，品牌外化行动是一个一阶的三因素模型，因此，效能机理研究中品牌外化行动的三个维度（即品牌定位、品牌识别和品牌沟通）将作为独立变量来展开影响的实证研究，其具体的测量量表将采用本章 7.1 节通过探索性因素分析和验证性因素分析新开发的品牌外化三维量表。其中，品牌定位量表 5 个题项，品牌识别 5 个题项，品牌沟通 6 个题项。相关题项见表 7 - 1（需删除题项 Q5、Q11 和 Q14）。

（2）品牌知名度

社会组织是一个服务导向的非营利机构。为此，品牌知名度的测量量表主要参考了由 Yoo 和 Donthu（1997）两位学者开发的基于顾客的四维品牌资产测量量表（共 15 个题项）中的品牌知名度子量表，共 3 个题项，即很多机构/个体都知道我们是一个什么样的社会组织；我们的品牌能够很容易地从同类非营利品牌中被辨认出来；我们是一家知名的社会组织。该四维量表被学者们证实为具有较高的信效度（如 Washburn & Plank，2002）。本研究借鉴了该量表的品牌知名度子量表并根据社会组织特征在文字表达上做了适当的调整。该量表主要用来衡量某个社会组织品牌被公众知晓的程度。

（3）品牌忠诚度

关于品牌忠诚度，国内外学者以企业为研究对象开发了不同形式的量表。本研究关于社会组织品牌忠诚度量表主要是在参考国外学者 Chaudhuri（2001）以及国内学者薛永基（2012）有关企业品牌忠诚度测量量表的基础上并根据社会组织特点进行适当修正后确定而形成的，共 3 个题项，即组织产品（包括服务）购买者/受益者会向其他机构或个人推荐我们的品牌；产品购买者常会持续购买我们组织（品牌）提供的产品；与其他社会组织相比较，我们品牌是产品购买者/受益者的第一选择。该量表主要用于衡量购买者（或受益者）忠实于某个社会组织所提供的品牌产品或服务的倾向，或者将其作为首选的意向。

（4）品牌美誉度

品牌美誉度量表，主要用于衡量外部利益相关者对某个社会组织品牌的赞美和称誉程度。本研究关于社会组织品牌美誉度的测量量表主要借鉴了国内学者薛永基等（2012）以及张婧和朱苗（2016）关于组织品牌资产量表中的相关题项并结合社会组织特征修订而成，共 3 个题项，即我们是一家值得信赖、高公信力的社会组织；我们已经成为一家受人尊敬的社会组织；我们的品牌是一个得到公众和同行广泛赞美的非营利品牌。

7.2.2 研究数据的质量分析

在进行效能机理研究假设的实证检验之前，本研究需要进行信度和效度分析，以确定本研究中各变量量表与数据是否具有较好的质量。

7.2.2.1 量表的信度分析

与前文有关信度分析的指标相似，这里主要使用 Cronbach's α 值、CR 值和 CITC 值来对正式量表进行信度分析。其中，量表的 Cronbach's α 值至少需要超过 0.70；组合信度 CR 值要求大于 0.6；净化程度的纠正的项目总相关系数（CITC）要求超过 0.4。具体研究中，我们将使用 SPSS 22.0 软件来确定量表的 Cronbach's α 值和 CITC 值，Amos 插件用来确定量表的组合信度 CR 值（见表 7－14）。

表 7－14 社会组织品牌外化效能机理研究各量表的信度分析

变量名	指标代码	CITC	题项删除后的 Cronbach's α 值	Cronbach's α 值	组合信度 CR 值
品牌定位	BP1	0.687	0.872	0.887	0.889
	BP2	0.781	0.850		
	BP3	0.692	0.873		
	BP4	0.764	0.854		
	BP5	0.721	0.864		
品牌识别	BI1	0.801	0.926	0.936	0.936
	BI2	0.835	0.919		
	BI3	0.832	0.920		
	BI4	0.847	0.917		
	BI5	0.825	0.921		
品牌沟通	BC1	0.788	0.927	0.936	0.936
	BC2	0.810	0.924		
	BC3	0.853	0.919		
	BC4	0.827	0.922		
	BC5	0.747	0.932		
	BC6	0.833	0.921		

变量名	指标代码	CITC	题项删除后的 Cronbach's α 值	Cronbach's α 值	组合信度 CR 值
品牌忠诚度	BL1	0.833	0.921		
	BL2	0.785	0.851	0.936	0.895
	BL3	0.834	0.807		
品牌美誉度	BF1	0.724	0.810		
	BF2	0.745	0.791	0.858	0.919
	BF3	0.734	0.804		
品牌知名度	BA1	0.808	0.902		
	BA2	0.855	0.863	0.917	0.860
	BA3	0.840	0.876		

（1）品牌外化行动相关量表的信度分析

在研究中，社会组织品牌外化行动的三个维度将分别作为独立的自变量来进行影响机理的分析。为此，我们需要分别确定这三个构念的信度分析。表7-14显示，品牌定位、品牌识别和品牌沟通三个分量表的 Cronbach's α 值分别为 0.887、0.936 和 0.936，并且这三个分量表所包含的 16 个指标的 CITC 值均大于 0.40，处于 0.687（BP1）和 0.853（BC3）之间，且任何指标的删除均不会增加各自分量表 Cronbach's α 值。因此，社会组织品牌外化行动的三个分量表无须删除任何题项。此外，三个分量表的组合信度 CR 值分别为 0.889、0.936 和 0.936，组合信度 CR 值较高，均超过 0.8。综上，本研究认为品牌定位、品牌识别和品牌沟通这三个社会组织品牌外化行动的分量表具有较好的信度。

（2）品牌资产相关量表的信度分析

在效能机理研究中，品牌知名度、品牌忠诚度和品牌美誉度是三个内涵不同的品牌资产，并将作为三个独立的因变量（或中介变量）来分析品牌外化行动对品牌资产的影响。为此，我们需要分别确定这三类品牌资产量表的信度。如表7-14所示，品牌知名度、品牌忠诚度和品牌美誉度这三个量表的 Cronbach's α 值分别为 0.917、0.936 和 0.858，并且这三个量表所包含的 9 个指标的 CITC 值均大于 0.40，处于 0.724（BF1）和 0.855（BA2）之间，且任何指标的删除均不会增加这三个量表的 Cronbach's α 值。此外，品牌知名度、品牌忠诚度和品牌美誉度三个分量表的组合信度 CR 值分别为 0.860、0.895 和 0.919，组合信度均超过 0.8。综上，品牌知名度、品牌忠诚度和品牌美誉度这三个品牌资产量表具有良好的信度。

7.2.2.2　效度分析

效度，是衡量量表所测结果能否反映出其所要考察内容的程度，并主要分为内容效度和建构效度两类。本节效能机理的实证研究中，除了作为自变量的社会组织品牌外化行动量表为新开发量表外，其他量表（如品牌知名度、品牌忠诚度和品牌美誉度这三个量表）主要是直接借鉴国内外现有成熟量表或依据这些量表而修订的，这将使得量表能够具有较高的内容效度。为此，在量表的效度分析方面，本研究主要进行建构效度的分析。

建构效度主要指的是量表能否测量出理论概念和特征的程度，并主要分为聚合效度与区别效度两类。如前文关于效度分析指标一样，本部分将通过标准化因子载荷和平均变异抽取值 AVE 来判定。其中，区别效度分析将使用各变量的 AVE 与各变量之间相关系数的平方来确定。此外，在进行各量表收敛效度和区别效度的检验之前，本研究还将使用探索性因素来对各量表的结构效度进行检验。其中，鉴于品牌内化是一个一阶的三维模型，为此，本研究还将使用结构方程模型对该量表进行模型匹配度检验。

（1）量表的收敛效度分析

①品牌外化行动三维量表的收敛效度分析

本章 7.1 节研究结果表明，品牌定位、品牌识别和品牌沟通是作为一阶的社会组织品牌外化行动的三个子维度而存在的，并且各维度之间具有较高的相关性（超过 0.6 但低于 0.7）。因此，本研究在确定社会组织品牌外化行动量表的收敛效度时需要进行两类分析：一是一阶的品牌外化行动量表的分析，二是品牌外化三个分量表的分析。

一方面，品牌外化行动三维量表的验证性因素分析。在本章 7.1 节量表的开发过程中，社会组织品牌外化量表是一个一阶的三维模型。尽管在研究中三个维度（即品牌定位、品牌识别和品牌沟通）将作为独立的潜变量进行研究，但由于三个维度之间的相关性，本研究需要首先对品牌外化行动三维正式量表进行一阶验证性因子分析（CFA），并确定二阶验证性因子分析的必要性，这不仅可以再次验证前文所开发的三维模型的效度，同时可以为后面影响机理研究中三个维度能否独自成为自变量提供合理性的解释。

经过一阶的验证性因素分析（见表 7 – 15），社会组织品牌外化行动量表（$N=288$）的 RMSEA 为 0.056（小于 0.08），CFI 为 0.975，IFI 为 0.976，TLI 为 0.971，均大于 0.9，这说明一阶模型的拟合度良好；并且，图 7 – 3 显示，一阶三维模型中所有指标的因子载荷均大于 0.6，处于 0.733（指标 BP1）和 0.891（指标 BC3）之间。因此，一阶的品牌外化行动量表具有较高的测量效度，该理论构思模型是可以接受的。此外，一阶验证性因素分析结果也表明（见图 7 – 3），三个因素间的相关度均小于 0.7，因此，本研究可以考虑不再构建一个二阶验证性因素模型。同时，这也表明后文效能机理分析中品牌定位、品牌识别和品牌沟通这三个维度作为独立的自变量来进行研究具有一定的合理性。

表 7 – 15　社会组织品牌外化行动测量模型的一阶验证性因素分析结果

模型指标	χ^2	p	χ^2/df	RMSEA	CFI	IFI	TLI
M1	191.964	0.000	1.901	0.056	0.975	0.976	0.971

另一方面，品牌外化行动三个分量表的收敛效度分析。如前文所言，正式量表的收敛效度主要使用探索性因子分析和平均变异抽取值 AVE 来进行评价。研究结果显示（见表 7 – 16），品牌外化行动的三个分量表（即品牌定位、品牌识别和品牌沟通量表）的 KMO 值分别为 0.877、0.898 和 0.926，Bartlett 球形检验的显著性均小于 0.001，累积方差解释率分别为 69.214%、79.559% 和 75.815%，说明这三个分量表的数据适合做探索性因子分析，具有较好的效度并且各自仅提取了一个特征根，这与前文量表开发出的维度结果情况一致。同时，这三个分量表各自题项的标准化因子载荷均大于 0.5 的标准且均显著，处于 0.741（BP1）和 0.894（BC3）之间；三个分量表的平均变异抽取值 AVE 分别为 0.617、0.745 和 0.711，均大于 0.5 的标准。因此，品牌外化行动的三个分量表收敛效度良好。

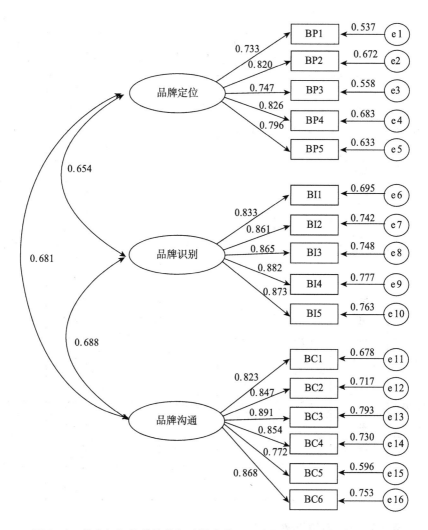

图 7 - 3 社会组织品牌外化行动量表的一阶验证性因素分析 (N = 288)

表 7 - 16 社会组织品牌外化效能机理研究各量表的效度分析

量表	指标代码	KMO 值	巴特利特球形检验 p 值	方差解释率	提取特征根数量	因子载荷	平均变异抽取值 AVE
品牌定位	BP1	0.877	< 0.001	69.214%	1	0.741	0.617
	BP2					0.843	
	BP3					0.744	
	BP4					0.816	
	BP5					0.778	

量表	指标代码	KMO 值	巴特利特球形检验 p 值	方差解释率	提取特征根数量	因子载荷	平均变异抽取值 AVE
品牌识别	BI1	0.898	<0.001	79.559%	1	0.830	0.745
	BI2					0.869	
	BI3					0.864	
	BI4					0.888	
	BI5					0.862	
品牌沟通	BC1	0.926	<0.001	75.815%	1	0.817	0.711
	BC2					0.846	
	BC3					0.894	
	BC4					0.859	
	BC5					0.771	
	BC6					0.865	
品牌知名度	BL1	0.736	<0.001	78.127%	1	0.819	0.672
	BL2					0.836	
	BL3					0.804	
品牌忠诚度	BF1	0.732	<0.001	82.445%	1	0.798	0.740
	BF2					0.929	
	BF3					0.850	
品牌美誉度	BA1	0.755	<0.001	85.877%	1	0.898	0.789
	BA2					0.918	
	BA3					0.851	

②品牌资产量表的收敛效度

与品牌外化行动量表分析相同,三类品牌资产量表(即品牌忠诚度、品牌知名度和品牌美誉度)的收敛效度主要使用探索性因素分析和平均变异抽取值 AVE 来进行评价。研究结果显示,三类品牌资产量表(即品牌知名度、品牌忠诚度和品牌美誉度)的 KMO 值分别为 0.736、0.732 和 0.755,巴特利特球形检验的显著性均小于 0.001,累积方差解释率分别为 78.127%、82.445% 和 85.877%,说明这三个量表数据适合做探索性因素分析,具有较好的效度并且各自仅提取了一个特征根。同时,这三个量表各自测项的标准化因子载荷均大于 0.5 的标准且均显著,处于 0.798(BF1)和 0.929(BF2)之间；三个量表的平均变异抽取值 AVE 分别为 0.672、0.740 和 0.789，均大于 0.5 的标准。基于此，三类社会组织品牌资产量表均具有良好的收敛效度。

（2）量表的区别效度分析

一方面，根据 Fornell 和 Larcker（1981）的建议，本研究首先使用 AVE 与各变量之间相关系数的平方来评价。很明显（结合表 7 - 16 和表 7 - 19），六个潜变量间相关系数的平方均小于对应的 AVE。因此，本研究六个潜变量具有较好的区别效度。另一方面，为进一步考察模型中各量表之间的区别效度，本研究还进行了多个备择模型的验证性因子分析，而这将要通过参考相关拟合指数（如 χ^2/df、CFI、IFI 和 RMSEA）来加以比较和判断。分析结果表明（见表 7 - 17），相比较其他五个备择模型，六因素模型（$\chi^2 = 420.87$；$\chi^2/df = 1.62$；RMSEA = 0.05；CFI = 0.97；TLI = 0.97；IFI = 0.97）拟合度最好，并且拟合指标均达到相关要求（$\chi^2/df < 3$；RMSEA < 0.08；CFI/TLI/IFI > 0.90）。因此，研究涉及的各变量具有良好的区别效度。

表 7 - 17　社会组织品牌外化效能机理备择模型的结构方程模型

模型	df	χ^2	χ^2/df	CFI	TLI	IFI	RMSEA
1. 六因素模型	260	420.87	1.62	0.97	0.97	0.97	0.05
2. 五因素模型 a	265	828.51	3.13	0.90	0.89	0.90	0.09
3. 四因素模型 b	269	963.99	3.58	0.88	0.87	0.88	0.10
4. 四因素模型 c	269	1301.96	4.84	0.82	0.80	0.82	0.12
5. 三因素模型 d	272	1707.40	6.28	0.75	0.73	0.75	0.14
6. 两因素模型 e	274	1841.86	6.72	0.73	0.701	0.73	0.14

注：$N = 288$，*代表 $p < 0.05$；**代表 $p < 0.01$；a，所有因变量合一；b，所有中介变量和因变量合一；c，所有自变量合一；d，所有自变量合一，因变量合一；e，所有自变量合一，中介变量和因变量合一。

7.2.3　研究变量的描述性统计和相关性分析

7.2.3.1　描述性统计

在本章 7.1 节，288 份样本中各变量的描述性统计已经做了详细的说明，这里仅列出这些变量的均值和标准差。从表7－18可以看出，尽管品牌外化行动三个维度的总体均值较高，均超过3.8，接近4（李克特5点法中的"比较同意"），但仍然存在李克特5点法中得分为1的情况（经核实数据发现有1家在三类品牌外化行动中均得分为1，表中未列出）。此外，三类品牌资产（即品牌知名度、品牌忠诚度和品牌美誉度）的均值都超过5（李克特7点法中的"有点同意"）。

7－18　社会组织品牌外化效能机理研究各变量的描述性统计

	数量	最小值	最大值	均值	标准差
组织规模	288	1	3	1.82	0.71
组织成立年份	288	1	5	2.67	1.57
生成非行政性	288	0	1	0.33	0.47
组织治理自主	288	1	4	3.00	0.97
品牌定位	288	1	5	3.96	0.71
品牌识别	288	1	5	3.82	0.81
品牌沟通	288	1	5	3.93	0.73
品牌知名度	288	2	7	5.38	1.031
品牌忠诚度	288	1	7	5.25	1.192
品牌美誉度	288	1	7	5.56	1.156

7.2.3.2　相关分析

考虑到组织规模、成立年份、生成方式和组织治理自主等控制变量的影响，本书对各变量（包括控制变量）相关性情况进行分析并描述。表7－19显示，本研究中的自变量、中介变量和结果变量之间存在显著性的相关关系。其中，品牌外化行动的三个维度与三类品牌资产之间存在显著性正相关关系，品牌知名度与品牌忠诚度和品牌美誉度之间也存在显著性正相关关系。这些分析结论与前文的质性研究较为一致，并为后文效能机理的检验奠定了基础。

表 7 - 19　社会组织品牌外化效能机理研究各变量的 person 相关系数（含 AVE）

	1	2	3	4	5	6	7	8	9	10
1. 组织规模	1									
2. 组织成立年份	0.26**	1								
3. 生成非行政性	0.11	0.07	1							
4. 组织治理自主	0.05	0.12*	-0.30**	1						
5. 品牌定位	0.11	0.01	-0.01	0.18**	(0.62)					
6. 品牌识别	0.16**	0.01	-0.02	0.08	0.60**	(0.75)				
7. 品牌沟通	0.16**	0.01	-0.02	0.08	0.63**	0.65**	(0.71)			
8. 品牌知名度	0.13*	0.09	0.09	0.06	0.45**	0.43**	0.49**	(0.74)		
9. 品牌忠诚度	0.11	-0.01	-0.09	0.11	0.51**	0.56**	0.56**	0.57**	(0.67)	
10. 品牌美誉度	0.09	0.11	-0.04	0.20**	0.46**	0.47**	0.52**	0.63**	0.56**	(0.79)

注：$N = 288$；*代表 $p < 0.05$；**代表 $p < 0.01$。

7.2.4　研究变量在组织学特征变量上的差异性分析

7.2.4.1　研究目的与方法

本章 7.1 节对社会组织品牌外化行动的内容结构进行了研究并开发了一个有 16 个题项的测量量表 BE_2，为此，研究社会组织品牌外化行动在不同组织学特征变量上的差异，将有利于我们更为全面地了解社会组织品牌外化实施的现状。同时，本书效能机理模型主要是探讨品牌外化行动对社会组织品牌资产的影响。考虑到组织学特征变量会对研究变量间关系产生影响，因此，本研究需要分析控制变量对内生潜变量（即中介变量和结果变量）的影响。其中，需要考虑的控制变量包括组织规模、组织性质、组织生成导向和组织行政导向。基于此，本部分将开展品牌外化行动、品牌资产在组织规模等组织学特征上的差异性分析。

如 5.2 节所言，具体分析中控制变量对内生潜变量影响的分析常有独立样本 T 检验和方差分析（ANOVA）两类。基于本研究中控制变量的属性，本研究将采用单因素方差分析来检验控制变量对显变量和潜变量的影响。研究中，方差齐性时采用的方法是 LSD 法，方差非齐性时采用的方法为 Tamhane 法。

7.2.4.2　差异性分析结果

（1）组织规模上的差异性分析

本研究将社会组织的人员规模分为"5 人及以下""6～10 人"和"10 人以上"这三组。为此，我们将采用单因素方差分析进行多组均值差异的显著性分析。表 7-20 显示，组织规模对品牌符号、品牌沟通和品牌知名度的影响具有显著性差异（品牌识别：$F = 3.40$，$p = 0.04$；品牌沟通：$F = 3.83$，$p = 0.02$；品牌知名度：$F = 3.08$；$p = 0.05$），对其他变量无显著性差异。同时，方差齐性检验结果显示，组织规模对品牌识别、品牌沟通与品牌知名度这三个变量的影响具有方差齐性，显著性分别为 0.32、0.35 和 0.09，均大于 0.05，因此，本研究采用 LSD 法对品牌识别、品牌沟通和品牌知名度进行两两比较。

表 7 - 20　品牌外化效能机理研究各变量在组织规模上的差异性分析

变量	均值差的显著性分析			方差齐性分析		
	F	p	是否显著	Levene 统计	p	方差齐性
品牌定位	1.94	0.15	否	0.34	0.72	是
品牌识别	3.40	0.04	是	1.16	0.32	是
品牌沟通	3.83	0.02	是	1.04	0.35	是
品牌忠诚度	2.08	0.13	否	1.38	0.25	是
品牌知名度	3.08	0.05	是	2.47	0.09	是
品牌美誉度	1.24	0.29	否	2.46	0.09	是

表 7 - 21 显示，人员规模"5 人及以下"的组织品牌识别要显著低于人员规模"6 ~ 10 人""10 人以上"这两个分组（p 值分别为 0.03 和 0.03，<0.05），人员规模"6 ~ 10 人"与人员规模"10 人以上"这两个群组在品牌识别上无显著性差异（$p = 0.58$，大于 0.05）。这表明人员规模是影响品牌识别的一个重要因素。同样，人员规模"5 人及以下"的组织品牌沟通要显著低于人员规模"10 人以上"这个分组（$p = 0.007$，小于 0.01），与人员规模"6 ~ 10 人"这个群组在品牌沟通上无显著性差异（$p = 0.09$，大于 0.05），这表明人员规模是影响品牌沟通的一个重要因素。此外，人员规模小（5 人及以下）的组织品牌知名度要显著低于人员规模大（10 人以上）的这个分组（$p = 0.02$，小于 0.05），与人员规模中（6 ~ 10 人）的组织品牌知名度无显著性差异（$p = 0.13$，大于 0.05）。这表明人员规模是影响组织品牌知名度的一个重要因素。这也表明，人员规模大的社会组织往往比那些人员规模小的社会组织具有更高的知名度。

表 7 - 21　品牌外化效能机理研究相关变量在组织规模上的单因素方差分析

	(I) 组织规模	(J) 组织规模	均值差（I - J）	p
品牌识别	5 人及以下	6 ~ 10 人	- 0.23 *	0.03
		10 人以上	- 0.31 *	0.03
	6 ~ 10 人	5 人及以下	0.23 *	0.03
		10 人以上	- 0.07	0.58
	10 人以上	5 人及以下	0.31 *	0.03
		6 ~ 10 人	0.07	0.58

	（I）组织规模	（J）组织规模	均值差（I-J）	p
品牌沟通	5人及以下	6~10人	-0.16	0.09
		10人以上	-0.33*	0.007
	6~10人	5人及以下	0.16	0.09
		10人以上	-0.17	0.15
	10人以上	5人及以下	0.33*	0.007
		6~10人	0.17	0.15
品牌知名度	5人及以下	6~10人	-0.20	0.13
		10人以上	-0.42*	0.02
	6~10人	5人及以下	0.20	0.13
		10人以上	-0.22	0.19
	10人以上	5人及以下	0.42*	0.02
		6~10人	0.22	0.19

注：*代表 $p < 0.05$。

（2）组织成立时间上的差异性分析

本研究根据组织的成立历史将总样本分为"5年及以下""6~10年""11~15年""16~20年""20年以上"这五组。为此，我们将采用单因素方差分析进行多组均值差异的显著性分析。表7-22显示，所有变量在组织成立时间上均无显著性差异。这表明，成立时间较早的社会组织与那些成立时间较晚的社会组织在品牌外化行动和品牌资产上不存在显著性差异。实践中，我国有一些于20世纪80年代成立的社会组织享有盛誉，被公众所熟悉，如举办"希望工程"的中国青少年发展基金会（1989年成立），但也有不少近年来新成立的社会组织在公益圈中的影响力卓著，如获得2018年团中央"全国青年社会组织公益创投大赛"第一名的上海众谷公益青年发展中心（2012年成立）。

表7-22　品牌外化效能机理研究变量在组织成立年限上的差异性分析

变量	均值差的显著性分析			方差齐性分析		
	F	p	是否显著	Levene 统计	p	方差齐性
品牌定位	0.30	0.88	否	1.42	0.23	否
品牌识别	0.75	0.56	否	0.72	0.58	否

变量	均值差的显著性分析			方差齐性分析		
	F	p	是否显著	Levene 统计	p	方差齐性
品牌沟通	1.11	0.35	否	0.29	0.89	否
品牌忠诚度	0.71	0.58	否	0.44	0.78	否
品牌知名度	1.34	0.25	否	0.65	0.63	否
品牌美誉度	1.18	0.32	否	0.47	0.76	否

（3）组织生成导向上的差异性分析

本研究根据"组织主要由政府发起或政府部门转制而成立"的"是"与"否"将总样本划分为两个独立样本，为此，我们将采用独立样本 t 检验进行均值差异显著性分析。表 7 - 23 显示，各个变量在组织生成导向上的影响均无显著性差异。尽管我国有不少社会组织在成立时是由政府部门推动或转制的，但随着我国社会组织管理体制的变革以及由此而来的政社分开，早期由政府部门推动或转制而来的社会组织也逐渐开始了市场化、科学化和规范化的运作。

表 7 - 23　品牌外化效能机理研究各变量在组织生成导向上的差异性分析

	组织生成导向	平均值	方差齐性检验		均值差异检验		显著性差异
			F	齐性	T	均值差	
品牌定位	是	3.94	7.37	0.01	0.82	-0.02	否
	否	3.96			0.83	-0.02	
品牌识别	是	3.75	0.40	0.53	0.30	-0.11	否
	否	3.86			0.31	-0.11	
品牌沟通	是	3.91	0.66	0.42	0.79	-0.02	否
	否	3.94			0.80	-0.02	
品牌忠诚度	是	5.09	1.10	0.30	0.12	-0.23	否
	否	5.32			0.14	-0.23	
品牌知名度	是	5.52	0.16	0.69	0.18	0.17	否
	否	5.34			0.19	0.17	
品牌美誉度	是	5.49	9.79	0.00	0.50	-0.10	否
	否	5.59			0.53	-0.10	

（4）组织行政治理程度上的差异性分析

本研究将社会组织的组织行政治理程度分为"非常大""较大"和"较小"和"非常小"这四组。为此，我们将采用单因素方差分析进行多组均值差异的显著性分析。表7-24显示，品牌定位和品牌美誉度这两个变量在组织行政治理上具有显著性差异（品牌定位：$F = 3.46$，$p = 0.02$；品牌美誉度：$F = 3.30$；$p = 0.02$），其他变量无显著性差异。由于对品牌定位的方差齐次检验显著，显著性 p 值为 0.007，小于 0.01，因此，本研究采用 Tamhane 方法对品牌定位的均值进行两两比较分析。同时，由于对品牌美誉度这个变量的方差齐次检验均不显著，显著性 p 值为 0.79，大于 0.05，因此，本研究采用 LSD 法对品牌美誉度进行两两比较。

表7-24　品牌外化效能机理研究各变量在组织行政治理程度上的差异性分析

变量	均值差的显著性分析			方差齐性分析		
	F	p	是否显著	p	F	方差齐性
品牌定位	3.46	0.02	是	4.16	0.007	否
品牌识别	1.57	0.20	否	1.32	0.27	是
品牌沟通	0.52	0.67	否	1.84	0.14	是
品牌忠诚度	1.74	0.16	否	1.32	0.27	是
品牌知名度	0.89	0.45	否	0.79	0.50	是
品牌美誉度	3.30	0.02	是	0.35	0.79	是

由表7-25可知，品牌定位在组织行政治理程度上的两两比较不存在显著性差异。如在品牌美誉度的两两比较方面，行政化程度"较大"这个群组在品牌美誉度方面显著低于行政化程度"非常小"这个群组（$p = 0.02$，小于0.05），与"非常大""较小"这两个群组无显著性差异（p 值分别为 0.15 和 0.16，大于 0.05）。总体上，研究结果表明组织治理行政化程度是影响品牌美誉度的一个重要因素。

表 7 - 25　品牌外化效能机理相关变量在组织行政治理上的单因素方差分析

变量	(I) 行政程度	(J) 行政程度	均值差 (I - J)	p
品牌定位 （Tamhane 法）	非常大	较大	- 0. 19	0. 95
		较小	- 0. 45	0. 28
		非常小	- 0. 43	0. 30
	较大	非常大	0. 19	0. 95
		较小	- 0. 26	0. 07
		非常小	- 0. 25	0. 07
	较小	非常大	0. 45	0. 28
		较大	0. 26	0. 07
		非常小	0. 01	1. 00
	非常小	非常大	0. 43	0. 30
		较大	0. 25	0. 07
		较小	- 0. 01	1. 00
品牌美誉度 （LSD 法）	非常大	较大	- 0. 40	0. 15
		较小	- 0. 67 *	0. 02
		非常小	- 0. 83 *	0. 002
	较大	非常大	0. 40	0. 15
		较小	- 0. 26	0. 16
		非常小	- 0. 43 *	0. 02
	较小	非常大	0. 67 *	0. 02
		较大	0. 26	0. 16
		非常小	- 0. 16	0. 32

注：* 代表 $p < 0.05$。

7.2.5　研究模型中直接与中介效应的检验

为了减小研究中多重共线性的影响，本节对所有变量进行数据标准化处理。同时，本节还对控制变量和自变量的方差膨胀因子（VIF）进行检验，以判别变量之间是否存在多重共线性问题。经检验，所有变量的 VIF 值均小于 3（最大值为 2.07），因此，本节研究模型中主要变量不存在突出的多重共线性问题。

7.2.5.1 直接效应的分析

根据第 6.3 节的研究假设 H1、H2 和 H3，品牌外化行动的三个维度对三类社会组织品牌资产均具有正向显著影响。本部分主要针对此研究假设进行检验（以组织规模、组织成立年份等组织特征变量为控制变量）。首先，我们使用 SPSS 22.0 软件进行了多元回归分析。表 7 - 26 的模型 M1 和模型 M2 显示，品牌外化显著预测品牌知名度（品牌定位：$B = 0.18$，$p < 0.05$；品牌识别：$B = 0.15$，$p < 0.05$；品牌沟通：$B = 0.29$，$p < 0.01$）。同时，品牌外化行动的三个维度均正向显著预测品牌忠诚度（品牌定位：$B = 0.18$，$p < 0.01$；品牌识别：$B = 0.27$，$p < 0.01$；品牌沟通：$B = 0.27$，$p < 0.01$）。然而，品牌外化行动中的品牌识别和品牌沟通显著预测品牌美誉度（品牌识别：$B = 0.29$，$p < 0.01$；品牌沟通：$B = 0.30$，$p < 0.01$），但品牌定位对品牌美誉度则无显著性影响（$B = 0.14$，$p > 0.05$）。综上，研究假设 H1、H2 和 H3 得到了初步确认。

表 7 - 26　品牌外化效能机理研究中直接效应的回归分析

| 变量 | 品牌知名度 | | 品牌忠诚度 | | 品牌美誉度 | | 品牌忠诚度 | | 品牌美誉度 | |
| | M1 | | M2 | | M3 | | M4 | | M5 | |
	B	SE	B	SE	B	SE	B	SE	B	SE
控制变量										
组织规模	0.01	0.05	0.01	0.05	0.01	0.05	0.06	0.05	- 0.01	0.05
组织年龄	0.08	0.05	- 0.01	0.05	0.09	0.05	- 0.09	0.05	0.03	0.05
组织生成方式	0.10	0.05	- 0.07	0.05	0.10	0.05	- 0.12*	0.05	- 0.05	0.05
组织行政化	0.01	0.05	- 0.01	0.05	0.01	0.05	0.05	0.05	0.15*	0.05
自变量										
品牌定位	0.18*	0.07	0.18**	0.06	0.14	0.07				
品牌识别	0.15*	0.07	0.27**	0.06	0.29**	0.07				
品牌沟通	0.29**	0.07	0.27**	0.07	0.30**	0.07				
品牌知名度							0.57**	0.05	0.64**	0.05
F 值			17.39**		26.63**		20.57**		29.79**		7.45**
R^2 值			0.29		0.39		0.32		0.33		0.18

注：$N = 288$；* 代表 $p < 0.05$；** 代表 $p < 0.01$。

　　上述多元回归分析就品牌外化行动对社会组织品牌资产的影响关系进行了实证分析。然而，本研究所构建的模型存在多个自变量和多个因变量之间的复杂因果关系。为了使研究结果更为有效，本研究使用结构方程模型分析法来对直接效应做进一步的分析。为此，在未考虑中介效应的情况下，本研究首先建构了结构方程模型 SEM1，以考察自变量（品牌外化行动）对因变量（品牌资产）的影响（见图 7 - 4）。

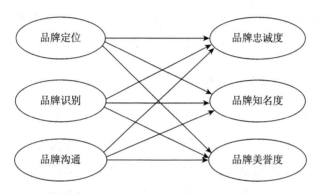

图 7 - 4　品牌外化效能机理中直接效应分析的结构方程模型（SEM1）

　　分析结果表明（见表 7 - 27）：“品牌外化行动（三维）→品牌忠诚度”的路径系数均具有显著性（品牌定位：$B = 0.21$；品牌识别：$B = 0.37$；品牌沟通：$B = 0.34$）；“品牌外化行动（三维）→品牌知名度”的路径系数均具有显著性（品牌定位：$B = 0.25$；品牌识别：$B = 0.18$；品牌沟通：$B = 0.37$）；“品牌外化行动（三维）→品牌美誉度”的路径系数均具有显著性（品牌定位：$B = 0.21$；品牌识别：$B = 0.23$；品牌沟通：$B = 0.35$）。

表 7 - 27　直接效应的结构方程模型分析（模型 SEM1）

影响路径	标准路径系数	SE	CR	p
品牌定位→品牌忠诚度	0.21	0.09	3.58	＊＊＊
品牌识别→品牌忠诚度	0.37	0.08	6.32	＊＊＊
品牌沟通→品牌忠诚度	0.34	0.09	5.72	＊＊＊
品牌定位→品牌知名度	0.25	0.08	3.88	＊＊＊
品牌识别→品牌知名度	0.18	0.06	2.91	0.004
品牌沟通→品牌知名度	0.37	0.08	5.59	＊＊＊
品牌定位→品牌美誉度	0.21	0.08	3.48	＊＊＊

影响路径	标准路径系数	SE	CR	p
品牌识别→品牌美誉度	0.23	0.07	3.85	* * *
品牌沟通→品牌美誉度	0.35	0.09	5.71	* * *

注：$N = 288$； * * * 代表 $p < 0.001$。

综上，品牌定位、品牌识别和品牌沟通这三类品牌外化行动变量能够正向显著性地预测社会组织的品牌资产（即品牌知名度、品牌忠诚度和品牌美誉度）。因此，研究假设 H1、H2 和 H3（包括下面的子假设）都得到了验证。

7.2.5.2 中介效应的分析

与 Baron 和 Kenny（1983）提出的依次回归法相比较，在对多个自变量与多个因变量间的中介效应进行检验时，结构方程模型更为简单易行，结果也更为可靠。为此，本研究构造了一个中介模型，即在原有模型 SEM1 的基础上增加"品牌知名度→品牌忠诚度"和"品牌知名度→品牌美誉度"这两条路径，形成了新的模型 SEM2（见图 7 - 5）。

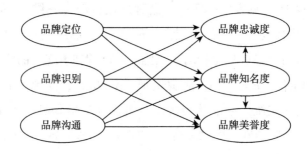

图 7 - 5　品牌外化效能机理研究中中介效应分析的结构方程模型（SEM2）

表 7 - 28 显示，增加中介效应的路径系数后，"品牌知名度→品牌忠诚度"的直接效应为 0.40（$p < 0.01$）；"品牌知名度→品牌美誉度"的直接效应为 0.56（$p < 0.05$）。可见，浅层品牌资产（品牌知名度）对深层品牌资产（品牌忠诚度和品牌美誉度）具有正向显著性影响。因此，研究假设 H4（包括 H4a 和 H4b）得到确认。与此同时，我们发现："品牌定位→品牌忠诚度"的直接效应为 0.11（$p > 0.05$）；"品牌定位→品牌美誉度"的直接效应为

0.07（$p > 0.05$）。可见，增加了中介路径后，品牌定位对品牌忠诚度和品牌美誉度的直接效应降低且不再显著。因此，品牌知名度在品牌定位对品牌忠诚度/美誉度间可能存在完全中介效应。

表7-28　品牌外化效能机理中直接效应的结构方程模型分析（SEM2）

影响路径	标准路径系数	SE	CR	p
品牌定位→品牌忠诚度	0.11	0.08	1.89	0.06
品牌识别→品牌忠诚度	0.30	0.07	5.46	* * *
品牌沟通→品牌忠诚度	0.18	0.09	3.12	0.002
品牌定位→品牌知名度	0.22	0.08	3.47	* * *
品牌识别→品牌知名度	0.18	0.06	2.86	0.004
品牌沟通→品牌知名度	0.36	0.08	5.47	* * *
品牌定位→品牌美誉度	0.07	0.08	1.22	0.23
品牌识别→品牌美誉度	0.13	0.06	2.46	0.014
品牌沟通→品牌美誉度	0.14	0.08	2.43	0.015
品牌知名度→品牌忠诚度	0.40	0.09	5.87	* * *
品牌知名度→品牌美誉度	0.56	0.08	7.75	* * *

注：$N = 288$；* * *代表$p < 0.001$。

为此，本研究对模型SEM2进一步修正，即删除"品牌定位→品牌忠诚度"和"品牌定位→品牌美誉度"这两条路径并形成研究模型SEM3（见图7-6）。

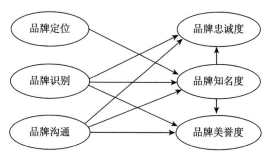

图7-6　品牌外化效能机理研究中中介效应分析的结构方程模型（SEM3）

删除两条路径后我们再次进行结构方程模型分析，结果显示（见表7-29）：所有路径系数均显著；并且，与模型SEM2相比较，模型SEM3的模型拟合指数并没有发生不良变化，其中χ^2 / df还出现更优的情况，即由2.85

降低为 2.84，与模型 SEM1 相比较，模型 SEM3 的模型拟合指数则发生明显的改进。为此，基于模型简洁性原则，"品牌定位→品牌忠诚度"和"品牌定位→品牌美誉度"这两条路径的删除是有效的，中介效应模型 SEM3 的构建也同样是有效的。

表 7 - 29　品牌外化效能机理研究中直接和中介效应分析的模型拟合指数

模型指标	χ^2	p	χ^2/df	RMSEA	CFI	IFI	NFI
SEM1	853.09	0.000	3.21	0.09	0.90	0.90	0.86
SEM2	751.36	0.000	2.85	0.08	0.92	0.92	0.88
SEM3	753.98	0.000	2.84	0.08	0.92	0.92	0.88

"品牌定位→品牌忠诚度"和"品牌定位→品牌美誉度"这两条路径删除后的模型 SEM3 的结构方程模型分析结果显示（见表 7 - 30），中介模型 SEM3 中所有直接影响路径均具有显著性。

表 7 - 30　直接效应的结构方程模型分析（SEM3）

影响路径	标准路径系数	SE	CR	p 值
品牌识别→品牌忠诚度	0.33	0.07	5.96	＊＊＊
品牌沟通→品牌忠诚度	0.21	0.09	3.67	＊＊＊
品牌定位→品牌知名度	0.24	0.08	3.80	＊＊＊
品牌识别→品牌知名度	0.17	0.06	2.77	0.006
品牌沟通→品牌知名度	0.35	0.08	5.38	＊＊＊
品牌识别→品牌美誉度	0.15	0.06	2.81	0.005
品牌沟通→品牌美誉度	0.16	0.08	2.80	0.005
品牌知名度→品牌忠诚度	0.41	0.08	6.35	＊＊＊
品牌知名度→品牌美誉度	0.57	0.08	8.13	＊＊＊

注：$N=288$；＊＊＊代表 $p<0.001$。

为了进一步验证品牌知名度是否在品牌外化行动和品牌忠诚度（或品牌美誉度）间存在中介效应，本研究借助于结构方程模型的 Bootstrapping 间接效应分析方法来进行检验。

研究结果表明（见表 7 - 31）："品牌定位→品牌知名度→品牌忠诚度"的间接效应为 0.10；"品牌定位→品牌知名度→品牌美誉度"的间接效应为 0.14；"品牌识别→品牌知名度→品牌忠诚度"的间接效应为 0.07；"品牌识

别→品牌知名度→品牌美誉度"的间接效应为 0.10;"品牌沟通→品牌知名度→品牌忠诚度"的间接效应为 0.15;"品牌沟通→品牌知名度→品牌美誉度"的间接效应为 0.20。以上所有间接效应的置信区间（即偏差校正的 CI）均不包含 0,显然六个间接效应得到检验。

表 7 – 31　品牌外化效能机理研究中间接效应 Bootstrapping 分析（SEM3）

影响路径	Estimate	SE	LLCI	ULCI
品牌定位→品牌知名度→品牌忠诚度	0.10	0.04	0.03	0.19
品牌定位→品牌知名度→品牌美誉度	0.14	0.05	0.04	0.25
品牌识别→品牌知名度→品牌忠诚度	0.07	0.04	0.002	0.15
品牌识别→品牌知名度→品牌美誉度	0.10	0.05	0.002	0.20
品牌沟通→品牌知名度→品牌忠诚度	0.15	0.04	0.07	0.25
品牌沟通→品牌知名度→品牌美誉度	0.20	0.05	0.10	0.31

注：$N = 288$。

此外,品牌定位、品牌识别和品牌沟通这三类品牌外化行动到品牌忠诚度、品牌知名度和品牌美誉度的总效应均显著（见表 7 – 32）。基于上述分析,我们可以得出：品牌知名度在品牌定位与深层品牌资产（品牌忠诚度/美誉度）间起完全中介作用；品牌知名度在品牌识别（或品牌沟通）与深层品牌资产（品牌忠诚度/美誉度）间起部分中介作用。因此,研究假设 H5（包括假设 H5a 和 H5b）得到部分支持。

表 7 – 32　品牌外化效能机理研究中总效应 Bootstrapping 分析（SEM3）

影响路径	Estimate	SE	LLCI	ULCI
品牌定位→品牌忠诚度	0.10	0.04	0.03	0.19
品牌定位→品牌知名度	0.24	0.09	0.07	0.41
品牌定位→品牌美誉度	0.25	0.05	0.04	0.25
品牌识别→品牌忠诚度	0.40	0.07	0.26	0.54
品牌识别→品牌知名度	0.17	0.09	0.001	0.34
品牌识别→品牌美誉度	0.25	0.09	0.09	0.40
品牌沟通→品牌忠诚度	0.36	0.08	0.21	0.50
品牌沟通→品牌知名度	0.35	0.09	0.17	0.51
品牌沟通→品牌美誉度	0.36	0.08	0.20	0.50

7.3 社会组织品牌外化量化研究结果汇总

结合前文的扎根理论和文献研究，本章主要通过使用 SPSS 22.0（包括 Amos 插件），对前文的相关假设做了实证分析与检验，并由此获得相关假设检验结果（见表 7 - 33）。这些研究结果简要总结如下：

第一，通过探索性和验证性因素分析以及质量分析等量化研究方法，开发和检验了我国社会组织品牌外化行动的测量工具。具体来说，本章在第 6 章的扎根理论三级编码、多案例分析和文献研究的基础上，形成了我国社会组织品牌外化行动的初始量表（包括 19 个测量条目）；然后，借助于 SPSS 22.0 软件，基于 288 份有效样本数据（分成两组），分别采用了探索性因素分析（样本量 $N = 114$）和验证性因素分析（样本量 $N = 174$）等量化研究方法，开发并检验了包含三个维度 16 个题项的社会组织品牌外化行动测量工具，证实了第 6 章所提出的社会组织品牌外化行动的概念结构假设。其中，社会组织品牌外化行动的三个维度分别为品牌定位（5 个题项）、品牌识别（5 个题项）和品牌沟通（6 个题项）。

第二，通过使用独立样本 T 检验和单因素方差分析，对品牌外化研究模型中各变量进行了组织学特征变量（即组织规模、组织成立年份、组织生成导向和组织治理自主性）的差异分析。本研究发现：模型各研究变量在组织成立年份、组织生成导向上均无显著性差异；部分变量在某些组织学特征变量上存有显著差异：①品牌沟通在组织规模上具有显著差异，即规模大的组织品牌沟通工作评分显著高于规模小的组织；②品牌知名度在组织规模上具有显著性差异，即规模大的组织品牌知名度显著高于规模小的组织；③品牌美誉度在组织治理行政化程度上具有显著性差异，即行政化水平较高的组织品牌美誉度评分显著低于行政化水平较低的组织。

第三，通过回归分析和结构方程模型等量化研究方法，检验了社会组织品牌外化效能机理，即品牌外化行动对社会组织品牌资产的影响机理。在具体研究方法方面，本研究开展了回归分析，并重点使用结构方程模型对直接和中介效应假设进行检验。经实证分析，品牌定位/识别/沟通这三方面的品牌外化行动对社会组织品牌知名度（或忠诚度、美誉度）均具有显著性的正向影响。同时，本研究确定了作为浅层品牌资产的品牌知名度在社会组织品牌外化行动和深层品牌资产间的中介作用。具体来说，品牌知名度在品牌定位和品牌忠诚度（或美誉度）间起完全中介作用，而品牌知名度在品牌识别/沟通和品牌忠诚度（或美誉度）间起部分中介作用，研究假设的汇总见表7-33。

表7-33　品牌外化效能机理研究假设检验结果汇总

编号	假设描述	检验结果
	自变量1对中介变量（因变量）的影响	
H1	品牌定位对社会组织品牌资产具有正向显著影响	支持
H1a	品牌定位对社会组织品牌知名度具有正向显著影响	支持
H1b	品牌定位对社会组织品牌忠诚度具有正向显著影响	支持
H1c	品牌定位对社会组织品牌美誉度具有正向显著影响	支持
	自变量2对中介变量（因变量）的影响	
H2	品牌识别对社会组织品牌资产具有正向显著影响	支持
H2a	品牌识别对社会组织品牌知名度具有正向显著影响	支持
H2b	品牌识别对社会组织品牌忠诚度具有正向显著影响	支持
H2c	品牌识别对社会组织品牌美誉度具有正向显著影响	支持
	自变量3对中介变量（因变量）的影响	
H3	品牌沟通对社会组织品牌资产具有正向显著影响	支持
H3a	品牌沟通对社会组织品牌知名度具有正向显著影响	支持
H3b	品牌沟通对社会组织品牌忠诚度具有正向显著影响	支持
H3c	品牌沟通对社会组织品牌美誉度具有正向显著影响	支持
	中介变量对因变量的影响	
H4	品牌知名度对社会组织深层品牌资产具有正向显著影响	支持
H4a	品牌知名度对社会组织品牌忠诚度具有正向显著影响	支持
H4b	品牌知名度对社会组织品牌美誉度具有正向显著影响	支持
	中介效应	
H5	浅层品牌资产在社会组织品牌外化行动和深层品牌资产间起中介作用	部分支持
H5a	品牌知名度在社会组织品牌外化行动和品牌忠诚度间起中介作用	部分支持
H5b	品牌知名度在社会组织品牌外化行动和品牌美誉度间起中介作用	部分支持

相对于以往研究，本章有利于促进学界有关社会组织品牌化理论研究，主要研究贡献如下：

第一，弥补了我国社会组织品牌外化定量研究的不足。本章使用定量方法即通过探索性和验证性因素分析对基于扎根理论研究和多案例研究所开发的社会组织品牌外化行动的内容维度进行验证并开发出相关量表，此举对推进社会组织品牌外化的本土研究具有重要价值，尤其开发了我国的三维社会组织品牌外化行动测量指标体系。

第二，本章对品牌外化研究模型中各变量进行了组织学特征变量的差异分析，这将有利于我们更好地了解当前我国社会组织品牌外化工作的开展概况以及各类型品牌资产建设情况。分析结果表明：小规模的社会组织品牌沟通与品牌知名度较为不足，因此，小规模社会组织应加大对外品牌沟通工作力度，努力提升品牌知名度；行政化水平较高的组织品牌美誉度得分偏低，这也说明"去行政化"应成为今后我国一些体制内社会组织的工作重点，并且这与我国现代社会组织管理体制建设的"政社分开"要求相一致。

第三，基于"过程－结果"分析框架，本章实证性地探讨了社会组织品牌外化效能机理。通过实证分析，本研究较好地诠释了品牌外化行动对社会组织的重要价值，以及品牌外化行动如何提升组织品牌资产这种社会组织未来发展所需要的重要资源。研究结果表明，品牌外化行动既可以对社会组织深层品牌资产（即品牌美誉度和品牌忠诚度）具有直接影响，也可以通过浅层品牌资产（即品牌知名度）来间接促进其深层品牌资产的建设。这不仅能够弥补当前我国学界有关社会组织品牌外化影响机理研究的不足，同时也可给实践人员提供相关启示，表明品牌外化行动对社会组织的重要价值，社会组织也需要努力提升品牌知名度，使组织被公众所知晓，这是因为，品牌外化行动可以通过提升品牌知名度来促进社会组织品牌美誉度和忠诚度的提升。

第8章

结论与管理建议

8.1 研究结论与讨论

8.1.1 社会组织品牌内化的研究结论与讨论

面向组织员工进行品牌价值及重要信息传递并促进其理解的品牌内化活动已经逐渐引起了学者们的关注。然而，学界有关社会组织品牌内化的研究却十分缺乏，这阻碍了人们对品牌内化的理解。为此，本书进行了社会组织品牌内化行动维度建构的研究，并通过一个一阶段被调节的中介模型的建构，就品牌内化行动对社会组织员工品牌支持行为/意向的传导机制（品牌支持情感的中介）和影响边界（个人－组织匹配的调节）进行了针对性研究。本研究表明：社会组织品牌内化行动是一个三维结构；品牌内化效能机理模型中的所有假设均得到了支持，即品牌内化行动对社会组织员工品牌支持行为/意向（即品牌留职倾向、品牌职内绩效和品牌口碑）会具有直接或间接（基于品牌认同和品牌承诺的中介）的作用，并且该影响程度将会受到员工的个人－组织匹配程度高低的影响。

8.1.1.1　社会组织品牌内化行动：三维结构

在国内外学界，企业品牌内化已是一个研究较热且取得一定学术成果的研究议题，如企业品牌内化策略维度构成和测量量表的开发。近些年，随着我国社会组织的快速发展及其在社会治理中作用的不断凸显，社会组织管理研究逐渐引起了我国学者们的关注。Liu 等（2015）学者提出，面向服务人员的品牌内化的有效与否对于非营利性机构组织意义重大，这是因为品牌内化不仅是一种成本，也是一种投资。然而，以社会组织员工为研究对象所开展的品牌内化结构维度与测量研究，在国内却几乎为空白。社会组织是一个价值观驱动型的非营利性机构，与以利润最大化为目的的企业相比，社会组织在组织属性、结构和管理方式等方面有诸多不同；同时，社会组织生成和发展的政治与社会情境的不同，决定了我国社会组织品牌内化行动结构内涵与国外有着诸多差异。基于扎根理论、多案例研究以及定量研究相结合的混合研究方法，本文初创性地构建了社会组织品牌内化行动结构及其测量指标体系，其中，结构维度由学习行动、品牌沟通和领导垂范这三个构念组成。尽管构念名称表达方面与企业差别不大，但本书开发的结构模型在具体内涵和测量指标中较具有特质性，能够较好地体现社会组织属性与管理特征的异质化。除了由组织通过正式渠道实施的品牌培训外，"学习行动"构念还强调组织给予员工的工作实践机会，以通过具体工作问题的处置来让员工获得和理解品牌相关知识，而这也恰好符合社会组织员工管理参与以及人手紧张的管理需求。此外，社会组织结构较为扁平化，管理层级较少，领导与下属间权力距离不大，因此，通过对下属言传身教的"领导垂范"在社会组织品牌内化中也发挥着积极且重要的作用。其中，企业品牌内化行动模型的常见维度即"领导力"主要是指领导对员工显性层面的品牌信息传递（沟通、鼓励、对待等）（Buil 等，2016），多是一种"言传"。然而，本研究发现：对于社会组织而言，"领导垂范"不仅需要"言传"，也需要"身教"，领导者正向的品牌态度和品牌行为也会给社会组织员工提供一种示范作用，在员工品牌内化过程中发挥着"社会学习机制"的角色。总体上，本书所开发的社会组织品牌内化行动维度与企业品牌内化行动维度相异，较好地反映了社会组织固有的组织属性与人力资源特质，这对于推进学界有关社会组织品牌内化的理论研究具有积极的学术价值，并能够为学者们开展社会组织品牌内化的定量研究提供测量工具的参考。

8.1.1.2　品牌内化行动正向预测社会组织员工品牌支持行为/意向

品牌支持行为/意向是社会组织面向员工所倡导的用于建设和增强组织品牌形象的各种行为或行为意向，在社会组织品牌建设中发挥着重要作用。本书实证研究表明，品牌内化行动正向预测着社会组织员工的品牌支持行为/意向（包括品牌留职意向、品牌职内绩效和品牌口碑）。尽管学界有一些品牌内化行动对员工品牌态度和行为影响的研究文献，但基本都针对企业员工，以社会组织员工为研究对象的研究目前几乎没有。如前文所述，借助于社会交换理论，品牌内化行动代表着社会组织给予组织成员的一种社会支持并因此带来组织与成员间社会交换关系的建立，于是基于互惠原则所构建的社会交换关系中的一方（即组织成员）将有义务积极对待另一方（即社会组织），并因此实施品牌支持行为。与此同时，品牌内化行动也将促使员工实现组织品牌身份与个体自我概念的整合，如表现为个体与组织品牌命运的联结（品牌认同），实现"外部人"向"内部人"的转换，如表现为长期留任于组织品牌的行为意向（品牌留职倾向）。尽管实证结论与 Hu 等（2018）和 Yang 等（2015）的企业领域研究较为一致，但本书为国内首篇针对社会组织员工开展品牌内化行动对员工品牌支持行为或行为意向影响的学术研究，拓展了学界品牌内化的研究对象；同时，本书使用了新开发的中国情境下社会组织品牌内化行动量表作为自变量展开对社会组织员工品牌支持行为的影响，这将有利于丰富品牌内化的理论研究。

8.1.1.3　品牌支持情感中介品牌内化行动与社会组织员工品牌支持行为/意向间关系

品牌支持情感是员工对组织品牌所持有的支持性情感。本书实证研究表明，品牌支持情感（即品牌认同和品牌承诺）在品牌内化行动对社会组织员工品牌支持行为/意向的影响过程中扮演着中介的角色，并且为部分中介。借助于员工品牌内化"过程 – 结果"分析框架和"情感 – 行为/意向"的两分法，我们发现：对于社会组织而言，除了向员工传递用于指导品牌支持行为、帮助员工更好地适应工作岗位的品牌相关知识（如工作要求、组织规范等）（Yang 等，2015），品牌内化行动也将促使员工实现组织品牌身份与个体自我概念的整合，如表现为个体与组织品牌命运的联结（即品牌认同），以及员工与组织心理纽带的建立，如表现为个体对组织品牌的情感归属（即品牌承诺），因而，员工也将更愿意实施对组织品牌建设有利的品牌支持行为。此研究结果与以企业员工为研究对象的中介研究较为一致，验证了"过程－结果"分析框架和"情感－行为/行为意向"两分法在揭示社会组织品牌内化效能机理中的重要价值，给我国社会组织研究提供了实证性支持，提出了品牌内化行动影响社会组织员工品牌支持行为的品牌情感效应的传导机制，即品牌内化行动（过程）将带来"情感"结果（如品牌认同和品牌承诺），进而带来"行为"结果（如品牌职内绩效等）。

8.1.1.4 个人－组织匹配对品牌内化行动的调节作用

个人－组织匹配是解释组织与个体间关系的一项重要个体特质变量。本研究为国内学界首次就品牌内化行动影响员工品牌支持情感和行为的边界条件进行的研究，并发现个人－组织匹配是品牌内化行动影响社会组织员工品牌支持情感和品牌支持行为的边界条件之一。个人－组织匹配度越高，品牌内化行动对社会组织员工品牌支持情感的直接影响以及对品牌支持行为的间接影响（以品牌支持态度为中介）越强。换言之，员工与组织间"志同道合"时，员工能够更好地理解组织品牌的价值及相关重要信息，社会组织也更容易促进员工对组织品牌"买入"，而员工也比较容易形成较高水平的品牌承诺与认同并更愿意实施品牌支持行为。相反，对于那些个人－组织匹配度不高的员工，社会组织所采取品牌内化行动对员工情感与行为的影响不强。总体上，将个人－组织匹配引入社会组织品牌内化行动影响模型中进行作用边界研究，对社会组织品牌内化的理论研究具有积极的贡献，为品牌内化行动对社会组织员工品牌态度和行为的影响研究提供了新的思路，揭示了个人－组织匹配这类个体特质变量在员工品牌情感和行为形成中的重要价值，有利于深化社会组织人力资源理论；并且也丰富了个人－组织匹配这个个体特质变量的相关研究，特别是中国本土研究，弥补了国内学界对个人－组织匹配在社会组织员工工作行为研究领域中的缺乏。

8.1.2 社会组织品牌外化的研究结论与讨论

品牌建设与宣传是新时代我国社会组织生存与发展相关的重要组织管理议题之一。然而，与企业相比较，学界针对社会组织的品牌外化的专门研究较为缺乏。为此，本书采用混合研究方法进行了社会组织品牌外化行动结构维度的研究，并就其品牌外化行动与品牌资产（包括浅层品牌资产和深层品牌资产）间关系进行了专门探索。研究结果表明：社会组织品牌外化行动是一个由品牌定位、品牌识别和品牌沟通所构成的三维结构，品牌外化行动将对社会组织品牌资产的建设具有积极的促进作用，品牌知名度在社会组织品牌外化行动与品牌忠诚度和美誉度间起中介作用。❶

8.1.2.1 社会组织品牌外化行动：三维结构

与品牌内部管理相比较，品牌外部管理在国内非营利学界是一个受到较多关注的学术议题。然而，国内涉及社会组织品牌外化或管理方面的研究多以质性研究为主，量化研究十分缺乏，即使有少数学者通过实证研究对社会组织品牌外化相近的构念（如品牌导向）进行了本土量表的开发（如 Hankinson，2000；黄光等，2016），能够给我国品牌外化研究提供一些有益的启示，但毕竟品牌导向这类构念尚无法准确地诠释社会组织进行品牌信息管理并向外界传达的品牌管理过程（即品牌外化行动）。基于混合研究方法并结合我国社会组织特征，本书全新构建了本土化的社会组织品牌外化行动内涵结构及其测量指标体系，其中，结构维度由品牌定位、品牌识别和品牌沟通（对外）组成。本研究所建构的社会组织品牌外化行动模型是一个由内而外、从理念到行动的层次化模型。其中，品牌定位属于理念层，涉及组织价值观、使命和宗旨等；

---

❶ 此研究内容经选取后以学术论文形式发表［张冉. 中国社会组织品牌外化实证：测量模型与品牌资产影响［J］. 华东经济管理，2021（9）］。

品牌识别为物质层，即有形或无形的品牌识别元素；品牌沟通属于活动层，涉及组织面向外部的沟通活动；作为物质层的品牌识别是嫁接（内部）理念层的品牌定位和（外部）活动层的桥梁。总体上，这种层次化模型能够较准确地反映出我国社会组织品牌外部管理活动的基本规律和特性。例如，"品牌识别"构念中"品牌价值投射"与"品牌身份保护"范畴的引入，以及"品牌沟通"构念中"信息协调"和"品质控制"范畴的引入，都是以往社会组织品牌模型和量表中较少触及的元素。本书所构建的模型是我国社会组织研究领域中涉及品牌外化的首个内涵结构模型，将有利于推进和深化我国社会组织品牌外部管理的理论研究。

8.1.2.2 品牌外化行动正向预测社会组织品牌资产

品牌资产是指与组织品牌（包括其名称、标志等）相联系、能够增加或减少组织产品价值的一系列资产与负债，在社会组织发展中发挥着重要作用。尽管学界有些研究就品牌外部管理与品牌资产间关系做了相关探索，但这些研究主要针对品牌沟通这一概念而展开（如 Grace & O'Cass，2005），缺乏品牌定位或品牌识别这两个构念对品牌资产的影响关系研究；同时，学界有关品牌外部管理的效能研究多以企业为研究对象并且以国外学者居多，我国学者开展的社会组织品牌外化影响研究十分缺乏。本书的实证研究表明：对于社会组织而言，品牌外化行动的三个维度（即品牌定位、品牌识别与品牌沟通）均正向显著预测着品牌知名度、忠诚度和美誉度这三类品牌资产。总体上，这一结论支持了企业领域的研究结果，即组织对外的品牌价值管理将有利于组织品牌资产的建设。当然，本研究的重要价值在于，结合我国社会组织特征所开发的量表，以及从品牌定位、品牌识别与品牌沟通这三个层面所进行的组织品牌资产影响的混合方法研究，将弥补学界有关以社会组织为研究对象进行品牌资产形成机理研究的空白。

8.1.2.3 品牌知名度在社会组织品牌外化行动效能机理中的中介作用

品牌知名度，是某个组织品牌被社会公众所知晓和了解的程度。本书实证研究表明：浅层品牌资产（即品牌知名度）在社会组织品牌外化行动对深层品牌资产（即品牌忠诚度和美誉度）的影响过程中扮演着中介的角色，其中，品牌知名度在品牌定位的影响过程中为完全中介。基于态度可接近性理论，如果社会组织品牌将被外界所熟悉和知晓，外界公众则倾向于提取和联想该组织品牌的正向信息，从而给予该品牌更多的认可和赞美以及更强的品牌选择和推荐意向。这表明，品牌外化行动不仅可以直接促使目标受众对组织品牌及其产品更为依赖和偏好，也可以通过组织社会知晓的提升来间接化地实现上述目的。目前已有一些学者就组织品牌沟通和品牌资产间关系进行了探索（Panda，2004；Grace & O'Cass，2005），然而，这些研究几乎都以企业为研究对象，缺乏社会组织的专门研究，并且未探讨浅层品牌资产在深层品牌资产形成中所扮演的角色。本书关于品牌知名度中介效应的研究，确立了品牌外化行动的效能实现机理，即品牌外化行动（过程）将通过"浅层"品牌资产（即品牌知名度）的建设来促进"深层"品牌资产（即品牌忠诚度与美誉度）的提升，这将丰富社会组织品牌管理化的理论研究。

8.2　管理建议

8.2.1　社会组织品牌内化的管理建议

8.2.1.1　重视并积极推进面向员工的品牌内化行动策略的实施

一方面，鉴于品牌内化行动对社会组织员工品牌支持情感与行为的正向影响作用，社会组织需要重视品牌内化在社会组织人力资源管理及组织发展中的重要价值，应在组织内部大力推进员工对组织品牌的"买入"。在实践中，受组织资源的约束，我国不少社会组织不太愿意投入较多的时间和精力来推进面向内部成员的品牌内化工作。然而，社会组织所提供的产品主要是无形的服务，服务的生产和供给的非分割性也决定了社会组织需要依靠人力资源作为载体来面向外界提供服务。因此，社会组织需要重视对组织内部成员的品牌内化工作。并且，作为一类价值观驱动型的非营利机构，能否促进员工理解和接受组织品牌价值也是社会组织生存与发展的重要决定因素。在实践中，社会组织领导者需要树立正确的品牌内化观。与 Dorkheim（1961）的观点类似，社会组织人事管理的目的并非是让组织成员"被动地"根据组织工作说明书的要求实施行为，品牌内化的最终目的是实现组织成员的"自主"，即通过品牌内化使得内部成员对组织品牌价值具有深刻的理解并内化为个人意识或价值观的一部分，此时这种理解将形成支配其正向品牌行为的动机。为此，从组织管理角度来看，社会组织领导者应重视品牌内化对员工工作态度和行为塑造以及组织发展的重要性，积极面向员工开展品牌内化工作，从而提升员工对组织品牌的理解和认同，确保他们在工作行动中能够兑现品牌传递给外部利益相关者（如服务对象、捐赠者）的品牌承诺。

另一方面，基于混合研究方法，本研究发现社会组织品牌内化行动是一个由学习行动、品牌沟通和领导垂范构成的三维结构。因此，社会组织可以从以下三个方面进行品牌内化工作的加强与优化。第一，建立多元化的品牌学习机制。社会组织应采取多种方式来推进员工对品牌知识的学习，如向员工提供系统化的岗前培训、脱产培训的机会，并善于使用角色扮演法、游戏培训法等方法来促进员工对品牌知识的理解。同时，受组织资源限制，社会组织也应积极推进"干中学"的在岗学习机制。当然，这并不意味着员工入职后对其"听之任之"，而是有意识、有计划地将其安排于特定的工作或岗位，给予向同伴"社会学习"的机会并在工作实践中给员工们传递品牌知识。第二，建立多形式的品牌沟通机制。社会组织应善于利用正式或非正式渠道传递书面或非书面的品牌信息。通常，会议交流、内部文件和电子邮件等是社会组织常采取的偏正式化的品牌沟通手段。当然，社会组织也可以通过团队聚会、个别交流与谈心等非正式沟通手段来开展品牌沟通，并积极使用沟通创新手段（如微信、公众号和制作品牌故事报道或短片等）来促进内部成员对品牌价值的理解和认同。值得一提的是，社会组织可以通过对组织标识的科学化编码以及工作环境（如场所颜色、墙上标语等）的塑造来营造出良好的品牌沟通氛围，以强化品牌价值在内部成员意识中的植入。第三，建立垂范化的品牌领导机制。与政府部门和企业相比较，社会组织结构较为扁平化，领导与下属间权力距离较小，这决定了社会组织领导者在组织成员品牌价值理解和认同中具有积极的作用。一方面，社会组织领导者积极进行"自我建设"，树立良好的工作态度与职业价值观，工作中以身作则并且要能够较好地践行品牌标准、实施品牌支持行为，从而通过德行垂范在工作场所中建构一种生动化的社会学习机制，提供下属学习和模仿的机会，促进他们在工作实践中表现出类似的工作态度与行为。当然，除了"身教"外，社会组织领导者应善于面向员工进行"言传"，对员工工作不足给予及时、专业的指导以帮助其工作态度与行为的优化，对员工坦诚相待并给予关心和支持，以建立紧密的领导－下属关系。

8.2.1.2 促进组织员工品牌支持情感的形成与提升

品牌支持情感的中介作用，使得社会组织管理层能够清晰地意识到组织员工品牌认同度和承诺度的提升在促进员工品牌支持行为中的重要性。对于社会组织而言，品牌内化行动会通过员工品牌认同度和品牌承诺度而影响他们的留职意愿、品牌职内绩效以及品牌口碑等品牌支持行为的表现。因此，为了更好地保留员工，促进员工兑现品牌传递给外部利益相关者的品牌承诺，社会组织应努力提升员工对组织品牌的承诺度和认同度。作为与公共行政性的政府部门和利润最大化的市场部门相区分的第三部门，社会组织在提升员工品牌认同度和承诺时应采取符合组织特征的方式。例如，薪酬体系正向预测着企业员工对组织承诺度（张娴初和王全纲，2011）。然而，高薪酬福利制度往往对于需要遵从利润非分配原则的社会组织却不一定适用。具体实践中，社会组织可以通过提供给员工管理参与机会、富有挑战性的工作和柔性化管理（如家庭友好政策）等人事建设措施，以及给予员工更多的组织支持、加强团队建设（如开展团队文娱、外出参观与旅游等）和组织文化培育等组织层面措施，来促进员工个体与组织品牌间的心理联结以及个体与组织品牌"命运共同体"的形成。

8.2.1.3 加强社会组织从业人员的个人－组织匹配管理

个人－组织匹配对品牌内化行动影响的增强效应，将帮助社会组织管理者理解品牌内化行动下组织成员品牌态度和行为表现差异化的原因，并为组织相关人事管理干预手段的制定提供依据。一方面，社会组织可以将个人－组织匹配测量引入员工招聘环节。Hansmann（1980）指出，非营利性机构需要有与组织特征相匹配的从业者。社会组织应选拔那些个人－组织匹配度较高的候选人，把好"进人关"。这是因为，个人－组织匹配度越高的员工进入组织工作后，能够较快速地完成"外部人"向"内部人"转换的这种组织社会化过程，更容易理解和接受组织向个体所传递的品牌价值信号，因而也更可能在实际工作中呈现积极性的品牌态度与品牌行为。员工个体的知识与技能可以通过培训得到有效提升，然而其价值观常不太易改变，招聘认同组织品牌文化的个体有利于组织的长治久安（顾丽娟，2018a）。为此，在人才招募过程中，为了准确地了解候选人的需求与岗位的供给是否相匹配，社会组织管理者可采取科学的方法（如心理测试、评价中心技术、情境判断测试等）来有效地识别候选人的价值观、职业倾向是否与事业发展目标，组织的价值观、目标相一致。另一方面，社会组织应加强现有组织成员的个人－组织匹配度管理。本书的实证研究表明，个人－组织匹配在员工品牌支持态度和行为的形成中发挥着重要的作用。为此，社会组织应采取积极、有效的措施来提升员工所感知到的个人－组织匹配。实践中，社会组织可以从员工和组织两个层面来推进个人－组织匹配的管理工作。在个体优化层面，社会组织可以通过培训与引导、沟通和绩效管理等来实现员工个体职业观与目标的重塑以及工作技能的提升，使其更好地适应组织的价值观、目标和岗位要求；在组织优化层面，社会组织可以通过改善员工待遇、工作重新设计（如工作丰富化）等方式来促进组织供给系统对个体需求（如职业发展的需求）与能力的适应和满足。

8.2.2　社会组织品牌外化的管理建议

8.2.2.1　重视品牌外化行动并将其置于组织战略层面予以考虑

本书研究结果表明，品牌外化行动将会促进社会组织品牌知名度、品牌美誉度和品牌忠诚度的提升，在社会组织品牌资产的整体建设中具有重要的意义。品牌资产是组织的一种特有的无形资产，对于任何一类组织的生存和发展都具有重要的决定性作用。鉴于品牌外化行动与品牌资产间的紧密关系，社会组织领导者应充分认识到品牌外化对组织发展的重要价值并积极推进组织品牌外化行动工作和品牌资产建设工作。现实中，我国一些社会组织领导者没有觉察到品牌外化给社会组织带来巨大益处，将品牌外化工作视为一种组织资源的消耗事项，甚至还有一些领导者认为品牌对外沟通与宣传等工作过于"商业化"，甚至不道德。为此，社会组织及其领导不能仅仅将品牌外化工作视为一个对外宣传的营销工作，而应将之置于组织战略层面上予以考虑。实践中，社会组织可以将品牌外化工作推进嵌入组织的战略规划之中并建立中长期工作方案；同时，由于涉及品牌对外宣传、标识设计等多类事项，品牌外化本身是一个资源消耗事宜，因此，社会组织应给予组织品牌外化工作开展必要的组织资源承诺，使得品牌外化工作可以持续、充分地获得人、财等方面的组织资源支持。

8.2.2.2　建立科学、系统化的品牌外化行动策略体系

基于混合研究方法，本研究发现社会组织品牌外化行动是一个由品牌定位、品牌识别和品牌沟通所构成的三维结构。因此，社会组织可以从以下三个方面推进和优化品牌外化工作。

第一，确立明确、个性化和时代性的品牌定位。成功的品牌定位意味着社会组织可以在非营利市场中找准自己的位置，帮助组织确立独特的品牌形象，从而使利益相关者感受到组织品牌的独特优势，有助于建立两者间长期且稳固的关系。实践中，社会组织需要做到，一是明确该品牌的市场定位和服务取向。例如，"森林天使"公益机构的服务对象是留守儿童，明确了其宗旨是"以爱之名，助力留守儿童快乐成长"；开办中国第一家慈善超市的"善淘网"则将其定位为助残服务平台的建设。二是细分组织的服务内容，提供个性化和差异化产品与服务。例如，浙江敦和慈善基金会将弘扬中国传统文化作为其主要服务定位，这在我国基金会领域中独树一帜，品牌定位个性化明显。三是不断审视品牌实践并完善品牌定位。社会组织宗旨、使命和未来发展目标会随着

当前形势和社会环境的变化而变化，为此，社会组织品牌定位需要"与时俱进"，定期对品牌定位实践的适宜性进行审视和讨论，在保持组织愿景与总体目标不变的情况下根据当前时代特征和组织发展需求进行调整与优化。例如，"瓷娃娃"罕见病关爱中心最初的定位是为成骨不全患者寻找病友，随后在组织发展中将服务对象扩大为罕见病人群体。

第二，构建一个异质、多元化的品牌识别体系并进行科学的管理。一方面，品牌标识的开发。社会组织应建构一套强价值呈现、系统化的品牌标识体系。强价值呈现要求社会组织的品牌标识能够较好地契合组织价值观、反映出组织的使命或服务对象，而系统化要求社会组织的品牌标识元素应多元化，包括言语识别和视觉识别。一般而言，Logo 是品牌识别体系中最能够代表组织品牌价值的视觉元素之一，如中国扶贫基金会的 Logo 是一双援助之手献出一颗爱心。当然，除了 Logo 外，社会组织还可以打造基于多种沟通形式的品牌识别元素（如口号、图案和声音等），进行专业、系统化的组织 VI 设计并将之融入组织官网、员工名片、对外刊物、志愿者服饰及活动场地布置之中。例如，"瓷娃娃"罕见病关爱中心宣传口号"还好，我们的爱不脆弱"形象地传达出患者（服务对象）的生活状态和坚强的内心世界。值得一提的是，从更广的范围上看，品牌故事打造也逐渐成为当前我国社会组织品牌标识体系建构的重要抓手。品牌故事代表着某个组织品牌的性格和向外传达的精神。通常，好的品牌故事是组织利益相关者与品牌间的情感切入点，是促进社会组织品牌差异化的一种有效识别工具。对于社会组织而言，品牌故事范畴包括：品牌兴起历史或相关故事；品牌创始人的故事，如"壹基金裸奔"的品牌故事体现组织时刻维护公益组织的公众形象；品牌标识相关的品牌故事，如中国青少年基金会的"大眼睛女孩"。另一方面，品牌标识的保护。明确品牌定位和建构品牌标识体系后，组织还应采取措施对组织品牌（子项目）标识进行保护。近些年，一些不良社会人员或团体打着慈善旗号来欺骗公众，私自聚集善款和物资并据为己用，因此，社会组织的品牌保护尤为重要。实践中，社会组织可以采取的措施有：对组织（子项目）品牌标识如商标、名号及衍生元素（外观设计和广告宣传等）申请注册以取得法律的保护；与利益相关者开展合作时将品牌使用权限从书面形式上给予明确、细致的规定；定期审视组织对外活动中品牌标识使用情况，对品牌标识侵权行为及时采取相关措施（如公共关系、法律诉讼等）以消除品牌侵权给组织声誉带来的不利影响。

第三，开展协调化、多形式和可控性的品牌沟通活动。本书研究结果表明，社会组织品牌沟通的成功开展应体现在信息协调、品质管控和沟通渠道整合三方面。一是信息协同。如果缺乏一致性和统一性，组织品牌将逐渐恶化（Ewing & Napoli，2005）。实践中社会组织常会根据组织定位和市场需求开发出多个项目，因此，组织应确保组织与项目间品牌对外沟通信息内容的协调性；同时，社会组织各部门、项目组开展对外沟通时信息内容要保持一致性，避免"讯出多门"下的信息矛盾给组织公信力带来的负面影响。为此，社会组织应专门制定对外沟通制度，明确各项目（部门）对外活动中品牌及其信息使用权限的细则。例如，以"12355"为品牌代称的上海青春在线青少年服务中心规定旗下所有产品和服务及对外宣传活动都要冠以"12355"的名称。二是品质管控。非营利品牌具有较强的外部溢出效应，失真的信息常会给社会组织品牌资产带来较大的负面影响。为此，社会组织应建立专业化、全过程的品牌沟通品质管理体系。一方面，强化品牌信息的前馈控制，建构对外品牌信息管理制度，明确管理责任主体并对品牌宣传信息进行专业化的收集、整理与制作，对敏感度高、政策性强的重要沟通信息进行把关；另一方面，加强品牌信息事中事后的审核与管理，定期核查已公开传播的品牌信息，及时与报道不当的媒体沟通并更正相关信息，对已给组织声誉带来较大负面影响的失真报道，组织还应追责并实施公共关系以消除对组织的不利影响。三是沟通渠道整合。为扩大品牌影响力，社会组织应积极使用多形式的品牌对外沟通渠道。线上（如微信、微博和网站）和线下（如会议、报纸、义卖会和公共场所的公益广告）的整合化传播已逐渐成为当前我国一些优秀非营利品牌沟通的主流手段。受资源约束并迎合信息时代的要求，我国社会组织应善于使用并发挥自媒体（如微博、公众号等）在品牌对外沟通中的积极作用。自媒体意味着组织品牌沟通信息无须第三方的加工与改造，一定程度上避免了品牌传播失真现象的发生。当然，自媒体的使用并不意味着对其他沟通媒介的排斥，社会组织也应积极利用受众面广、影响力强的传统媒体（如电视），并借用名人效应提升品牌认可度。例如，"壹基金"曾聘请香港影视演员成龙担任基金会名誉理事长，并将其品牌巧妙地植入影视剧，如李连杰与文章出演的电影《海洋天堂》。

8.2.2.3　以品牌知名度提升为抓手、扩大组织影响力

对于社会组织而言，品牌外化行动将通过品牌知名度的提升来间接影响品牌忠诚度和美誉度。当前，社会组织管理者比较注重组织品牌价值链中的前端和后端，即关注组织（品牌）提供产品品质的高低和组织（品牌）及其产品最终能否获得目标受众的信任及选择偏好，但品牌价值链的中端（即品牌的社会知晓度）不是很关注，"酒香不怕巷子深"的观念在非营利部门中普遍存在。并且，受组织资源限制，一些社会组织领导者也不太情愿投入较多资源用于扩大组织的对外影响广度，把知名度提升视为大型非营利性机构的管理工具或组织公益性属性的对立面而予以排斥。然而，鉴于品牌知名度的中介作用，社会组织管理层应意识到组织知名度这类浅层品牌资产对于促进组织品牌忠诚度和美誉度这类深层品牌资产的重要价值。因此，在提供符合品牌价值的产品的同时，社会组织也应加大品牌知名度的提升力度，提升组织的曝光度（包括其组织成员特别是领导者），如充分利用多种渠道与平台传递组织品牌信息，强化组织信息公开建设，实现组织透明管理等。其中，社会组织应充分发挥组织领导者与管理者对外的人际角色和信息角色在提升组织知名度中的重要价值，如组织领导者或管理者个人应积极参加一些重要的社会活动，有意识地对外开展品牌宣传、讲述品牌故事等，把组织品牌信息（如价值主张、战略方向等）向外界传播。此外，围绕某个事件的"主题"营销也是社会组织提升组织知名度的一种重要方式。例如，2009 年中国社会教育福利基金会聘请专家设计"国旗纪念章"，每售出一枚，承制单位向基金会捐赠 1 元；当时恰逢新中国成立 60 周年，购买量巨大，基金会知名度得到了快速提升。

8.3　研究不足与展望

8.3.1　研究不足

第一，样本来源的不足。本书有关社会组织品牌化（包括内化和外化）的研究对象均为社会组织（或员工），为此，笔者分别面向社会组织收集了用于开展社会组织品牌内化或外化研究的样本。首先，尽管能够达到实证研究样本的基本要求，如社会组织品牌内化或外化的有效样本量均在 300 份左右，但总体上本书研究样本量相对较小。通常，结构方程模型分析具有大样本偏好，样本数量 200 个为基本要求，样本数量达到 500 个以上则比较合适。其次，笔者尽了很大努力收集不同类型的社会组织样本，如社会团体、民办非企业单位和基金会，如样本中基金会数量较小，比较符合当前我国社会组织类型的结构比例。然而，本书研究样本中民办非企业数量未超过社会团体，与当前我国社会组织类型分布结构略有不符；笔者也尽量收集了分别处于中国东部和中西部地区的社会组织，但样本多为处于经济较为发达城市（如上海、长沙和常州）的社会组织，来自乡镇或经济落后地区的社会组织数量较少。最后，受限于笔者的资源和精力等，本研究未能对不同地区和类型的社会组织开展随机抽样，研究样本主要是基于便利抽样和滚雪球抽样而获得的。尽管学界有关组织管理的实证研究较少采用随机抽样，并且实证研究中也通过方差分析确定了组织类型并非是对品牌资产具有显著影响的组织统计变量，然而，非随机样本取样的不足仍然会在一定程度上限制本研究的价值。

第二，数据测量的不足。本书分别针对社会组织及其员工收集用于评测品牌化的数据。然而，数据测量方面存在一些不足。一方面，在研究中社会组织品牌内化和外化的所有变量测评均采用的是自评式数据，即由社会组织员工对自己所在组织或自己进行评价。然而，品牌内化和外化涉及的自变量（如品牌化行动）和因变量（如品牌支持态度与行为、品牌资产）均为正向、积极性的测量变量，这极有可能导致社会称许效应，即调查对象在问卷填写时常会选择符合社会认同或社会道义的选项，这将可能带来变量间的共同方法偏差，导致变量间的虚假关系。例如，品牌化研究中如采用员工自评的方式，出于自我保护的动机，调查对象会倾向于认为自己是一个品牌态度良好、积极性品牌行为较多的员工，不太会承认自己所在机构是一个声誉低下的社会组织。另一方面，本研究的数据为横截面数据，有时无法真实地反映出变量间的因果关系。品牌外化研究中品牌外化行动和品牌资产分别为自变量和因变量。然而，优质的组织品牌资产常会给社会组织带来更多的社会资源，这使得社会组织能够给予品牌外化行动更多组织资源承诺并因此表现为品牌标识开发和对外品牌宣传力度的加大。因此，品牌资产可能成为品牌外化行动的前因变量。同样，品牌内化研究主要探讨品牌内化行动对员工品牌态度与行为的影响。然而，高品牌认同度和承诺度的员工较倾向于参与到组织开展的品牌内化工作如品牌培训和沟通之中，因而也会具有较高感知水平的品牌内化行动。因此，横截面数据将可能限制变量间逻辑关系的判定效度。尽管本研究已采取相关措施来应对上述两方面问题，如量表中反向题项的设置、匿名调查的操作以及不同量表使用不同计量方法（如李克特5点法和7点法混用），并通过方差分析来证实本研究变量间共同方差偏差不大，但单一来源的自评式数据以及横截面数据仍然可能会带来一定测量误差。

第三，模型设计的不足。本书研究重点之一是探讨品牌化（包括内化和外化）的效能机理，这填补了我国以往社会组织品牌研究中效能机理实证研究的不足，特别是填补了国内研究的空白。尽管如此，这对我们全面理解社会组织品牌化的效能机理还远远不够。品牌化能否给社会组织及其员工带来其他效应尚需我们进一步探讨，诸多变量在社会组织品牌资产的形成以及员工积极性品牌态度和行为的增强过程中所扮演的角色也需要我们在未来开展进一步的研究。此外，尽管笔者分别针对社会组织品牌内化和外化开展了专门性的混合研究，这对推进社会组织管理的理论研究具有一定的积极价值。然而，限于资源与精力，笔者未将品牌内化和品牌外化整合到同一个模型中进行实证研究，即对于社会组织而言，品牌内化行动可能会带来员工品牌支持态度与支持行为的实施，而这种积极性的工作态度与行为将会增加组织利益相关者（如服务对象、捐赠者）的满意和信赖，因而可能带来组织品牌忠诚度和美誉度等品牌资产的提升。尽管笔者在研究过程中曾考虑过此模型，然而，整体品牌化模型中员工品牌表现的数据评测应为组织多名员工的均值来分析其对品牌资产的影响，受限于本研究样本量不大，该研究未得以实施。

8.3.2　研究展望

第一，在研究样本方面，为提升研究有效性，未来应尽量扩大样本数量，如超过 500 个；同时，样本取样结构应更为多元化和合理化，如增加欠发达地区如农村社会组织的数量，并提升民办非企业单位在研究样本中的比重。

第二，在数据测量方面，为有效判定变量间逻辑关系，未来可进行具有时间间隔的纵向研究，甚至在每个时间点同时收集自变量、因变量在内所有变量的多波纵向研究。同时，在探索社会组织品牌内化效能机理时，可采取配对样本设计如由员工评价品牌内化行动并由其直属领导评价其品牌支持态度与行为的表现，以给变量间的因果关系的验证提供更充分的证据。在探索社会组织品牌外化效能机理时，可使用更为客观的数据（如服务对象的评价）来测量品牌资产变量。

第三，在模型设计方面，未来可引入更多的个体变量（如人格、个性）和组织情境变量（如团队社会资本、组织文化），并通过构建跨层次影响模型来探索品牌内化行动对员工品牌支持态度与行为影响的边界条件；在品牌外化研究中，未来可将组织资源承诺和市场导向引入品牌外化效能机理实证研究中来探讨社会组织品牌资产的形成机理；此外，建构品牌化整体模型，开展社会组织品牌内化对品牌外化影响的实证研究，打开社会组织品牌内化价值向品牌外化价值转化的"黑箱"。

参考文献

A 英文参考文献

A - 1 著作类

[1] AAKER D A. Managing Brand Equity: Capitalizing on the Value of a Brand Name [M]. New York: Free Press, 1991.

[2] BERRY L L, PARASURAMAN A P. Marketing Services: Competing through Quality [M]. New York: Free Press, 1991.

[3] CRESWELL J W, PlANO CLARK V L. Designing and Conducting in Mixed Methods Research [M]. Thousand Oaks, CA: Sage, 2007.

[4] DORKHEIM E. Moral Education [M]. New York: Free Press, 1961.

[5] EFRON B, TIBSHIRANI R. An Introduction to the Bootstrap [M]. London: Chapman and Hall/CRC, 1993.

[6] GROBJERG K, CHILD C. Illinois Nonprofits: A Profile of Charities and Advocacy Organizations [M]. Chicago: Donors Forum of Chicago, 2003.

[7] MONORE K B. Pricing: Making profit decision [M]. 2nd ed. New York: Mc Graw - Hill, 1990.

[8] SCHULTZ D, BARNES B E. Strategic Brand Communications Campaigns [M]. Chicago: NTC Business Books, 1999.

[9] PASSEY A, HEMS L, JAS P. The UK Voluntary Sector Almanc [M]. London: NCVO Publications, 2000.

[10] BANDURA A. Social Foundations of Thought and Action: A Social Cognitive Theory [M]. Upper Saddle River: Prentice - Hall, 1986.

[11] BLAU P M. Exchange and Power in Social Life [M]. New York: Wiley, 1964.

[12] GLASER B G, STRAUSS A. The Discovery of Grounded Theory: Strategies for Qualitative Research [M]. Chicago: Aldine Publishing Company, 1967.

[13] GORSUCH R L. Factor Analysis [M]. 2nd ed. Hillsdale, NJ: Lawrence Erlbaum Associates, 1983.

[14] KELLER K L. Strategic Brand Management: Building, Measuring, and Managing Brand Equity [M]. 2nd ed. Upper Saddle River: Prentice Hall, 2003.

[15] KOTLER P. Marketing Management [M]. 11th ed. New Jersey: Prentice Hall, 2003.

[16] LETTS C, ET A L. High Performance Nonprofit Organizations: Managing Upstream for Greater Impact [M]. Hoboken, N. J: Wiley, 1998.

[17] MOONEY C Z, DUVAL R D. Bootstrapping: A Nonparametric Approach to Statistical Inference [M]. California: Newbury Park, NJ: Sage, 1993.

[18] OLIVER R L. Satisfaction: A Behavioral Perspective on the Consume [M]. New York: McGraw – Hill Companies, 1997.

[19] WEISBROD B A. The Nonprofit Economy [M]. Cambridge: Harvard University Press, 1988.

[20] TRAVIS D. Emotional Branding: How to Successful Brands Gain the Irrational Edge [M]. Roseville, CA: Prime Eco Trend Publications, 2000.

[21] NUNNALLYJ C. Psychometric Theory [M]. 2nd ed. New York: McGraw – Hill, 1978.

A – 2 期刊类

[1] AAKER D A. Leveraging the Corporate Brand [J]. California Management Review, 2004, 46 (3): 6 – 18.

[2] AAKER D A, KELLER K L. Consumer Evaluations of Brand Extensions [J]. Journal of Marketing, 1990, 54 (1): 27 – 41.

[3] AAKER J L. Dimensions of Brand personality [J]. Journal of Marketing Management, 1997, 34 (3): 347 – 356.

[4] ADAMU L, GHANI N H A, RAHMAN M A. The Internal Branding Practices and Employee Brand Citizenship Behavior: The Mediating Effect of Employee Brand Fit [J]. Journal of Environmental Treatment Techniques, 2020, 8 (1): 99 – 106.

[5] ALLAN S. Internal Brand Blueprint [J]. B to B, 2004, 89 (10): 9 – 13.

[6] ALLEN D G, SHORE L M, GRIFFETH R W. The Role of Perceived Organizational Support

and Supportive Human Resource Practices in the Turnover Process [J]. Journal of Management, 2003, 29 (1): 99 – 118.

[7] ANDERSON J C, GERBING D W. Structural Equation Modeling in Practice: A Review and Recommended Two – step Approach [J]. Psychological Bulletin, 1988, 103 (3): 411 – 423.

[8] AHMAD K Z, BAKAR R A. The Association between Training and Organizational Commitment among White – Collar Workers in Malaysia [J]. International Journal of Training & Development, 2010, 7 (3): 166 – 185.

[9] APAYDIN F. Examining the Effects of Nonprofit Brand Communications on Nonprofit Brand Evaluation [J]. Mediterranean Journal of Social Sciences, 2011, 2 (3): 420 – 433.

[10] ARMSTRONG M A. Charitable Approach to Personnel [J]. Personnel Management, 1992, 24 (2): 28 – 32.

[11] AURAND T W, GORCHELS L, BISHOP T R. Human Resource Management's Role in Internal Branding: An Opportunity for Cross – functional Brand Message Synergy [J]. Journal of Product and Brand Management, 2005, 14 (3): 163 – 169.

[12] AYROM S, TUMER M. Effects of Internal Branding and Brand – oriented Leadership on Work – Related Outcomes [J]. Service Industries Journal, 2020 (7).

[13] BAGOZZI R P, YI Y. On the Evaluation of Structural Equation Models [J]. Journal of the Academy of Marketing Science, 1988, 16 (1): 74 – 94.

[14] BARON R M, KENNY D A. The Moderator – mediator Variable Distinction in Social Psychological Research: Conceptual, Strategic, and Statistical Considerations [J]. Journal of Personality and Social Psychology, 1986, 51 (6): 1173 – 1182.

[15] BARON S, PUNJAISRI K, EVANSCHITZKY H, et al. Internal Branding: an Enabler of Employees' brand – Supporting Behaviours [J]. Journal of Service Management, 2009, 20 (2): 209 – 226.

[16] BALMER J M T, PUNJAISRI K, WILSON A. Internal Branding Process: Key Mechanisms, Outcomes and Moderating factors [J]. European Journal of Marketing, 2011, 45 (9): 1521 – 1537.

[17] BALMER J M T, GRAY E R. Corporate Brands: What Are They? What of Them? [J]. European Journal of Marketing, 2003, 37 (7/8): 972 – 997.

[18] BENZ M. Not for the Profit, But for the Satisfaction? – Evidence on Worker Well – being in Non – Profit Firms [J]. Kyklos, 2005 (2): 155 – 176.

［19］ BERGSTROM A, BLUMENTAL D, CROTHERS S. Why Internal Branding Matters： The Case of Saab ［J］. Corporate Reputation Review, 2002, 5 (2/3)： 133 – 142.

［20］ BERRY L. Cultivating Service Brand Equity ［J］. Journal of the Academy of Marketing Science, 2000, 28 (1)： 128 – 138.

［21］ BIRGIT L, ADAMANTIOS D. Internal Branding： Social Identity and Social Exchange Perspectives on Turning Employees into Brand Champions ［J］. Journal of Service Research, 2014, 17 (3)： 310 – 325.

［22］ BOON C, DEN HARTOG D N, BOSELIE P, et al. The Relationship between Perceptions of HR Practices and Employee Outcomes： Examining the Role of Person – organisation and Person – job Fit ［J］. International Journal of Human Resource Management, 2011, 22 (1)： 138 – 162.

［23］ BOGLER R. Motives to Study and Socialization Tactics among University Students ［J］. The Journal of Social Psychology, 2000, 142 (2)： 233 – 248.

［24］ BOSC J. Brands： They Need to Work Just as Hard as You Do！ ［J］. Nonprofit World, 2002, 20 (1)： 29 – 30.

［25］ BRETZ R D, JUDGE T A. Person – Organization Fit and the Theory of Work Adjustment Implications for Satisfaction, Tenure, and Career Success ［J］. Journal of Vocational Behavior, 1994, 44 (1)： 32 – 54.

［26］ BROOKES M. Higher Education： Marketing in a Quasi – commercial Service Industry ［J］. International Journal of Nonprofit and Voluntary Sector Marketing, 2003, 8 (2)： 134 – 142.

［27］ BUIL I, MARTINEZ E, MATUTE J. From Internal Brand Management to Organizational Citizenship Behaviours： Evidence from Frontline Employees in the Hotel Industry ［J］. Tourism Management, 2016 (57)： 256 – 271.

［28］ BURMANN C, KONIG V. Does Internal Brand Management Really Drive Brand Commitment in Shared – service Call Centers？ ［J］. Journal of Brand Management, 2011, 18 (6)： 374 – 393.

［29］ BURMANN C, ZEPLIN S. Building Brand Commitment： A Behavioural Approach to Internal Brand Building ［J］. Journal of Brand Management, 2005, 12 (4)： 279 – 300.

［30］ CAI L A. Cooperative Branding for Rural Destinations ［J］. Annals of Tourism Research, 2002, 29 (3)： 720 – 742.

[31] CHAPLEO C. Exploring Rationales for Branding a University: Should We Be Seeking to Measure Branding in UK Universities? [J]. Journal of Brand Management, 2011, 18 (6): 411 –422.

[32] CHAVANT N, MARTINENT G, FERRAND A. Sponsor and Sponsees Interactions: Effects on Consumers' Perceptions of Brand Image, Brand Attachment, and Purchasing Intention [J]. Journal of Sport Management, 2009, 23 (5): 644 –670.

[33] CHEN Z. Further Investigation of the Outcomes of Loyalty to Supervisor: Job Satisfaction and Intention to Stay [J]. Journal of Managerial Psychology, 2001, 16 (8): 650 –660.

[34] CHIN W W, TODD P A. On the Use, Usefulness, and Ease of Use of Structural Equation Modeling in MIS Research: A Note of Caution [J]. Mis Quarterly, 1995, 19 (2): 237 –246.

[35] CHURCHILL G. A Paradigm for Developing Better Measurement Constructs [J]. Journal of Marketing Research, 1979, 16 (1): 64 –73.

[36] CLARK P, CHAPLEO C, SUOMI K. Branding Higher Education: An Exploration of the Role of Internal Branding on Middle Management in a University Rebrand [J]. Tertiary Education and Management, 2020 (26): 131 –149.

[37] DE CHERNATONY L, COTTA S. Internal Brand Factors Driving Successful Financial Services Brands [J]. European Journal of Marketing, 2006, 40 (5): 611 –633.

[38] DE CHERNATONY L, DRURY S, SEGAL HORN S. Building a Services Brand: Stages, People and Orientations [J]. Service Industries Journal, 2003, 23 (3): 1 –21.

[39] RILEY F D, DE CHERNATONY L. The Service Brand as Relationship Builder [J]. British Journal of Management, 2000, 11 (2): 137 –150.

[40] DICK A S, BASU K. Customer Loyalty, Toward an Integrated Conceptual Framework [J]. The Academy of Marketing Science, 1994, 22 (2): 99 –113.

[41] DUNCAN T, MORIARTY S E. A Communication – based Marketing Model for Managing Relationships [J]. The Journal of Marketing, 1998, 62 (2): 1 –13.

[42] DUTTON J E, DUKERIEH J M, HARQUAIL C V. Organizational Images and Member Identification [J]. Administrative Science Quarterly, 1994, 39 (2): 239 –263.

[43] EDWARDS J R, LAMBERT L S. Methods for Integrating Moderation and Mediation: A General Analytical Framework Using Moderated Path Analysis [J]. Psychological Methods, 2007, 12 (1): 1 –22.

［44］ EID R, Al ZAABI A, ALZAHMI R. Integrating Internal Branding Antecedents, Customer and Job Satisfaction in the Public Sector ［J］. International Journal of Organizational Analysis, 2019, 27（5）: 1480 – 1503.

［45］ EISENBERGER R, FASOLO P, DAVIS LAMASTRO V. Perceived Organizational Support on Employee Diligence, Innovation and Commitment ［J］. Journal of Applied Psychology, 1990（75）: 51 – 59.

［46］ EISENHARDT K M. Building Theories from Case – Study Research ［J］. Academy of Management Review, 1989, 14（4）: 532 – 550.

［47］ ESCALAS J E. Narrative Processing: Building Consumer Connections to Brands ［J］. Journal of Consumer Psychology, 2004, 14（1 – 2）: 168 – 180.

［48］ EWING M T, NAPOLI J. Developing and Validating A Multidimensional Nonprofit Brand Orientation Scale ［J］. Journal of Business Research, 2005, 58（6）: 0 – 853.

［49］ FAIRCLOTH J B. Factors Influencing Nonprofit Resource Provider Support Decisions: Applying the Brand Equity Concept to Nonprofits ［J］. Journal of Marketing, 2005, 13（3）: 1 – 15.

［50］ FARZANEH J, FARASHAH A, KAZEMI M. The Impact of Person – job fit and Person – organization Fit on OCB: The Mediating and Moderating Effects of Organizational Commitment and Psychological Empowerment ［J］. Personnel Review, 2014, 43（5）: 672 – 691.

［51］ FAZIO R H, POWELL M C, WILLIAMS C J. The Role of Attitude Accessibility in the Attitude – to – behavior Process ［J］. Journal of Consumer Research, 1989, 16（3）: 280 – 288.

［52］ FORNELL C, LARCKER D F. Structural Equation Model with Unobservable Variables and Measurement Error Algebra and Statistic ［J］. Journal of Marketing Research, 1981, 18（1）: 382 – 389.

［53］ GAINER B, PADANYI P. The Relationship Between Market – oriented Activities and Market – oriented Culture: Implications for the Development of Market Orientation in Nonprofit Service Organizations ［J］. Journal of Business Research, 2005, 58（6）: 854 – 862.

［54］ GAPP R, MERRILEES B. Important Factors to Consider When Using Internal Branding as A Management Strategy: A Healthcare Case Study ［J］. Journal of Brand Management, 2006, 14（1/2）: 162 – 176.

[55] GRACE D, O'CASS A. Examining the Effects of Service Brand Communications on Brand Evaluation [J]. Journal of Product and Brand Management, 2005, 58 (4): 406 – 413.

[56] GROUNDS J, HARKNESS J. Developing a brand from within: Involving employees and volunteers when developing a new brand position [J]. Journal of Nonprofit and Voluntary Sector Marketing, 1998, 3 (2): 179 – 184.

[57] HAIGH D, GILBERT S. Valuing Not – for – profit and Charity Brands—Real Insight or Just Smoke and Mirrors [J]. International Journal of Nonprofit & Voluntary Sector Marketing, 2005, 10 (2): 107 – 119.

[58] HANKINSON P. Brand Orientation in Charity Organizations: Qualitative Research into Key Charity Sectors [J]. International Journal of Nonprofit and Voluntary Sector Marketing, 2000, 5 (3): 207 – 219.

[59] HANKINSON P. Brand Orientation in the Charity Sector: A Framework for Discussion and Research [J]. International Journal of Nonprofit and Voluntary Sector Marketing, 2001, 6 (3): 231 – 242.

[60] HANKINSON P. The Internal Brand in Leading UKCharitie [J]. Journal of Product and Brand Management, 2005, 13 (2): 84 – 93.

[61] HANSMANN H B. The Role of Nonprofit Enterprise [J]. The Yale Law Journal, 1980, 89 (5): 835 – 901.

[62] HARDESTY D M, CARLSON J P, BEARDEN W. Brand Familiarity and Invoice Price Effects on Consumer Evaluations: The Moderating Role of Skepticism toward Advertising [J]. Journal of Advertising, 2002, 31 (2): 1 – 15.

[63] HINKIN T R. A Review of Scale Development Practices in the Study of Organizations [J]. Journal of management, 1995, 21 (5): 967 – 988.

[64] HINA K, DONNA E. How Do Not – for – profit SMEs Attempt to Develop a Strong Brand in An Increasingly Saturated Market? [J]. Journal of Small Business and Enterprise Development, 2009, 16 (2): 335 – 354.

[65] HOOFF B V D, RIDDER J A D. Knowledge Sharing in Context: The influence of Organizational Commitment, Communication Climate and CMC Use on Knowledge Sharing [J]. Journal of Knowledge Management, 2004, 8 (6): 117 – 130.

[66] HU L, BENTLER P M. Cutoff Criteria for Fit Indexes in Covariance Structure Analysis: Conventional Criteria Versus New Alternatives [J]. Structural Equation Modeling: A Multi-

disciplinary Journal, 1999, 6 (1): 1 – 55.

［67］ HU Y, MA Z, KIM H J. Examining Effects of Internal Branding on Hospitality Student Interns' Brand – Supportive Behaviors: The Role of Value Congruence ［J］. Journal of Hospitality & Tourism Education, 2018, 30 (3): 144 – 153.

［68］ JUDD N. On Branding: Building and Maintaining Your Organization's Brand in an AMC ［J］. Association Management, 2004, 56 (7): 17 – 19.

［69］ JUDSON K M, GORCHELS L, AURAND T W. Building a University Brand from Within: A Comparison of Coaches' Perspectives of Internal Branding ［J］. Journal of Marketing for Higher Education, 2006, 16 (1): 97 – 114.

［70］ KAISER H F. An index of factorial simplicity ［J］. Psychometrika, 1974, 39 (1): 31 – 36.

［71］ KELLER K L. Conceptualizing, Measuring, and Managing Customer – Based Brand Equity ［J］. Journal of Marketing, 1993, 57 (1): 1 – 22.

［72］ KILROY S, FLOOD P C, BOSAK J, et al. Perceptions of High – Involvement Work Practices, Person – Organization Fit, and Burnout: A Time – Lagged Study of Health Care Employees ［J］. Human Resource Management, 2017, 56 (5): 821 – 835.

［73］ KING C, SO K K F. Enhancing Hotel Employees' Brand Understanding and Brand – building Behavior in China ［J］. Journal of Hospitality & Tourism Research, 2015, 39 (4): 492 – 516.

［74］ KING C. One Size Doesn't Fit all: Tourism and Hospitality Employees Response to Internal Brand Management ［J］. International Journal of Contemporary Hospitality Management, 2010, 22 (4): 517 – 534.

［75］ KRISTOF A L. Person – organization Fit: An Integrative Review of Its Conceptualizations, Measurement, and Implications ［J］. Personnel Psychology, 1996, 49 (1): 1 – 49.

［76］ KYLANDER N, STONE C. The Role of Brand in the Nonprofit Sector ［J］. Stanford Social Innovation Review, 2012, 10: 37 – 41.

［77］ LAFFERTY B A, GOLDSMITH R E, HULT G T M. The Impact of the Alliance on the Partners: A Look at Cause – Brand Alliances ［J］. Psychology & Marketing, 2010, 21 (7): 509 – 531.

［78］ LAIDLER KYLANDER N, QUELCH J A, SIMONIN B L. Building and Valuing Gobal Brands in the Nonprofit sector ［J］. Nonprofit Management and Leadership, 2007, 17

(3): 253 – 277.

[79] LAIDLER KYLANDER N, SIMONIN B. How International Nonprofits Build Brand Equity [J]. International Journal of Nonprofit and Voluntary Sector Marketing, 2009, 14 (1): 57 – 69.

[80] LEBAR E, BUEHLER P, KELLER K L, et al. Brand Equity Implications of Joint Branding Programs [J]. Journal of Advertising Research, 2005, 45 (4): 413 – 425.

[81] LEE Y K, KIM S, KIM S Y. The Impact of Internal Branding on Employee Engagement and Outcome Variables in the Hotel Industry [J]. Asia Pacific Journal of Tourism Research, 2014, 19 (12): 1359 – 1380.

[82] LEWIS G B, FRANK S A. Who Wants to Work for the Government? [J]. Public Administration Review, 2002, 62 (4): 395 – 404.

[83] LIU G, CHAPLEO C, KO W W. The Role of Internal Branding in Nonprofit Brand Management: An Empirical Investigation [J]. Nonprofit and Voluntary Sector Quarterly, 2015, 44 (2): 319 – 339.

[84] LOHNDORF B, DIAMANTOPOULOS A. Internal Branding: Social Identity and Social Exchange Perspectives on Turning Employees into Brand Champions [J]. Journal of Service Research, 2015, 17 (3): 310 – 325.

[85] MACKINNON D P, LOCKWOOD C M, HOFFMAN J M, et al. A Comparison of Methods to Test Mediation and Other Intervening Variable Effects [J]. Psychological Methods, 2002, 7 (1): 83 – 104.

[86] MACMILLAN K, MONEY K, MONEY A. Relationship Marketing in the Not – for – profit Sector: An Extension and Application of the Commitment – trust Theory [J]. Journal of Business Research, 2005, 58 (6): 806 – 818.

[87] MADHAVARAM S, BADRINARAYANAN V, MCDONALD R E. Integrated Marketing Communication (IMC) and Brand Identity as Critical Components of Brand Equity Strategy: A Conceptual Framework and Research Propositions [J]. Journal of Advertising, 2005, 34 (4): 69 – 80.

[88] MAEL F A, ASHFORTH B E. Loyal from Day One: Biodata, Organizational Identification, and Turnover among New Members [J]. Personnel Psychology, 1995, 48 (2): 309 – 333.

[89] MARBNERT K F, TORRES M. The Brand Inside: The Factors of Failure and Success in Internal Branding [J]. Irish Marketing Review, 2007, 19 (2): 54 – 63.

[90] MATANDA M J, NDUBISIN O. Internal Marketing, Internal Branding, and Organisational Outcomes: The Moderating Role of Perceived Goal Congruence [J]. Journal of Marketing Management, 2013, 29 (9 - 10): 1030 - 1055.

[91] MEYER J P, ALLEN N J, SMITH C A. Commitment to Organizations and Occupations: Extension and Test of a Three - component Conceptualization [J]. Journal of Applied Psychology, 1993, 78 (4): 538 - 551.

[92] MILES S J, MANGOLD W G. A Conceptualization of the Employee Branding Process [J]. Journal of Relationship Marketing, 2004, 3 (2 - 3): 65 - 87.

[93] MILES S J, MANGOLD W G. Positioning Southwest Airlines through Employee Branding [J]. Business Horizons, 2005, 48 (6): 595 - 545.

[94] MOORE D J, HOMER P M. Self - brand Connections: The Role of Attitude Strength and Autobiographical Memory primes [J]. Journal of Business Research, 2008, 61 (7): 707 - 714.

[95] MORHART F M, HERZOG W, TOMCZAK T. Brand - specific Leadership: Turning Employees into Brand Champions [J]. Journal of Marketing, 2009, 73 (5): 122 - 142.

[96] NADIRI H, TANOVA C. An Investigation of the Role of Justice in Turnover Intentions, Job Satisfaction, and Organizational Citizenship Behavior in Hospitality Industry [J]. International Journal of Hospitality Management, 2010, 29 (1): 33 - 41.

[97] OJASALO J, NATTI S, OLKKONEN R. Brand Building in Software SMEs: An Empirical Study [J]. Journal of Product & Brand Management, 2008, 17 (2): 92 - 107.

[98] ONYX J. Career Motivation: A Cross Sector Analysis [J]. Third Sector Review, 1998, 4 (1): 43 - 54.

[99] PADANYI P, GAINER B. Peer Reputation in the Nonprofit Sector: Its Role in Nonprofit Sector Management [J]. Corporate Reputation Review, 2003, 6 (3): 252 - 265.

[100] PANDA T K. Effectiveness of Product Placements in Indian Films and Its Effects on Brand Memory and Attitude with Special Reference to Hindi Films [J]. The ICFAI Journal of Marketing Management, 2004 (8): 42 - 56.

[101] PAPASOLOMOU I, VRONTIS D. Building Corporate Branding through Internal Marketing: The Case of the UK Retail Bank Industry [J]. Journal of Product and Brand Management, 2006, 14 (1 - 2): 37 - 47.

[102] PODSAKOFF P M, ORGAN D W. Self - reports in Organizational Research: Problems and

Prospects [J]. Journal of Management, 1986, 12 (4): 531 – 544.

[103] PREACHER K J, HAYES A F. SPSS and SAS Procedures for Estimating Indirect Effects in Simple Mediation Models [J]. Behavior Research Methods Instruments & Computers, 2004, 36 (4): 717 – 731.

[104] PREACHER K J, HAYES A F. Asymptotic and Resampling Strategies for Assessing and Comparing Indirect Effects in Multiple Mediator Models [J]. Behavior Research Methods, 2008, 40 (3): 879 – 891.

[105] PREACHER K J, RUCKER D D, HAYES A F. Addressing Moderated Mediation Hypotheses: Theory, Methods and Prescriptions [J]. Multivariate Behavioral Research, 2007, 42 (1): 185 – 227.

[106] PRIESTER J R, NAYAKANKUPPAM D, FLEMING M. The A2SC2 Model: The Influence of Attitudes and Attitude Strength on Consideration and Choice [J]. Journal of Consumer Research, 2004, 30 (4): 574 – 587.

[107] PUNJAISRI K, EVANSCHITZKY H, WILSON A. Internal Branding: An Enabler of Employees' Brand – supporting Behaviours [J]. Journal of Service Management, 2009, 20 (2): 209 – 226.

[108] PUNJAISRI K, WILSON A. The Role of Internal Branding in the Delivery of Employee Brand Promise [J]. Brand Management, 2007, 15 (1): 57 – 70.

[109] PUNJAISRI K, WILSON A, EVANSCHITZKY H. Exploring the Influences of Internal Branding on Employees' Brand Promise Delivery: Implications for Strengthening Customer – Brand Relationships [J]. Journal of Relationship Marketing, 2008, 7 (4): 407 – 424.

[110] PUNJAISRI K, WILSON A, EVANSCHITZKY H. Internal Branding to Influence Employees' Brand Promise Delivery: A Case Study in Thailand [J]. Journal of Service Management, 2009, 20 (5): 561 – 579.

[111] PUNJAISRI K, WILSON A. Internal Branding Process: Key Mechanisms, Outcomes and Moderating Factors [J]. European Journal of Marketing, 2011, 45 (9/10): 1521 – 1537.

[112] RITCHIE R J B, SWAMI S, WEINBERG C B. A Brand New World for Nonprofits [J]. International Journal of Nonprofit & Voluntary Sector Marketing, 1999, 4 (1): 26 – 42.

[113] ROBERTS – WRAY B. Branding, Product Development and Positioning the Charity [J]. Journal of Brand Management, 1994, 1 (6): 363 – 370.

[114] RUEKERT R W, CHURCHILL G A. Reliability and Validity of Alternative Measures of

Channel Member Satisfaction [J]. Journal of Marketing Research, 1984, 21 (2): 226 – 233.

[115] SARGEANT A, FORD J B, HUDSON J. Charity Brand Personality: The Relationship with Giving Behavior [J]. Nonprofit & Voluntary Sector Quarterly, 2008, 37 (3): 468 – 491.

[116] SAKS A M, ASHFORTH B E. A Longitudinal Investigation of the Relationships Between Job Information Sources, Applicant Perceptions Of Fit, and Work Outcome [J]. Personnel Psychology, 1997, 50 (2): 437 – 453.

[117] SAXE R, WEITZ B A. The SOCO Scale: A Measure of the Customer Orientation of Salespeople [J]. Journal of Marketing Research, 1982, 19 (3): 343 – 351.

[118] SAXTON J. A Strong Charity Brand Comes From Strong Beliefs and Values [J]. Journal of Brand Management, 1995, 2 (4): 211 – 220.

[119] SCHEIN E H. Organizational Socialization and the Profession of Management [J]. Industrial Management Review, 1968 (9): 1 – 16.

[120] SMITH A C T, GRAETZ B R, WESTERBEEK H M. Brand Personality in a Membership – based Organization [J]. International Journal of Nonprofit & Voluntary Sector Marketing, 2006, 11 (3): 251 – 266.

[121] STRIDE H. An Investigation into the Values Dimensions of Branding: Implications for the Charity Sector [J]. International Journal of Nonprofit & Voluntary Sector Marketing, 2010, 11 (2): 115 – 124.

[122] STRIDE H, LEE S. No logo? No way. Branding in the Nonprofit Sector [J]. Journal of Marketing Management, 2007, 23 (1/2): 107 – 122.

[123] SUJCHAPHONG N, NGUYEN B, MELEWAR T C. Internal Branding in Universities and the Lessons Learnt from the Past: The Significance of Employee Brand Support and Transformational Leadership [J]. Journal of Marketing for Higher Education, 2015, 25 (2): 1 – 34.

[124] SWAMINATHAN V, PAGE KL, GURHAN – CANLI Z. "My" Brand or "Our" Brand: The Effects of Brand Relationship Dimensions and Self – construal on Brand Evaluations [J]. Journal of Consumer Research, 2007, 34 (2): 248 – 259.

[125] TAN P. Branding down to the Core: Branding Not – for – profits [J]. Hospital Quarterly, 2003, 7 (1): 87.

[126] TAPP A. Charity Brands: A Qualitative Study of Current Practice [J]. International Jour-

nal of Nonprofit & Voluntary Sector Marketing, 2015, 1 (4): 327 – 336.

[127] TAYLOR A, MACKINNON D, TEIN J. Tests of the Three – path Mediated Effect [J]. Organizational Research Methods, 2008, 32 (11): 241 – 269.

[128] TERGLAV K, RUZZIER M K, KASE R. Internal Branding Process: Exploring the Role of Mediators in Top Management's Leadership – Commitment Relationship [J]. International Journal of Hospitality Management, 2016, 54: 1 – 11.

[129] THOMSON K, DE CHERNATONY L, ARGANBRIGHT L. The Buy – in benchmark: How Staff Understanding and Commitment Impact Brand and Business Performance [J]. Journal of Marketing Management, 1999, 15 (8): 819 – 835.

[130] TIMOTHY W A, GORCHELS L, BISHOP T R. Human Resource Management's Role in Internal Branding: An Opportunity for Cross – functional Brand Message Synergy [J]. Journal of Product & Brand Management, 2005, 14 (4): 163 – 169.

[131] TOSTI D T, STOTZ R D. Brand: Building Your Brand from the Inside Out [J]. Marketing Management, 2001, 10 (2): 28 – 33.

[132] TUCKER W T. The Development of Brand Loyalty [J]. Marketing Research, 1964, 1 (3): 32 – 33.

[133] URDE M. Brand Orientation: A Mindset for Building Brands into Strategic Resources [J]. Journal of Marketing Management, 1999, 15 (1 – 3): 117 – 133.

[134] VALLASTER C. Internal Brand Building in Multicultural Organizations: A Roadmap towards Action Research [J]. Qualitative Market Research, 2004, 7 (2): 100 – 113.

[135] VALLASTER C, DE CHERNATONY L. Internationalization of Services Brands: The Role of Leadership during the Internal Brand Building Process [J]. Journal of Marketing Management, 2005, 21 (1 – 2): 181 – 203.

[136] WALL M, LIEFELD J, HESLOP L A. Impact of Country – of – Origin Cues on Consumer Judgments in Multi – Cue Situations: a Covariance Analysis [J]. Journal of the Academy of Marketing Science, 1991, 19 (2): 105 – 113.

[137] WASHBURN J H, PLANK R E. Measuring Brand Equity: An Evaluation of a Consumer – Based Brand Equity Scale [J]. Journal of Marketing Theory and Practice, 2002, 10 (1): 46 – 62.

[138] WERNERFELT B. A Rational Reconstruction of the Compromise Effect: Using Market Data to Infer Utilities [J]. Journal of Consumer Research, 1995, 21 (4): 627 – 633.

[139] WONG H Y, MERRILEES B. A Brand Orientation Typology for SMEs: A Case Research Approach [J]. Journal of Product and Brand Management, 2005, 14 (3): 155 – 161.

[140] YANG J T, WAN C S, WU C W. Effect of Internal Branding on Employee Brand Commitment and Behavior in Hospitality [J]. Tourism and Hospitality Research, 2015, 15 (4): 267 – 280.

[141] YOO B, DONTHU N. Developing and Validating a Multidimensional Consumer – based Brand Equity Scale [J]. Journal of Business Research, 2001, 52 (1): 1 – 14.

[142] ZUCKER R. More than a Name Change – internal Branding at Pearl [J]. Strategic Communication Management, 2002, 6 (4): 4 – 27.

A – 3 其他类（论文集、报告等）

[1] FISHER C D. Organizational Socialization: An Integrative Review [C] //K M ROWLAND, G R FERRIS (eds.). Research in Personnel and Human Resource Management. Greenwich CT: JAI Press, 1986: 101 – 145.

[2] BORMAN W C, MOTOWIDLO S M. Expanding the Criterion Domain to Include Elements of Contextual Performance [C] //N SCHMITT, W C BORMAN (eds.). Personnel Selection in Organization. San Francisco: Jossey – Bass, 1993: 71 – 78.

[3] GALASKIEWICZ, COLMANM S. Collaboration between Corporations and Nonprofit Organizations [C] //WWPOWELL, R STEINBERG (eds.). The Non – Profit Sector: A Research Handbook. 2nd ed. New Haven, CT: Yale University Press, 2006: 180 – 206.

[4] HAYES A F, PREACHER K J, MYERS T A. Mediation and the estimation of indirect effects in political communication research [C] //EPBUCY, R L HOLBERT (eds.). Sourcebook for Political Communication Research: Methods, Measures and Analytical Techniques. New York: Routledge, 2011: 434 – 465.

[5] SOBEL M E. Asymptotic Confidence Intervals for Indirect Effects in Structural Equation Models [C] // S LEINHART (eds.). Sociological methodology. San Francisco: Jossey – Bass, 1982: 290 – 312.

[6] STRAUSS A, CORBIN J. Grounded Theory Methodology [C] // N K DENZIN, Y S LINCOLN (eds.). Handbook of Qualitative Research. Thousand Oaks: Sage, 1994: 273 – 285.

[7] THOMPSON B. Ten Commandments of Structural Equation Modeling [C] // LGRIMM, P YARNOLD (eds.). Reading and Understanding More Multivariate Statistics. Washington DC: American Psychological Association, 2000: 261 – 284.

B 中文参考文献

B-1 著作类

[1] 艾·里斯，等. 广告攻心战略——品牌定位 [M]. 唐忠朴，刘毅志，译. 北京：中国友谊出版公司，1991.

[2] 艾·里斯，杰克·特劳特. 定位：头脑争夺战 [M]. 王恩冕，等译. 北京：中国财政经济出版社，2002.

[3] 菲利普·科特勒. B2B 品牌管理 [M]. 楼尊，译. 上海：上海人民出版社，2008.

[4] 菲利普·科特勒. 营销管理：分析、计划、执行和控制 [M]. 梅汝和，等译. 上海：上海人民出版社，1997.

[5] 莱斯利·德·彻纳东尼. 品牌制胜：从品牌展望到品牌评估 [M]. 蔡晓煦，等译. 北京：中信出版社，2002.

[6] 凯文·莱恩·凯勒. 战略品牌管理 [M]. 4版. 吴水龙，何云，译. 北京：中国人民大学出版社，2014.

[7] 里贾纳·E. 赫茨琳杰，等. 非营利组织管理 [M]. 北京：中国人民大学出版社，2000.

[8] 罗伯特·K. 殷. 案例研究：设计与方法 [M]. 重庆：重庆大学出版社，2004.

[9] 迈克尔·波特，杰克·特劳特. 中国企业如何定战略 [M]. 邓德隆，等译. 北京：机械工业出版社，2005.

[10] 彼得·德鲁克. 非营利组织的管理 [M]. 北京：机械工业出版社，2007.

[11] 斯坦利·C. 帕洛格. 旅游市场营销实论 [M]. 李天元，李曼，译. 天津：南开大学出版社，2007.

[12] 维果茨基. 维果茨基教育论著选 [M]. 余震球，选译. 北京：人民教育出版社，2005.

[13] 侯杰泰，温忠麟，成子娟. 结构方程模型及其应用 [M]. 北京：教育科学出版社，2004.

[14] 陆雄文. 管理学大辞典 [M]. 上海：上海辞书出版社，2013.

[15] 王海忠. 高级品牌管理 [M]. 北京：清华大学出版社，2014.

[16] 吴明隆. 结构方程模型——AMOS 的操作与应用 [M]. 2版. 重庆：重庆大学出版社，2010.

[17] 王淑翠. 零售企业公司品牌化战略研究 [M]. 北京：人民邮电出版社，2009.

[18] 张冉．中国社会组织声誉管理研究［M］．北京：北京大学出版社，2017．

[19] 周俊，张冉，宋锦洲．社会组织与慈善组织管理［M］．北京：北京大学出版社，2017．

[20] 周如南．公益慈善品牌管理［M］．西安：西安交通大学出版社，2018．

B-2 期刊类

[1] 白长虹，邱玮．品牌内化研究综述：基于员工和组织层面的主要观点［J］．管理世界，2008（11）．

[2] 陈君．基于员工视角的养老服务机构品牌内化研究［J］．中国商论，2015（11）．

[3] 陈晔，白长虹，吴小灵．服务品牌内化的概念及概念模型：基于跨案例研究的结论［J］．南开管理评论，2011（2）．

[4] 高军，王睿．省属工科院校 MBA 教育项目品牌建设策略探讨［J］．现代管理科学，2010（5）．

[5] 顾雷雷．中国品牌化理论与实践的历史发展路径研究［J］．经济学家，2016（10）．

[6] 顾丽娟．品牌内化视角下的社会组织人力资源管理研究［J］．社会福利（理论版），2018a（3）．

[7] 桂存慧．竞争性视域下我国社会组织品牌管理的困境与路径探析［J］．安徽行政学院学报，2016（1）．

[8] 郭灼．校园文化视阈下高校基层党建工作品牌化建设［J］．学校党建与思想教育，2020（15）．

[9] 何佳讯．品牌关系质量的本土化模型的建立与验证［J］．华东师范大学学报（哲学社会科学版），2006（3）．

[10] 何兰萍．论慈善品牌建设与慈善事业的发展［J］．河南师范大学学报（哲学社会科学版），2011（3）．

[11] 胡杨成，蔡宁．中国情景下的非营利组织市场导向结构研究［J］．公共管理学报，2009（2）．

[12] 黄光，叶慧玲，周延风．我国慈善组织品牌导向的维度构建研究［J］．管理学报，2016（9）．

[13] 黄升民，张驰．改革开放四十年中国企业品牌的成长动力考察［J］．现代传播（中国传媒大学学报），2018（9）．

[14] 姜浩，鲍祥霖，司有和．品牌符号对农产品消费的预期理论研究［J］．安徽农业科

学，2006（4）.

[15] 李桂华，李晨曦，李楠. 中国大陆品牌管理研究现状及发展趋势：基于国内主要期刊论文的内容分析 [J]. 品牌研究，2016（3）.

[16] 李辉，任声策. 服务员工品牌内化及影响因素的探索性研究 [J]. 上海管理科学，2010（4）.

[17] 李晓青，周勇. 中外企业品牌管理研究综述 [J]. 商业研究，2005（21）.

[18] 刘璐，王淑翠. 公司品牌化模型探讨：以零售业为例 [J]. 商业研究，2008（44）.

[19] 陆奇斌，张强. 社会组织稳态联盟的形成机制研究 [J]. 中国行政管理，2016（12）.

[20] 马琼. 浅议高等学校品牌战略的内涵与策略 [J]. 中国高等教育，2012（12）.

[21] 钱正荣. 社会组织的信任建构与品牌塑造的同构：以珠海个案为例 [J]. 四川行政学院学报，2017（5）.

[22] 邱玮，白长虹. 国外员工品牌化行为研究进展评介 [J]. 外国经济与管理，2012a（6）.

[23] 邱玮，白长虹. 基于员工视角的服务品牌内化过程及其实证研究 [J]. 南开管理评论，2012b（6）.

[24] 邱玮，白长虹. 基于扎根理论的旅游品牌内化研究：以一家五星级酒店为例 [J]. 旅游学刊，2012c（10）.

[25] 沈鹏熠，张雅. 非营利组织服务导向行为影响因素分析 [J]. 华东经济管理，2015（7）.

[26] 石继华. 国外阅读推广的品牌化运作及启示 [J]. 图书情报工作，2015（2）.

[27] 唐代盛，李敏，边慧敏. 中国社会组织人力资源管理的现实困境与制度策略 [J]. 中国行政管理，2015（1）.

[28] 唐权，杨立华. 再论案例研究法的属性、类型、功能与研究设计 [J]. 科技进步与对策，2016，33（9）.

[29] 唐顺标，向丽. 基于用户满意导向的高校图书馆服务品牌内化研究 [J]. 农业网络信息，2014（3）.

[30] 汪林，储小平，倪婧. 领导—部属交换、内部人身份认知与组织公民行为：基于本土家族企业视角的经验研究 [J]. 管理世界，2009（1）.

[31] 王海忠，于春玲，赵平. 品牌资产的消费者模式与产品市场产出模式的关系 [J]. 管理世界，2006（1）.

[32] 王毅，肖烨烨. 公共图书馆文创产品的品牌化建设策略 [J]. 图书馆学研究，2020（5）.

[33] 温忠麟，侯杰泰，马什赫伯特. 结构方程模型检验：拟合指数与卡方准则 [J]. 心理学报，2004，36（2）.

［34］谢晓霞．慈善组织品牌形象对公民慈善捐赠的影响［J］．山东社会科学，2016（6）．

［35］薛永基，杨志坚，李健．慈善捐赠行为对企业品牌资产影响的实验研究［J］．北京理工大学学报（社会科学版），2012（4）．

［36］于家琦，陆明远．以品牌建设助推社会组织提升公信力［J］．社科纵横，2012（9）．

［37］余可发．组织品牌内化及员工品牌内化的整体概念模型研究［J］．当代财经，2013（4）．

［38］张峰．基于顾客的品牌资产构成研究述评与模型重构［J］．管理学报，2011（4）．

［39］张洪吉，王锦旺，康志玲．中小产业集群"内性"与区域品牌"外化"：基于对河北泊头汽车模具产业集群的分析［J］．中国经贸导刊，2014（5）．

［40］张辉，白长虹．旅游企业内部品牌化：研究述评及研究展望［J］．旅游学刊，2018（3）．

［41］张辉，陈晔．品牌契合对品牌关系质量和重购意向的影响［J］．旅游学刊，2017，32（4）：43－53．

［42］张辉．品牌内化对品牌资产影响的实证研究：以酒店品牌为例［J］．旅游学刊，2019（2）．

［43］张婧，朱苗．品牌导向、品牌资产与企业绩效关系的实证研究［J］．软科学，2016（10）．

［44］张冉．品牌导向在我国非营利组织中的价值及构建［J］．社会科学辑刊，2013a（4）．

［45］张冉．国外非营利组织品牌研究述评与展望［J］．外国经济与管理，2013b（11）．

［46］张冉．相似还是不同？非营利部门与政府部门员工职业激励的跨部门比较［J］．管理评论，2013c，25（6）．

［47］张冉．社会转型期我国非营利组织声誉研究：危机溯源与重塑路径［J］．浙江大学学报（人文社会科学版），2014，44（1）．

［48］张冉．中国社会组织黑名单制度研究：价值分析、现实困境与建构路径［J］．情报杂志，2017（1）．

［49］张冉，顾丽娟．社会组织员工品牌内化的价值和建构［J］．新视野，2018（3）．

［50］张冉．基于扎根理论的中国社会组织品牌内化结构维度研究［J］．甘肃社会科学，2018a（4）．

［51］张冉．中国社会组织市场导向的本土建构：一个多案例分析［J］．西南大学学报（社会科学版），2018b（5）．

［52］张冉．基于扎根理论的我国社会组织品牌外化理论模型研究［J］．管理学报，2019（4）．

［53］张冉，叶超．中国社会组织品牌外化实证：测量模型与品牌资产影响［J］．华东经济管理，2021（9）．

［54］张娴初，王全纲．科技创新人才薪酬体系与组织承诺关系研究：基于沈阳市高新技术

企业薪酬状况的实证分析［J］. 东北大学学报（社会科学版），2011（6）.

［55］张翔云. 旅游地品牌化的路径选择与实现［J］. 社会科学家，2018（1）.

［56］赵卫宏，凌娜. 基于资源与制度视角的区域品牌化战略［J］. 江西社会科学，2014（7）.

［57］赵占波. 品牌资产维度的探索性研究［J］. 管理科学，2005（5）.

［58］周玫，王乐飞. 品牌忠诚度及其形成过程探析［J］. 社会科学辑刊，2007（6）.

［59］周延风. 我国慈善组织品牌建设策略与困境分析［J］. 社会科学家，2015（1）.

［60］朱翊敏，周延风. 品牌熟悉度和赞助方式对消费者响应的影响［J］. 商业经济与管理，2013（1）.

B－3 其他类（包括学位论文、报告等）

［1］毕垣. 非营利组织品牌营销现状、问题与对策的研究：以南昌市H协会为例［D］. 南昌：江西财经大学，2016.

［2］陈雷. 品牌视角下的非营利组织核心竞争力构建研究［D］. 桂林：广西师范大学，2013.

［3］杜冬柏. 基于服务品牌资产模型的慈善组织品牌营销研究［D］. 长春：东北师范大学，2016.

［4］顾丽娟. 社会组织品牌内化模型构建的实证研究［D］. 上海：华东师范大学，2018b.

［5］李辉. 服务型企业品牌内化对员工的顾客导向行为影响研究［D］. 上海：复旦大学，2011.

［6］邱玮. 服务品牌内化的构成要素与过程机制［D］. 天津：南开大学，2010.

［7］闻赟. 我国行业协会品牌化影响因素及策略研究［D］. 上海：华东师范大学，2014.

［8］张晓黎. 公益组织传播方式与传播效果研究［D］. 上海：上海外国语大学，2014.

后 记

新时代下，社会组织已成为我国社会主义现代化建设的重要主体和解决当前我国主要矛盾的一支中坚力量。在资源紧缺和竞争日益加剧的背景下，如何打造一个差异化且富有竞争力的品牌已成为众多社会组织生存与发展所面临的重要议题。在学术界，品牌化研究并非一个新的研究领域，已有不少研究就组织品牌管理展开了针对性探讨。然而，这些研究成果主要以企业为研究对象，非营利场景下的专门探索相对不足，基于中国情境的实证分析更是鲜见，尽管市场化理念运用于非营利部门中已逾40年。基于上述研究不足的事实并出于个人研究兴趣，七八年前我将社会组织品牌化作为学术生涯中的一个重要研究点，并在此过程中投入不少时间和精力。庆幸的是，我以此议题申请国家社科基金项目并成功立项，这不仅给予我开展项目研究的压力机制，同时也激活了我的科研动力并提供了资金保障。

平衡品牌内化与外化是组织品牌管理活动中需把握和关注的一类重要事项，这对于社会组织也不例外。为此，本书沿着品牌化的两大构面即内化和外化开展了系统化研究，从结构维度与影响机制进行了针对性的实证分析。并且，鉴于数据的不足和研究议题的探索性，本研究采取定性与定量相结合的混合研究，以更好地解答这个研究领域尚待开发的学术议题。在内容写作上，本书由我和上海对外经贸大学公共管理系教师叶超博士执笔，我负责最后的统稿和定稿，其中，叶博士主要负责了第6、7、8章的具体撰写。此外，我的研究生如楼鑫鑫、顾丽娟等也参与了调研、资料收集和格式校对等工作。

在研究过程中我们开展了大量的实地调研与数据收集，并获得了相关政府部门、人民团体、高校和社会组织的大力支持，在此，我向所有给予调研帮助的机构和人士表示最诚挚的谢意。同时，此专著得以出版，我还要感谢国家社会科学规划办的课题资助；感谢知识产权出版社责任编辑张利萍女士的辛勤付出。最后，我要感谢一直给予无私支持的家人，特别是我的母亲、夫人和女儿这三位我心中最可爱的她，是她们给予了我开展学术研究的持续力量和新活力。

本书是当前国内学界最早专注于社会组织品牌化研究的学术著作之一，期望能够丰富中国社会组织品牌化的理论研究。当然，本人自觉学术功力有限，书中仍有一些不足，恳请读者给予批评和指正。